언어가 리더를 만든다

언어가 리더를 만든다

지은이 은서기
펴낸이 임상진
펴낸곳 (주)넥서스

초판 1쇄 발행 2017년 10월 25일
초판 2쇄 발행 2017년 10월 30일

2판 1쇄 발행 2022년 5월 16일
2판 2쇄 발행 2022년 5월 20일

출판신고 1992년 4월 3일 제311-2002-2호
주소 10880 경기도 파주시 지목로 5
전화 (02)330-5500 팩스 (02)330-5555

ISBN 979-11-6683-275-8   03320

이 책은 『4차 산업혁명 시대의 언어 품격』의 개정판입니다.

www.nexusbook.com

언어가 리더를 만든다

성공한 리더가 되려면
이제 '말'을 준비합니다

은서기 지음

넥서스BIZ

4차 산업혁명 시대, 언어가 리더를 만든다

우리 사회는 이미 4차 산업혁명의 물결 속에 들어와 있다. 4차 산업혁명은 물리적·지리적 공간과 생물학적 경계가 무너지는 시대에 정보통신기술[ICT]이 모든 산업과 융합되면서 새로운 가치와 미래를 만들어가는 사회 전반의 변혁을 의미한다. 4차 산업혁명 시대에는 육체적 노동 대부분은 로봇이 대체할 것이고, 정신적인 노동은 인공지능[AI]이 대체할 것이다. 이렇게 됨으로써 인간 사회, 기업 환경, 일의 개념뿐만 아니라 사람을 이끄는 리더십도 새로운 변화를 맞이하게 될 것이다.

한편으로 4차 산업혁명 시대가 오면 더 많은 갈등과 이슈들이 생각지 못한 곳에서 나타날 것이다. 이런 갈등과 이슈들은 리더십의 위기로 이어질 수 있다. 모든 조직의 성공과 실패 뒤에는 리더와 리더십이 있다. 위대한 승리 뒤에는 위대한 리더가 있고, 패배 뒤에는 실패한 리더가 있다. 국가뿐만 아니라 기업, 조직의 위기는 곧 리더와 리더십의 위기로 직결된다. 과거에는 리더가 될 수 있는 사람과 계층이 제한되어 있었지만 4차 산업혁명 시대에는 누구나 리더가 될 수 있을 것이다. 리더한 사람이 조직을 살릴 수도, 죽일 수도 있다. 이제 리더십 역량은 다가올 4차 산업혁명 시대의 경쟁에서 살아남고 성공하기 위해 끊임없이 관심을 가져야 할 중요한 '어젠다'가 되었다.

융합이 키워드인 4차 산업혁명 시대의 리더십에서는 '기술과 지식'

이 아니라 '언어'가 더 중요하다. 결국 미래에 필요한 인재는 '언어' 기반의 리더십 역량을 갖춘 사람이다. 리더십 역량은 타고나는 것이 아니라 준비를 통해 얻어지는 것이다. 미래 사회의 리더십은 지식의 양이 아니라 생각의 힘, 상황의 흐름을 읽고 어느 누구와도 바로 소통할 수 있는 '언어 역량'이 될 것이다.

모든 사람은 조직에서 성공한 삶을 살고 싶어 한다. 그러나 같은 조직 생활을 해도 성공하는 사람은 소수이고 대부분은 성공하지 못하는 삶을 사는 것이 현실이다. 같이 대기업에 입사해도 임원까지 승진하는 경우는 100명당 1명꼴이다. 사업을 하는 사람도 마찬가지다. 성공하는 삶을 살기 위해서는 경쟁자와 차별화된 무엇이 있어야 한다. 차별화하기 위해서는 자신이 하고 싶은 일을 할 수 있어야 하는데, 이것은 어느 정도 위치에 맞는 역할이 있어야 가능하다. 이런 역할의 원천에 리더십이 있다. 일을 열심히 한다고 역할이 주어지는 것이 아니다. 리더의 역할이 있을 때 자기 주도적인 일을 할 수 있고, 경쟁에서 살아남을 수 있기 때문이다.

리더십 역량을 발휘하는 사람은 조직에서 성공의 길을 가고 그에 따른 사회적 지위나 경제적 보상을 받게 된다. 또한 한번 작은 리더십을 얻게 되면 더 큰 리더십으로 쉽게 다가갈 수 있다. 그러나 한번 리더십 열차에 탑승하지 못하면 성공의 길은 멀어진다. 리더 열차에 탑승하기 위해서는 조직의 초년병 시절을 어떻게 시작하느냐가 중요하다. 즉 리더십 마인드를 가지고 조직 생활을 해야 한다. 그러나 초년병 시절은 조직이 시키는 일 속에서 그냥 세월을 보내는 사람들이 대부분이다. 성공하기 위해서는 출발 시점부터 리더십 역량을 어떻게 키울지 철저한 준비가 필요하다.

이 책은 4차 산업혁명 시대에 리더로 살아남고자 하는 사람들을 위해 쓰였다. 책은 5장으로 구성되어 있다. 1장에서는 4차 산업혁명이 몰고 올 변화들, 4차 산업혁명 시대에 왜 리더인지, 그리고 4차 산업혁명 시대에 왜 언어가 리더십인지, 리더십과 언어의 중요성에 대해 이야기했다. 2장에서는 리더의 생각법, 수사법修辭法, 생각사진 촬영법 등 4차 산업혁명 시대에 리더가 알아야 할 7가지 언어 스킬에 대해 이야기했다. 그리고 3장에서는 리더의 성공 키워드인 '비전의 언어', 4장에서는 리더의 최고 가치인 '신뢰의 언어', 5장에서는 리더를 주목하게 하는 '실행의 언어'를 어떻게 구사해야 하는지 그 해법을 제시했다.

서점에는 리더 관련 책들이 많이 나와 있다. 그러나 대부분 경영학적 관점이나 개념적인 책들이 많다. 이 책은 필자가 산업 현장에서 체득한 리더의 본질을 기술, 경영, 언어 등의 융합적 관점에서 이야기했다. 국내외의 유수한 리더들의 리더십 사례와 필자의 진솔한 경험담을 담았다. 4차 산업혁명 시대에는 누구나 리더가 될 수 있다. 4차 산업혁명 시대에 리더의 유일한 무기는 '언어'가 될 것이다. 이제 언어가 리더를 만드는 시대다.

성공하는 리더의 열차에 탑승하고 싶은 사람들을 위해 리더, 리더십 그리고 리더십 역량의 핵심인 언어의 중요성과 이 언어를 어떻게 활용할지 가이드를 제시하고 있다. 이 책을 펼치는 순간 당신은 새로운 개념의 '리더의 길'에 빠져들 것이며 성공의 길로 인도하는 리더의 열차에 탑승하게 될 것이다.

이 책은 리더의 열차에 탑승하고 싶은 사람들을 위한 책이다. 또한 열심히 일하는 노력에 비해 성공하지 못하는 사람들을 위해 쓰였다. 4차 산업혁명 시대에 리더를 꿈꾸는 사람들에게 이 책을 바친다.

은서기

contents

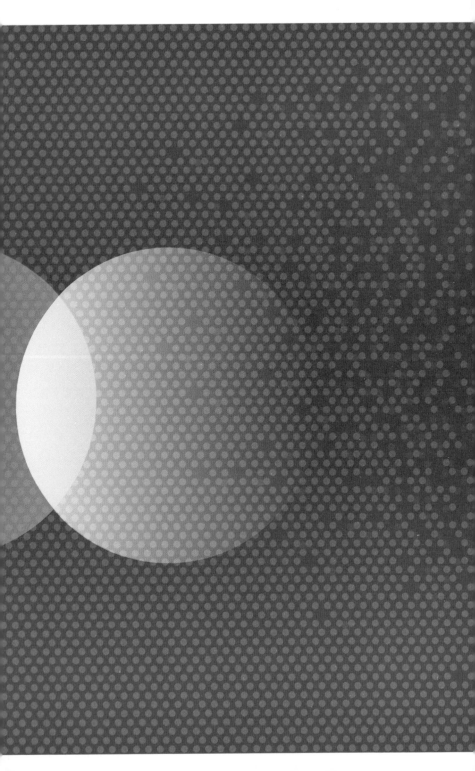

1

4차 산업혁명 시대를 이끄는 리더 그리고 언어

THE LANGUAGE OF THE
4TH INDUSTRIAL
REVOLUTION

4차 산업혁명이
몰고 올 변화들

지금 전 세계적으로 '4차 산업혁명'이 화두로 떠오르고 있다. 미국은 '디지털 트랜스포메이션'Digital Transformation, 독일은 '인더스트리4.0'Industry 4.0, 일본은 '로봇 신전략' 그리고 중국은 '중국제조 2025'라는 4차 산업혁명의 전략을 만들어 추진하고 있다. 우리 정부도 신성장 동력을 발굴하고 대규모 일자리 창출을 목표로 4차산업혁명위원회가 출범했다. 각 기업들도 스마트 공장Smart Factory, 로봇, 인공지능 등을 도입하여 혁신을 추진하고 있다. 이제 4차 산업혁명은 추상적인 마케팅 언어가 아니라 우리 생활에 하나씩 실현되고 있는 개념이다.

• 4차 산업혁명이란 무엇인가

2016년 1월 20일 다보스에서 열린 '세계경제포럼' WEF: World Economic Forum에서 제4차 산업혁명 선언이 있었다. 그리고 2017년 다보스 포럼 주제는 '소통과 책임의 리더십' Responsive and Responsible Leadership 으로, 4차 산업혁명이 본격적으로 진행될 것이라 전망했다. 4차 산업혁명이란 무엇인가? 산업혁명의 단계를 보면 제1차 산업혁명은 18세기 증기기관의 발명으로 영국의 섬유 공업이 거대 산업화하면서 초래된 기계 혁명이다. 제2차 산업혁명은 19~20세기 초에 전기 에너지 기반의 대량생산 혁명을 말한다. 공장에 전력이 보급되면서 벨트 컨베이어를 사용한 대량 보급 시대가 열린 것이다. 제3차 산업혁명은 20세기 후반으로 컴퓨터와 인터넷 기반의 지식정보 혁명을 말한다. 인터넷과 스마트 혁명은 미국 주도의 IBM, 애플, 구글 등 글로벌 IT 기업의 부상을 가져왔다. 제4차 산업혁명은 사물인터넷 IoT, 빅데이터, 클라우드, 인공지능 기반의 만물초지능 혁명 Revolution of all creation and super intelligence 이다. 사람, 사물, 공간을 초연결·초지능화하여 산업 구조와 사회 시스템을 혁신하는 것이다.

클라우스 슈밥 세계경제포럼 회장은 《4차 산업혁명의 충격》이라는 책에서 "4차 산업혁명은 3차 산업혁명을 토대로 물리학, 디지털, 생물학 사이에 놓인 기술적 융합의 발전 속도는 산술급수적이 아니라 기하급수적으로 전개될 것이다. 인공지능 AI: Artificial Intelligence, 로봇공학 Robot Engineering, 사물인터넷 IoT: Internet of Things, 자율운행차량, 3D 프린팅, 나

노기술, 생명공학, 재료공학, 에너지 저장기술 등 새로운 기술이 생겨난다. 4차 산업혁명은 새로운 도전과 기회로 지구촌 사람들의 소득수준을 높이고, 삶의 질을 향상할 잠재력과 새로운 시장이 열린다"고 말했다.

•4차 산업혁명이 몰고 올 변화

그러면 4차 산업혁명이 몰고 올 변화는 무엇인가? 첫째, 전반적인 산업 구조의 대변혁이다. 인공지능AI과 로봇 등 정보통신기술ICT로 촉발되는 4차 산업혁명은 인류가 지금까지 경험하지 못한 새로운 세상을 펼쳐놓을 것으로 예상된다. 산업 지도가 급변하고 노동, 사회, 경제, 정치, 문화, 교육 등 삶이 근본적으로 바뀔 것이다.

일본 소프트뱅크 손정의 회장은 "향후 20년은 인류 역사상 가장 빠르게 변화하는 시기다. 앞으로 인공지능AI과 사물인터넷IoT이 지금까지 존재해왔던 모든 산업의 틀을 재편해버릴 것이다. 2035년까지 사물인터넷용 기기는 1조 개 이상으로 늘어날 것이다. 1조 개가 넘는 기기에서 생산되는 막대한 데이터는 IT뿐만 아니라 쇼핑, 교통, 헬스케어, 금융 등 현존하는 모든 산업을 개편할 것이다"라고 말했다. 4차 산업혁명은 아마도 산업 구조를 통째로 흔들어놓을 것이다.

둘째, 일의 개념과 일자리의 변화이다. 4차 산업혁명은 인간 삶의 모든 움직임을 센서, 로봇 등으로 디지털화하고 거대 용량의 데이터로 수집하여 클라우드에 축적한다. 클라우드에 축적된 모든 정보와 데이터는 인공지능과 빅데이터 기술로 분석되고 우리 생활에 활용될 것이다. 다보스 포럼의 전망에 따르면, 2020년까지 710만 개 일자리가 소멸하고, 새로 200만 개 일자리가 창출된다고 했다. 인간의 노동을 대신하는 로봇과 인공지능이 다수 등장하게 될 날이 멀지 않았다.

한국고용정보원이 2016년 7월 직업군[23개 직종]별 종사자 수가 많은 대표 직업의 재직자를 대상으로 조사한 결과를 보면, 직업군의 44.7%가 4차 산업혁명으로 일자리가 감소할 것이라고 답변했다. 특히 금융·보험 관련 직업은 81.8%, 화학 관련 직업은 63.6% 그리고 재료 관련 직업은 61.4%가 감소할 것으로 나타났다.

4차 산업혁명이 본격적으로 도래하는 세계는 문제해결 능력, 창의성, 협동성, 감성지능 등 기술 능력이 아닌 창조력, 사고력, 리더십이 있는 인재가 필요하게 된다. 이전 전문 지식을 바탕으로 직업이 엄격하게 세분화됐다면 4차 산업혁명에서는 업종을 뛰어넘어 융합에 바탕을 두고 여러 영역을 이해·공유하는 직업이 각광받게 될 것이다.

일하는 패턴도 기존의 정규직 중심으로, 정해진 한곳에 모여서 일하는 것에서 정규직·비정규직의 경계 없이 언제 어디서나 자신이 원하는 곳에서 일하는 방식으로 변하게 될 것이다. 한편으로 사람이 아닌 인공지능[AI]이 상급자가 되는 세상이 생각보다 멀리 있지 않다. 번트 슈미트 컬럼비아대 경영대학원 교수는 "로봇과 인공지능이 다음 15~20년 동안 우리들의 삶과 비즈니스 환경을 크게 바꿀 것이다"라고 말했다.

〈매일경제신문〉[2017년 7월 31일자]은 4차 산업혁명 시대에는 정형화된 업무의 자동화, 근로시간·장소 제약 감소, 단기 프로젝트형 일자리 증가,

근로자 간 일자리 경쟁, 문제해결 능력을 갖춘 근로자 선호 그리고 네크워크 기반 업무 수행으로 듣지도 보지도 못한 직업이 나타날 것이라고 예측했다. 일의 가치와 직업의 형태가 근본적으로 변화될 것으로 예상된다.

셋째, 4차 산업혁명을 이끌 새로운 리더십이 요구된다. 산업 구조의 대변혁과 새롭게 다가올 노동의 문제를 어떻게 대응해야 하는지가 국가나 기업이 준비해야 할 주요 이슈로 부각되고 있다. 이런 변화에 제대로 대응하느냐 하지 못하느냐는 국가나 기업의 생존에 직결된 문제다. 2017년 다보스 포럼은 "4차 산업혁명의 연장선에서 리더의 역할을 강조하고 있고, 기존 체제에서 벗어나서 고민하고 대응전략을 세워야 한다"고 했다. "기술적, 경제적, 사회적, 정치적으로 미래지향적 정책과 제도를 구축하는 데 '리더'의 역할이 매우 중요하다"고 강조했다.

지식을 외우고, 계산하고, 분석하는 방면에서는 인공지능AI이 인간을 월등히 앞선 세상에 살게 될 것이다. 사람들도 과거의 기술과 경험을 가지고 정해진 룰에 따라 일을 했다면 4차 산업혁명 시대에는 창의적이면서 융합능력을 가지고 좀 더 룰을 벗어난 상태에서 일을 하게 될 것이다. 기존의 리더십으로는 구성원을 리드하기 어렵다. 한층 자유로워진 구성원과 인공지능, 로봇을 상황에 맞게 통합하고 활용하는 새로운 리더십이 필요하다.

리더는 독특한 시각으로 새로운 문제를 생각한다

4차 산업혁명 시대에 고정된 사고나 틀에 박힌 리더십은 곤란하다. 창의적인 사고로 지식을 창조하는 리더가 주도권을 가진다. 4차 산업혁명에서 리더는 자신만의 아이디어와 생각을 끊임없이 언어를 통해 이야기할 수 있어야 한다. 과거의 리더가 주어진 문제에서 정답을 찾아냈다면, 새로운 리더는 독특한 시각으로 새로운 문제를 생각해내고 구성원들과 의사소통을 할 수 있어야 한다.

4차 산업혁명은 이미 우리 일상에 가까이 다가와 있다. 머지않아 개인의 사생활, 일의 가치, 조직의 개념, 업무형태, 윤리문제 등 인간의 삶을 바꾸어놓을 것이다. 4차 산업혁명 시대에 인공지능이 아닌 인간만이 할 수 있는 영역이 '리더십'이고, 또한 '리더십'이 중요한 이슈로 부각될 것이다.

이제는 리더십도 4차 산업혁명 시대에 맞춰야 한다. 4차 산업혁명 시대 리더의 역할은 지식을 필요로 하는 자와 가진 자가 상호 공유하고 연결시킴으로써 머무르는 공간에 존재하는 누구나 '가치'를 만들 수 있도록 하는 것이다. 4차 산업혁명의 키워드는 '기술'이 아니라 '사람'이며, 그 공간에 머무는 사람들이 '가치'를 찾을 수 있도록 리더십을 발휘하는 것이다. 그리고 그 리더십의 핵심에 '언어'가 있다.

4차 산업혁명 시대,
왜 리더인가

4차 산업혁명 시대는 인간뿐만 아니라 인간의 재능을 뛰어넘는 인공지능과 협력하고 경쟁을 하는 시대가 될 것이다. 미래 예측이 어려운 4차 산업혁명 시대, 사회적으로는 인간존엄, 윤리문제, 실업문제, 빈부의 격차에 따른 사회갈등 등 많은 문제들이 나타날 것으로 본다. 현재 개인들은 구성원들과의 치열한 경쟁, 조직변화에 따른 생존의 문제, 취업과 실업의 위기 등을 겪으며 하루하루를 불안하게 살고 있다. 4차 산업혁명 시대에는 더 많은 갈등과 이슈들이 생각지 못한 곳에서 나타날 것이다. 이런 갈등은 리더십의 위기로 이어질 수 있다.

모든 조직의 성공과 실패 뒤에는 리더와 리더십이 있다. 위대한 승리 뒤에는 위대한 리더가 있고, 패배 뒤에는 실패한 리더와 리더십이 있다.

국가뿐만 아니라 기업, 조직의 위기는 곧 리더와 리더십의 위기로 직결된다. 과거에는 리더가 될 수 있는 사람과 계층이 제한되어 있었지만 4차 산업혁명 시대는 누구나 리더가 될 수 있는 시대로 변하고 있다. 리더 한 사람이 조직을 살릴 수도 있고, 죽일 수도 있다. 이제 리더십 역량은 다가올 4차 산업혁명 시대의 경쟁에서 살아남고 성공하기 위해 끊임없이 관심을 가져야 할 중요한 '어젠다'다.

같은 조직생활을 해도 성공하는 사람은 소수이고 다수는 성공하지 못한 삶을 산다. 같이 대기업을 입사해도 임원까지 승진하는 경우는 100명 중 1명꼴로 적다. 리더로 성공하기 위해서는 경쟁자와 대비해서 차별화된 요소가 있어야 한다. 차별화하기 위해서는 자신이 하고 싶은 일을 할 수 있어야 한다. 하고 싶은 일을 하기 위해서는 그 위치에 맞는 역할이 주어져야 가능한데, 열심히 일만 한다고 그 역할이 주어지는 것은 아니다. 이런 역할을 부여받는 사람과 그렇지 못한 사람은 리더십 역량을 가지고 있느냐 그렇지 않느냐에 따라 나뉜다. 4차 산업혁명 시대에는 리더십 역량이 한 사람을 차별화하는 중요한 요소가 되는 시대가 될 것이다.

● 왜 리더의 위치에 오르지 못할까

리더의 위치에 오르지 못하는 사람은 따로 있다. 원인은 언어에 있다. 첫째, 그들은 언어적 표현 역량이 부족하다. 그들은 말보다는 일의 결과를 보여주려는 특성을 가지고 있다. 한 사람의 생각이나 일은 추상적인 것이어서 결과를 평가하기 어려운 속성을 가지고 있다. 즉, 언어적으로 표현하지 못하면 제대로 평가받을 수 없다는 것이다. 리더가 되는 사람들은 언어적 감각이 발달되어 언어적 표현을 통해 자신의 생각, 의도, 일의 결과를 잘 표현하지만 리더가 되지 못하는 사람들은 언어적 표현의 한계로 많은 불이익을 받는 경우가 많다. 다시 말해 일의 성과는 좋으나 언어능력 부족으로 제대로 된 평가를 받지 못하는 것이다.

둘째, 리더가 되지 못하는 사람은 사후언어를 사용한다. 언어에는 사전언어와 사후언어의 두 종류가 있다. 사전언어란 자신의 생각이나 일을 할 때 상사나 동료들에게 미리 표현하는 언어다. 다시 말해 무언가 생각이나 일을 할 때 사전에 이러이러한 생각이나 일을 하겠다고 미리 자문이나 동의를 구하는 것이다. 사후언어는 생각 또는 일의 결과를 말하는 언어다. 이들은 전문성을 기반으로 일하기 때문에 사전언어보다는 사후언어를 사용하는 경우가 많다. 그러나 사후언어는 다른 사람들과 소통하는 데 많은 어려움이 있다. 언어적 역량이 있는 사람들은 사전언어를 많이 사용한다.

리더란 조직이나 단체 등에서 구성원들을 이끌어가는 위치에 있는 사람을 말한다. '지도자'라고도 한다. 리더십은 구성원을 다스리거나 이끌어가는 지도자로서의 능력 즉, '지도력'이라고 한다. 집단의 목표나 내부 조직의 유지를 위해 구성원이 자발적으로 집단활동에 참여하여 이를 달성하도록 유도하는 능력이 리더십이다. 시대에 따라 리더에게는 많은 리더십 역량이 요구되고 있다.

리더는 인품과 성품, 감성지능, 열정, 인간관계, 구성원들에 대한 동기부여, 비전제시, 변화와 혁신, 섬김, 코칭, 권한위임, 소통능력 등 기본적 자질을 요구받고 있고, 이것들을 적재적소에 활용하며 리더십을 키우고 있다.

한편으로 SNS Social Network Service, 스마트폰 등 정보사회의 발전으로 소수가 지식을 지배하던 시대에서 대중이 집단지성으로 지식을 창출하는 시대로 변화했다. 정보를 접하는 수준뿐만 아니라 공유하는 속도도 리얼타임 Real Time 으로 전파되어 빠르다. 또한 기술의 융합혁명을 이끄는 제4차 산업혁명의 시대가 도래하고 있다. 4차 산업혁명은 물리적, 지리적 공간과 생물학적 경계가 무너지는 시대에 ICT가 모든 산업과 융합되면서 새로운 가치를 만들어가는 사회 전반의 변혁을 의미한다. 4차 산업혁명 시대에는 육체적인 노동 대부분은 로봇이 대체할 것이고, 정신적인 노동은 인공지능AI이 대체할 것이다. 이렇게 됨으로써 인간 사회나 기업 환경은 새로운 변화를 맞이하게 될 것이다. 다시 말해 인간이 할 수 있는 일자리는 계속해서 줄어들 것이고, 인간의 차별화 역량은 새롭게 재정의될 것이며, 리더의 역할이 더욱 중요하게 될 것이다.

그러나 우리 사회나 기업은 시대에 맞는 리더의 위기 시대로 내몰리고 있다. 대한민국은 현재 출산율 추락 합계출산율 1.17명, OECD 평균 1.68명에 크게 못 미침, 만혼 가속화 신혼부부 평균 결혼 연령 남성 32.1세, 여성 29.8세로 상승, 소비력 저하 2016년 대비 30대 미만 소비지출 1,554만 원로 전년 대비 121만 원 줆, 생산력 감소 청년실업률 10%대로 올라 2017년부터 생산인구도 감소 등의 저성장이 지속돼 대학생, 직장인, 자영업자, 사업가들은 치열한 경쟁으로 내몰리고 있다. 이러다보니 개인들은 미래가 불안한 삶을 살고 있다.

• 4차 산업혁명 시대, 리더의 모습

4차 산업혁명 시대를 맞이하면서 우리가 찾아야 하는 리더의 모습은 어떤 것일까? 지금 우리는 리더와 리더십에 대해 진지하게 생각해봐야 할 지점에 서 있다. 이런 변혁의 시대는 국가, 기업 그리고 개인에게 맞는 리더십을 요구하고 있다. 누구나 리더십의 위기를 말하고 있지만 우리에게 필요한 리더의 자질을 갖춘 인간형 인재에 대해서 근본적 고민을 하고 있지 않다. 목소리 큰 사람은 많은데 구성원의 마음을 움직이는 사람은 없다. 더러 옳은 말도 없지 않으나 신뢰를 얻지 못한다. 실천이 따르지 않기 때문이다.

개인이든 조직이든 치열한 경쟁에서 살아남아 성공한 길을 걷고 싶어 한다. 성공하는 길을 가기 위해서는 리더십 역량이 중요하다. 모든 사람은 태어나면서부터 리더십 역량을 어느 정도 가지고 태어난다. 그리고 성장하는 환경 속에서 리더십 역량을 발휘할 기회를 얻기도 하고 그렇지 못하기도 하다. 리더십 역량을 발휘하는 사람은 조직에서 성공의 길을 가고 그에 따른 경제적 보상을 받게 된다. 또한 작은 리더십을 한 번 얻게 되면 더 큰 리더십으로 쉽게 다가갈 수 있다. 한 번 이 리더십 대열에 탑승하지 못하면 성공의 길은 멀어진다.

특히 조직생활을 하는 사람이 리더십 열차에 탑승하기 위해서는 조직의 초년병 생활을 어떻게 하는가가 중요하다. 즉, 리더십 마인드를 가지고 조직생활을 해야 한다. 초년병 시절은 시키는 일 속에서 그냥 세월을 보내는 사람들이 대부분이다. 성공하기 위해서는 출발 시점부터 리더십 역량을 어떻게 키울지 철저한 준비를 해야 한다. 현명한 사람이 유능한 리더십 역량을 만들고 유능한 리더십을 가진 사람이 조직의 리더로 성장한다. 조직의 리더 그룹에 들어가야 성공할 수 있다.

4차 산업혁명 시대에 성공의 열쇠는 리더십 역량에 있다. 리더십 역량은 어디서 오는가? 융합이 키워드인 4차 산업혁명 시대의 리더십에서는 지식이 아니라 '언어능력'이 더 중요하다. 결국 미래에 필요한 인재는 커뮤니케이션 기반의 리더십 역량을 갖춘 사람이다. 리더십 역량은 타고난 것이 아니라 준비를 통해 얻어지는 것이다. '지식의 양이 아니라 언어능력'이 리더십 역량이다. 이제 필요한 것은 지식의 양이 아니라 생각의 힘, 상황의 흐름을 읽고, 어느 누구하고도 바로 소통할 수 있는 언어능력이다.

과거에는 리더십에서 일사불란함, 근면성, 충성심을 중요했으나 이것으로는 한계가 있다. 4차 산업혁명 시대에는 새로운 리더십이 필요하다. 리더는 생각하는 사람이고 그 생각을 언어로 표현하는 사람이다. 언어는 행동으로 이어진다. 즉 리더의 생각이 언어를 통해 구성원들로 하여금 행동으로 이어지게 만드는 것이 4차 산업혁명 시대 리더십의 핵심이다. 언어는 리더의 기록이다. 리더의 모든 것은 언어라는 도구로 표현된다는 의미다. 리더의 언어가 사람의 마음을 이끌 수 있다. 리더는 언어로 변화를 주도해야 한다. 1%의 인정받는 리더는 언어부터 다르다.

리더십 사고가 성공을 키운다. 리더십 사고의 핵심은 경쟁자와 차이를 만드는 것이다. 리더십 사고가 없는 사람은 아무리 일을 열심히 해도 성공 열차에 올라탈 수 없는 시대다. 성공한 사람이 리더십이 있는 게 아니라 리더십이 있어야 성공한다. 리더십의 핵심에는 언어가 있다. 리더는 수많은 구성원들과 소통을 통해 자기 생각을 전파하고 행동으로 옮기는 사람이다. 공자는 "말言語을 알지 못하면 남을 이해할 수 없다"不知言 無以知人也라고 말하고 있다. 이것은 언어에 대한 바른 사용이 리더십을 발휘하는 데 필수적이라는 뜻이다. 언어를 모르면 리더로서 한계가 있다.

언어가 리더십이다

수많은 변화를 몰고 올 4차 산업혁명 시대, 통찰력으로 앞을 내다보고 비전을 제시할 수 있는 리더의 역할이 중요한 시대다. 이제 사회와 기업은 리더십 역량을 가진 사람을 요구할 것이다. 리더십이 리더를 만들고 리더가 되어야 원하는 일을 할 수 있기 때문이다. 성공하고 싶은가? 그러면 직장에서 출발 시점부터 리더십 마인드를 가져라. 그래야 리더가 된다. 리더는 언어에 의해서 만들어진다.

리더십은 타고나는 것이 아니라 만들어진다. 소셜미디어 시대 그리고 제4차 산업혁명 시대에 리더십은 더 이상 조직의 우두머리만 발휘하지 않는다. 리더십은 이제 자기 성장의 필요한 덕목이 되었다. 누구든지 노력하면 리더가 될 수 있지만 아무나 진정한 리더가 되는 것은 아니다.

어느 한 조직에서 주인으로 살 것인지, 머슴으로 살 것인지 당신의 선택에 달려 있다. 리더십이 인생을 달라지게 할 좋은 기회라는 것을 인식해야 한다. 리더가 된다는 것은 타인의 삶이 아닌 내 삶을 사는 이치를 배우는 것이다. 리더십 역량이 성공하는 삶을 이끈다. 이런 리더십 역량의 근간에는 자기 내면에서 우러나오는 '언어'가 자리 잡고 있다. 4차 산업혁명 시대에는 언어가 곧 리더십이기 때문이다.

4차 산업혁명 시대,
왜 언어가 리더십인가

한국스피치지도사협회의 송미옥 회장은 "인간의 뇌세포 98%는 말의 지배를 받는다. 부정적인 말을 바꾸면 성격이 개선되고, 비판적인 말을 바꾸면 마음이 평안해진다"라고 말하며 언어의 힘을 강조하고 있다. 한편 심리학자 A. 메라비안의 《조용한 메시지》에 의하면, 메시지 말의 93%는 비언어에 의해 이루어진다고 했다. 말은 7%, 음조, 억양, 목소리 같은 유사언어는 38% 그리고 몸짓, 표정, 눈 맞춤 등 시각적 요소가 나머지 55%를 차지한다고 한다.

이끈다는 것은 말하는 것이다

한 사람의 인생은 자신이 사용하는 언어에 따라 변화해간다. 언어에 따라 성공의 크기가 달라진다. 우리는 매일 언어를 사용하면서 사회생활을 하고 있다. 언어 없이는 관계된 사람과 소통할 수 없다. 또한 어떠한 일도 할 수 없으며 구성원들을 이끌 수도 없다. 언어란 생각이나 느낌을 음성 또는 문자로 전달하는 수단이자 체계라 할 수 있다. 언어는 음성언어와 문자언어로 구별되며 인간이 상호 의사를 전달하는 기호 체계다. 인간은 자신의 생각을 표현하고 다른 사람과 소통하기 위해 '언어'를 사용한다.

4차 산업혁명 시대에 리더에게 언어는 왜 중요한가? 리더는 구성원을 이끌어 목표를 달성하도록 하는 사람이다. 이렇게 하기 위해서는 조직 구성원들에게 어떤 영향력을 주어 구성원들이 움직일 수 있게 해야 하는데, 그 강력한 도구가 바로 '언어'다. 언어를 모르는 리더는 상상할 수 없는 시대가 되었다. 리더에게 언어의 힘은 매우 크다. 이끈다는 것은 말하는 것이다. 리더의 언어는, 그가 생각을 전달하는 수단이다. 리더의 언어는 행동을 만들어낸다. 리더의 언어가 조직의 미래를 만든다. 언어가 조직의 성공과 실패를 좌우한다. 리더의 언어란 단순히 여러 단어가 나열된 것이 아니라 그 속에 말하는 리더의 사상과 철학이 담겨 있다. 위대한 리더는 '사상'을 말하고, 평범한 리더는 '사건'을 말하고, 부족한 리더는 '남의 말'을 전달할 뿐이다. 리더의 수준에 따라 구성원이 한 방향으로 갈 수도 있고 모래알처럼 흩어질 수도 있다. 언어가 리더의 크기를 결정하며 리더의 크기는 조직의 크기를 결정하기 때문이다.

• 리더의 6가지 언어

리더는 언어 없이 구성원에게 영향력을 미칠 수 없다. 조직 안에서 관계를 유지하고, 자신이 맡은 일을 수행할 수 있는 것은, 리더가 언어로 소통할 수 있기 때문이다. 구성원들을 설득하고 독려하면서 실적을 낼 수 있는 것도 언어가 있기 때문이다. 리더의 언어는 음성언어, 문자언어, 몸짓언어, 삶의 언어, 관계언어 그리고 이미지언어 등 6가지로 구성된다.

첫째, 음성언어는 입으로 말하고 귀로 들리는 언어다. 문자언어와는 달리 말을 하고 나서는 정정이 불가능하므로 다듬어지지 않은 표현이 많으며, 각 문장은 비교적 짧고, 문장 구조도 단순하다. 음성언어의 유형으로는 연설, 강연, 프레젠테이션, 인사말, 격려사 등이 있다. 주로 구어로 하는 언어다. 청각적 전달이 기본이나 요즘은 화자의 표정, 몸짓, 주변 상황을 통해 이해할 수 있는 언어다. 대개의 경우 상대를 고려해 경어적 표현을 사용하는 게 특징이다. 침묵, 음조 tone: 감정의 표현, 강세 stress: 강조나 대조, 말의 빠르기 speed: 감정과 태도의 반영, 목소리 크기, 억양 발화의 의미와 태도 등을 어떻게 활용하느냐에 따라 전달력이 달라진다. 리더가 되면 구성원들과 음성언어로 양방향 소통을 하는 비중이 높아지기 때문에 신중하게 생각한 후 말을 하는 습관을 가져야 한다.

둘째, 문자언어는 문자 文字를 매개로 한 언어다. 입말을 매개로 한 음성언어에 대응하는 개념이다. 시각적 전달이 기본이고 문장이 체계적이다. 일단 발표되면 정정이 어렵다. 읽는 자를 고려하여 신중하게 써야 한다. 요즘은 리더가 전문성을 보여주거나 구성원들을 설득하기 위해 칼럼, 이메일, 보고서 논문, SNS 등에 직접 글을 써서 소통하는 비중도 늘어나고 있다. 문자언어는 오래 보존되고 다른 사람들에게 분석되며 평가되기도 하기 때문에 정확하지 않은 내용은 쓰지 않는 게 좋다. 특히 리더는 직접 자기 생각을 논리적으로 쓰는 능력을 가지고 있어야 한다.

셋째, 몸짓언어는 몸짓이나 손짓 등 신체 동작으로 자신의 의사나 감정을 표현하고 전달하는 언어다. 우리는 말이라는 표현수단을 통해 의사소통을 하지만 전달의 효과를 더 높이기 위해 몸짓을 통해 의사소통을 한다. 몸짓언어는 눈빛 ^{시선}, 얼굴표정, 제스처, 자세, 신체접촉 ^{악수, 포옹,} ^{팔짱 끼기, 어깨에 손 두르기, 어깨 두드려주기, 어루만지기, 건드리기}과 같은 일종의 일상생활 언어로 자리 잡고 있다.

리더의 의사소통 대부분은 마치 말이라는 음성언어로 전부 이루어지는 것 같지만 사실은 그렇지 않다. 음성언어뿐 아니라 시각을 통해 인지되는 무의식의 언어라고 할 수 있다. 입으로 표현되는 말을 통해서만 서로의 생각을 알 수 있는 것이 아니다. 몸짓언어로도 자신의 생각을 표현할 수 있고 그렇게 할 경우 더 효과적으로 전달할 수 있다. 리더는 단순히 음성언어로 자신의 생각을 전달하려 하기보다는 몸짓언어를 적절하게 섞은 언어를 사용하는 습관을 가져야 한다. 말의 격을 높이는 것이 몸짓언어다. 또한 리더의 격을 높이는 것이 몸짓언어다. 몸짓언어가 호소력을 높이고 몸짓은 크게 쓰면 쓸수록 자신감을 돋보이게 한다.

넷째, 삶의 언어는 경험의 언어다. 언어에는 한 사람의 살아온 삶이 담겨 있다. 언어에는 삶의 모든 것이 담겨 있다. 자기 분야의 경험과 실적 그리고 살아온 삶은 언어로 표현되고, 개인이 사유하는 내용까지도 언어에 표현되어 있다. 삶을 담고 있는 언어를 통해 우리는 세상과 소통할 수 있고, 이런 삶의 언어가 가장 강한 메시지다. 바둑의 세계를 예로 보면, 고수인 조훈현이라는 사람 자체가 몇 마디 말을 하지 않아도 삶의 언어가 되는 메시지를 전달하게 된다. 말은 삶과 융화되고, 삶은 언어로 익어가야 한다. 삶의 언어는 진실한 언어다. 언어가 진실하려면 삶을 동반하지 않으면 안 된다. 마찬가지로 리더가 될 사람은 자기 분야에서 충분한 경험을 통해 삶의 언어를 만들어야 한다.

다섯째, 관계언어는 후광효과 언어다. 후광효과란 일반적으로 어떤 사물이나 사람에 대해 평가를 할 때 일부의 긍정적·부정적 특성에 주목해 그 특성이 전체적인 평가에 영향을 줌으로써 대상에 대한 비객관적인 판단을 하게 되는 인간의 심리적 특성을 말한다. 다시 말해 한 리더의 역량을 평가할 때 리더 한 사람만을 평가하는 것이 아니라 그를 둘러싸고 있는 사람들이 누구인지를 같이 평가하는 방식이다. 리더의 리더십은 리더 자신의 리더십에 의해서만 달성될 수 없다. 그를 둘러싸고 있는 좋은 사람들이 얼마나 있느냐에 따라서 성공하는 리더십을 가질 수 있는지 판단받게 된다. 새로운 좋은 사람을 주위에 둘 때마다 새로운 리더십이 만들어진다. 성공한 리더가 되기 위해서는 주위에 영향력을 주거나 도움을 줄 수 있는 후견인들을 잘 만들어야 한다. 이런 후광효과를 잘 활용하는 리더가 진짜 리더십을 발휘할 수 있다.

여섯째, 이미지언어는 직관적으로 떠오른 심성이나 느낌을 형이하학적으로 표현한 체계다. 즉, 형상언어를 말한다. 지금은 이미지언어 시대다. 인류는 자신이 바라보고 느낀 것을 표현하기 위해 이미지언어를 사용했다. 때로는 말 한마디보다 한 장의 그림이나 사진이 리더에 대한 강렬한 인상을 남긴다. 리더의 이미지는 곧 메시지다. 말을 하지 않아도 뜻을 전달할 수 있는 것이 이미지 언어다. 리더의 이미지언어의 특징은 첫째, 자신의 분야에서 경험을 통해 습득된다. 둘째, 자신을 둘러싼 배경에 따라 의미가 다르게 나타날 수 있다. 셋째, 무의식 영역에서 상호 인식이 가능하다. 즉 이미지언어는 하루아침에 만들어지지 않는다는 것이다. 리더의 이미지가 조직을 바꾸기도 하고 리더의 이미지에 따라 조직의 이미지가 좌우되기도 한다. 리더가 좋은 이미지언어를 만들려면 정체성이 명확해야 한다. 자신을 알고, 일관성을 가져야 좋은 이미지 언어를 구사할 수 있다. 리더의 이미지 언어는 조직을 대표하기 때문이다.

처음 만나는 사람의 경우 4분 안에 첫인상의 60~80%가 결정된다고 한다. 첫인상의 요소로는 의상, 자세, 표정, 걸음걸이 등이 있다. 성공한 리더의 얼굴에 나타나는 '자신감' 또한 이미 그의 성공 스토리를 말해준다. 목소리, 표정, 눈빛, 태도 등이 리더의 이미지 언어를 결정한다.

성공하는 리더로 성장하기 위해서는 이 여섯 가지 리더의 언어를 상황에 따라 적절하게 사용할 수 있어야 한다. 특히 조직의 초년병 시절부터 이런 언어를 습득하도록 습관화가 되어야 리더십 역량을 가질 수 있다. 리더십 역량이 있는 사람만이 '리더'라는 열차에 탑승할 수 있기 때문이다.

• 리더의 또 다른 표현은 '언어'다

4차 산업혁명 시대는 인공지능과 로봇이 인간이 하는 일의 대부분을 하게 된다. 리더는 기계와 인간, 인간과 인간 사이에서 창조적으로 양자를 조율하며 리더십을 발휘해야 한다. 그 중심에 인간만이 누릴 수 있는 언어가 있다. 리더는 소통을 통해 복잡한 이해관계자들을 설득하고 그들과 문제를 풀어가야 한다. 소통은 언어로 이루어진다. 리더가 언어를 잘 사용하지 못한다는 것은 자신의 '생각'이 없다는 것이다. 리더가 자신의 '생각'이 없다면 상황 파악을 못하고, 일을 제대로 해나갈 수 없다. 생각이 언어를 만들고, 언어가 행동으로 이어지기 때문이다.

4차 산업혁명 시대에 리더로 살아남는 유일한 무기는 '언어'다. 리더의 매력은 언어 역량이다. 리더의 언어는 '사람을 움직이다'에서 '사람이 움직이다'로, '해야 할 일'에서 '하고 싶은 일'로, '명령하다'에서 '이야기를 전하다'로 조직문화를 바꾼다. 리더는 '언어'의 연금술사가 되어야 한다. 언어는 리더십의 원천이자 리더의 힘이다. 싸움, 갈등, 오해, 화 등은 언어의 결핍에서 온다. 리더의 또 다른 표현은 '언어'다.

리더의 사고를
지배하는 언어

"생각은 곧 말이 되고, 말은 행동이 되며, 행동은 습관으로 굳어지고, 습관은 성격이 되어 결국 운명이 된다"는 말이 있다. 이는 생각의 중요성을 강조하는 말이다. 리더도 마찬가지다. 리더는 생각하는 동물이다. 생각이 없는 리더는 상상할 수 없다. 생각하지 못하는 리더는 리더십을 발휘할 수 없고, 구성원들이 그를 따르지 않으며, 성과도 낼 수 없다.

생각할 줄 아는 리더만이 새로운 역사를 만들어왔다

그러면 리더의 생각은 어디서 오는 걸까? 조직에는 많은 리더가 탄생하고 사라지고 있다. 그리고 그 리더들에 의해 조직이 살기도 하고 죽기도 한다. 조직을 죽이는 리더의 특징은 리더가 자신의 생각을 갖고 있지 못하다는 것이다. 4차 산업혁명 시대에는 어떤 위험이 닥칠지 모르는 시대로 리더의 역할이 중요하게 될 것이다. 그런데 생각을 할 줄 모르는 리더가 있다면 어떻게 위기를 헤쳐 나갈 수 있겠는가? 의외로 우리 주위에는 생각이 없는 리더들이 많다. 우리나라 사람들은 리더가 되기 위해 기계적으로 업무를 하고 있으며, 군대식 문화인 상명하복에 따라 생각을 해왔기 때문에 생각하는 방법을 모른 채 리더가 되어버린다. 그에 따른 폐해가 너무 크다.

리더는 있으나 리더십은 없으며 행동은 있으나 생각이 없으므로 고집과 신념을 구분하지 못한다. 전문지식과 정보는 넘치지만 판단의 기준이 없으니 리더가 무엇을 어디에 써야 할지 모르는 격이다. 4차 산업혁명 시대가 요구하는 리더는 자신의 생각을 강하게 밀어붙이는 고집보다 넓게 포용하며 다양한 구성원들의 생각을 흡수하고 좀 더 전략적으로 결단해야 한다. 이는 생각이 없으면 불가능한 일이며 조직에 미치는 파장이 너무 크다.

사실 리더가 생각의 힘을 갖추는 것은 굉장히 어려운 일이다. 우리나라 리더가 양성되는 토대가 생각을 키우는 문화가 아니었기 때문이다. 4차 산업혁명으로 모든 것이 연결되는 초연결 사회로 갈수록 리더 자신과 인간 그 자체에 대한 깊이 있는 생각이 중요하게 될 것이다. 리더가 생각을 할 줄 모르는 것의 근원은 어쩌면 꿈의 부재에서 오는 것일지도 모른다.

아무리 경쟁이 치열하고 한 치 앞이 안 보여도 생각이 있는 리더는 시련을 극복할 용기가 있다. 생각할 줄 아는 리더만이 새로운 역사를 만들어왔다.

• 생각이란 무엇인가?

그러면 생각이란 무엇인가? 생각은 사고, 사유, 사상이라고 표현되기도 한다. 생각은 지각이나 기억의 활동만으로는 충분하지 않은 경우에 무엇을 이해하고 또 어떻게 행동해야 할 것인가를 헤아리는 활동을 말한다. '생각한다'는 것은 일단 습관적인 인식에서 한발 물러나 사물이나 현상을 낯설게 본다는 것이고, 이때 우리는 사물의 실체를 보고 깨달음을 얻는다. 이런 깨달음은 언어에 의해서 행해지며 생각은 사물을 식별하고 판단하는 작용을 한다. 생각은 생각 프로세스에서 얻어진 것을 다른 사람에게 말하고 다른 사람의 말에서 정보를 얻는 데 '언어'를 사용함으로써 가능해진다.

4차 산업혁명 시대의 리더는 독불장군처럼 구성원들을 독려하는 것이 아니라 원활한 조정자 역할을 해야 한다. 자신의 경험과 전문성을 주장하기보다 다양한 구성원을 활용할 수 있도록 소통능력을 갖추어야 한다. 무엇보다도 자신과 생각이 다른 구성원을 설득할 수 있는 능력이 중요하다. 이렇게 하기 위해 리더는 생각할 수 있는 능력을 가져야 한다. 또한 4차 산업혁명이 본격적으로 도래하는 시대는 문제해결 능력,

지시명령, 협동성, 협상력, 감성지능 등 전통적 리더십 요소가 아닌 창조력, 사고력을 가진 리더가 필요하다. 주어진 문제를 해결하는 수준이 아닌 새로운 문제를 발굴하는 능력이 리더에게 중요하다. 새로운 문제를 발굴하는 능력은 사고력에서 나온다.

그러면 사고는 어디에서 오는가? 언어학자 워프 Wharf 는 "언어는 우리의 행동과 사고방식을 결정한다"라고 했다. 이는 우리가 세계를 있는 그대로 보고 경험하는 것이 아니라 언어를 통하여 인식한다는 의미다. 언어가 생각에 영향을 미친다는 것이다. 언어가 사고를 결정하며, 언어가 다르면 사고도 달라진다. 언어가 없으면 사고도 없다는 추론도 가능하다. 리더의 언어가 차이를 만드는 시대다. 리더의 언어가 구성원들의 생각을 지배하는 시대다. 문제가 발생할 때 만족스러운 답이 없다는 것은 리더와 구성원들 간에 문제해결에 대한 언어가 부족하다는 증거다.

언어는 음성화된 생각이다. 언어가 나뉘었다는 것은 생각이 다르다는 것이고 소통의 부재를 의미한다. 구성원들은 소통이 되지 않으면 어떤 목표도 쉽게 달성할 수 없다. 생각이 같으면 금세 하나가 되지만 생각이 다르면 분열된다. 4차 산업혁명 시대에는 리더의 언어가 중요한 시대다. 리더의 언어가 조직 구성원을 묶어내기 때문이다. 리더의 언어가 조직의 성공과 실패를 좌우한다. 성공하는 리더는 성공하는 언어를 사용하고 실패하는 리더는 실패하는 언어를 사용한다. 불행한 리더는 입을 열면 불행의 언어를 사용하고 행복한 리더는 행복의 언어를 사용한다.

신경심리학자 트레바덴은 "언어는 단지 의도나 정보를 전달하기만

하는 것은 아니다. 언어는 사람들 사이의 관계, 지위, 역할, 서열 등을 조절하기도 한다. 언어 고찰은 인간이 추구하는 전체 구조물 안에서 이루어져야 한다"라고 말했다. 이는 언어가 한 사람의 사회적 관계를 만든다는 말이다. 리더도 마찬가지다. 우리가 어떤 리더를 만날 때 그 사람의 첫인상을 결정짓고, 그 사람의 됨됨이를 이야기하는 데 중요한 단서가 되는 것이 '언어'다. 언어는 그 사람의 존재에 대해 알려주는 단서가 되기도 한다. 리더의 생각이 어떤지 보여주는 거울과 같은 역할을 한다.

• 리더의 높은 생각

리더의 높은 생각은 높은 리더십의 출발점이다. 논리력 있는 리더가 뛰어난 사고를 한다. 언어에는 그 리더의 철학이 담겨 있다. 언어에는 계층과 같은 사회적 관계도 반영되어 있다. 생각이나 가치관도 언어의 영향을 미치는 중요한 리더십 요소다. 리더의 언어가 성품을 결정한다. 리더의 언어가 생각을 결정한다. 그 생각이 리더십을 만든다.

몇 년 전에 필자는 모 기관에서 대통령을 포함해 전 공무원이 사용하는 시스템 구축 사업의 책임자리더로 일한 적이 있다. 70~80여 명의 기획자, 컨설턴트, 디자이너, 개발자들로 구성이 되었다. 그 프로젝트는 보안 업무도 있고, 각 부처에서 일어나는 국가정책을 모아서 대국민에게 홍보하는 기능도 있고, 전 공무원들이 커뮤니케이션을 하는 이메일도 포함된 정책 시스템을 구축하는 일이었다. 업무 중요성도 그렇고 프로젝트 기간이 촉박해 상당히 힘든 과정을 거쳐 시스템이 개발되었고, 그 과정에서 많은 난관이 있었다.

고객의 요구사항은 수시로 변경되었고, 프로젝트 구성원들 간에도 많은 갈등이 있었다. 도입된 솔루션에 오류도 있었다. 개발된 업무 시스템이 탑재될 보안장비, 하드웨어, 네트워크, 각종 상용 소프트웨어 등이 하나씩 설치되었다. 시스템 개발을 하고 실제 오픈하기 전에 수차례의 테스트 작업을 진행했다. 100만 명이 넘는 사용자가 사용하게 되는 시스템으로 만에 하나라도 하자가 있으면 감당할 수 없는 문제가 발생할 수도 있는 상황이었다.

당시 필자는 24시간 일하는 심정으로 간절하게 매달렸다. 오로지 이번 프로젝트를 멋지게 성공시켜야겠다는 생각뿐이었다. 고객과의 수많은 업무회의, 팀원과의 업무적·비업무적인 이야기, 거래업체들과 지리한 협상 그리고 회사 내부 기술, 구매, 품질, 영업 등 관련 부서들과의 커뮤니케이션을 통해 하나씩 일을 마무리해나갔다. 점점 시스템 오픈 날짜는 다가왔고, 수차례의 테스트와 점검 작업 끝에 오픈하게 되었다. 그러나 오픈하는 날 1시간여 만에 시스템은 멈춰버렸다. 필자는 멈추는 순간을 현장에서 바라봐야만 했고, 그 순간 수많은 생각들이 스쳐갔지만 엔지니어들에게 원인 파악 지시를 하고 잠시 잠적의 시간을 가졌다.

리더는 어떤 일이 성공하면 많은 찬사를 받지만 실패할 경우에는 모든 비난을 받게 된다. 그날 여러 부서, 사람들로부터 견딜 수 없는 비난을 받았다. 그러나 필자는 모든 것을 껴안으며 침묵했고, 이 상황을 어떻게 해결해야 할지 생각하고 엔지니어와 함께 원인 파악과 해결책을 마련하는 데만 매달렸다. 원인은 파악되었고 하루 만에 시스템은 정상으로 가동되게 되었다.

이런 위기상황에서 리더가 어떤 생각을 하느냐가 실마리를 쉽게 찾을 수 있게도 하고 어렵게도 한다. 다시 말해 리더가 어떤 언어를 쓰느냐에 따라 생각이 달라지고 또한 해결방안이 다르게 나온다. 그 혼란스러운 상황에서 침묵의 언어가 문제를 풀었던 것이다. '침묵'은 리더의 언어다. 침묵은 때에 따라 책임회피가 아니라 어떤 대안을 생각하고 있다는 증거다. "내 책임이다"라고 말하는 것이다. 이것이 리더의 언어이자 생각이다.

4차 산업혁명 시대에 성공하는 리더는 생각의 주도권을 가진 사람이다. 조직의 모든 것은 다 리더가 생각한 결과들이다. 조직의 수준은 리더의 생각에 달렸다. 리더는 스스로 생각하는 능력이 있어야 한다. 그래야 생각의 주체인 구성원을 이끌 수 있다. 4차 산업혁명 시대에는 언어가 리더의 생각을 지배할 것이다. 리더가 쓰는 언어 속의 단어가 가진 의미만큼, 리더가 세상을 바라보는 시선이 만들어지고 가치관을 형성하게 된다. 그래서 언어가 생각을 지배하고 결국 생각이 행동을 지배한다. 리더의 언어는 생각을 좀 더 분명하게 하여 구성원을 생각하게 하고 행동으로 보이도록 하는 것이다. 4차 산업혁명 시대에 생각하지 않는 사람은 리더가 될 수 없다.

직접 쓰고
직접 말하는 리더

"지도자는 자기의 생각을 조리 있게, 쉽고 간결하게 말하고 글로 쓸 줄 알아야 한다." 김대중 대통령의 말이다. 그러나 우리의 현실은 다르다. 일정한 위치의 리더 자리에 오르면 대부분의 리더들은 바쁘다는 이유로 스탭이나 비서들이 써준 글을 읽기만 한다. 남이 써준 글은 자신의 생각이 아니다. 4차 산업혁명 시대에는 자신의 생각을 전달하지 못하는 리더는 조직원을 감동시킬 수 없다. 남이 써준 글을 읽는 리더가 있는 조직은 앞으로 나아가는 조직이 아니라 후퇴하는 조직을 만들 뿐이다. 조직원들로부터 열정을 빼앗는 결과만 초래한다.

읽기와 듣기는 남의 생각이다. 현재보다 더 앞서가려면 리더 자신의 생각이 있어야 한다. 자신의 생각은 쓰기와 말하기를 통해 만들어진다.

성공하는 리더들에게는 자신이 알고 있는 것을 일목요연하게 잘 표현해서 전달하고 싶어 하는 욕구가 항상 존재한다. 구성원들과 소통을 잘해야 자신의 주장을 전달하고 이를 통해 목표를 달성할 수 있기 때문이다. 글을 잘 쓰면 세상과 소통할 수 있고, 리더 자신이 가진 것들을 잘 표현하는 능력이 생긴다. 또한 구성원들과 소통할 수 있는 능력이 탁월하기 때문에 공감을 쉽게 얻고 기회가 많이 만들어지게 된다.

● 리더는 스스로 글을 써야 한다

4차 산업혁명 시대에 리더는 스스로 글을 써야 한다. 자신의 생각을 직접 써야 한다. 리더가 가는 길이 미래 조직이 가는 길이기 때문이다. 리더의 생각 크기만큼 조직도 큰다. 조직은 리더의 거울과 같은 것이다. 글을 쓰되 좋은 글을 써야 한다. 좋은 글을 쓰는 습관을 가져야 성공하는 리더가 될 수 있는 시대다. 리더를 너무 쉽게 생각하지 말라. 좋은 글은 구성원들에 대한 진정한 관심에서 나온다. 머리로만 쓰는 글과 발로 쓰는 글은 다르다. 머리로 쓰는 글은 권위적이지만 발로 쓰는 글은 인간적이다. 리더는 자기 조직을 글로 스토리화할 줄 알아야 된다. 희망찬 스토리로 가득한 조직일수록 성과가 좋고 행복도가 높다. 좋은 글을 쓰는 리더는 구성원에 대한 관심과 따뜻한 시선을 보낼 줄 안다.

노무현 대통령은 "연설문을 직접 쓰지 못하면 리더가 될 수 없다"라고 말했다. 대통령의 말과 글은 그 자체가 국정 운영이라는 것이다. 구성원들이 행동을 하게 하고, 변화를 이끌어내는 관건은 리더의 개인적인 체험에서 우러난 메시지와 그 안에 담긴 진정성에서 나온다. 리더는 글과 말을 통해 이런 메시지를 만들어야 한다. 글을 쓰지 않는 사람은, 글을 쓸 줄 모르는 사람은 리더가 되어서는 안 된다. 리더의 글은 자신의 내면 세계에 있는 진정한 무엇인가를 끌어내어 구성원들에게 열정을 불어넣는 것이기 때문이다.

• 좋은 글을 쓰기 위한 몇 가지 습관

필자는 프로젝트 리더로서 십수 년간 팀원들을 데리고 프로젝트를 해왔다. 기간도 짧으면 6개월에서 길게는 2~3년 걸리기도 한다. 팀원들도 적게는 10여 명에서 많게는 70~80명 정도를 데리고 조직을 이끌어왔다. 그 과정에서 글을 쓰는 습관을 가지려고 노력했다. 비즈니스적인 글이 대부분이었지만 비非비즈니스적인 글을 쓰려고 했다.

리더가 좋은 글을 쓰기 위해서는 몇 가지 습관을 가져야 한다. 필자가 글을 쓰기 위해 해왔던 것은 첫째, 오롯이 나만의 사색의 시간 즉, 생각할 수 있는 시간을 가진 것이다. 대부분의 리더들은 바쁘기 때문에 생각할 시간 없이 타인의 시간에 매달려 지내는 경우가 많다. 남이 만들어놓은 시계추에 매달려 있는 삶을 사는 것이다. 이렇게 되면 리더는 생각하는 방법을 잃어버린다. 필자는 이런 생활을 탈출하기 위해 매주 토요일은 어떠한 일이 있어도 산에 가기로 결심했다. 오롯이 나만의 시간 속에서 생각여행을 하고 싶어서였다. 버스를 타고 산행지를 가면서 오면서 차창 밖으로 보이는 풍경들을 보며 사색에 잠겼고, 산을 오르내리면서 나만의 생각을 정리한다. 머릿속에 스치는 생각을 스마트폰에 기록하곤 했다. 이러한 생각들의 조각이 리더십의 원천이 되었고 한 권의 책으로 세상에 나오게 되었다.

둘째, 목적 있는 책 읽기를 해라. 목적 있는 책 읽기란 무의미하게 책을 읽는 것이 아니라 목표를 가지고 책을 선택하고 읽으라는 것이다. 먼저 자기가 하고자 하는 관심 영역의 테마를 선정하고 그것을 자기의 지식체계로 만든다고 생각하는 것이다. 지식에는 연결된 체인이 있다. 이 체인을 찾아가는 지식의 조각들을 만들어줄 수 있는 책을 읽어야 한다. 그래야 타인의 지식이 나의 지식으로 농축되기 때문이다. 필자는 매월 5권 이상의 책을 읽고, 독서카드를 만들어 엑셀 파일로 정리했다. 독서카드에는 책의 핵심 메시지와 좋은 표현들을 모아서 기록하고 내용에 따라 나의 생각을 추가하여 정리했다. 글을 쓸 때나 업무를 할 때나 언제든지 활용이 가능하다.

셋째, 신문 읽기를 생활화해라. 필자는 시중에 나오는 신문을 모두 읽으려고 노력했다. 그것도 지면으로 말이다. 집 주위에 있는 공공도서관에 가면 모든 신문을 접할 수 있다. 신문도 종합일간지, 경제신문, 전자신문, 특수신문 등 시중에 나오는 신문을 가능한 한 모두 봐라. 최신 이슈기사, 칼럼 위주로 속독하며 필요한 기사를 스크랩해라. 필자는 블로그를 이용해 신문기사를 스크랩하거나, 수첩에 좋은 내용을 수기로 써가며 정리한다. 손으로 직접 써보는 방식을 추천한다. 남의 글을 수첩에 손으로 쓰면서 그 사람의 생각을 느껴보는 것이 중요하다. 필자는 생각노트 Think note 를 만들어 체계적으로 옮겨 적어 저장해서 활용했다.

넷째, 블로그, 페이스북, 트위터 등 SNS에서 소통해라. 대중의 흐름을 파악할 수 있다. 최근 무엇이 이슈이고, 불특정 다수의 집단지성의 지식을 얻을 수 있다. 소셜미디어에서 소통을 통해 또 다른 차원의 사유를 할 수 있고, 우리가 안고 있는 이슈를 해결하거나 새로운 아이디어를 만들어 낼 수 있다.

다섯째, 자기가 속한 분야에서 업業을 통해 체험하고 그 결과를 기록으로 남기는 습관을 가져라. 사람들은 누구나 일하고 있다. 일이라는 것은 주로 타인이 시키는 일을 받아 자기 생각보다는 타인의 생각에 따라 수행되며 시간이 흘러가 버린다. 이렇게 반복이 되다보면 자기 것은 없는 빈털터리가 될 것이다. 중요한 것은 일을 할 때마다 책을 쓴다는 기분으로 기록으로 남겨라. 축구선수가 훈련을 열심히 하고 축구를 잘하면 훌륭한 축구선수가 되지만 지도자는 못 된다. 지도자가 될 사람은 축구선수 시절에 축구만 하는 것이 아니라 훈련과 경기과정을 기록으로 남기는 사람이다.

마지막으로 메모 습관을 가져라. 메모는 미래에 리더가 될 수 있는 엄청난 자산이 된다. 메모가 모이면 기록이 되고 기록이 모이면 생각으로 전환된다. 의미 있는 한 권의 책으로 탄생할 수 있다. 이러한 것들이 모이면 글쓰기의 기본이 마련된 사람이다. 리더십의 역량을 갖춘 것이다. 리더십은 글을 쓰는 능력에서 시작된다. 글을 쓴다는 것은 언어를 사용한다는 것이고, 이는 말을 잘할 수 있는 자질을 인정받게 된 것이다.

글을 어떻게 쓸 것인가?

그러면 글을 어떻게 쓸 것인가? 칼럼을 쓰는 일부터 시작해보자. 칼럼은 전문가만 쓰는 게 아니다. 자기 분야에서 칼럼을 쓰면 전문가가 되는 것이다. 칼럼이란 신문이나 잡지 등에서 시사문제, 사회풍속 등을 촌평하는 난(欄)을 말한다. 이는 필자를 밝히지 않고 뉴스의 핵심을 풍자하거나 꼬집어서 문제점을 파헤쳐 독자에게 공감과 흥미를 주는 정기적인 단편 난(欄)을 말한다. 칼럼의 분량은 한글이나 워드 파일 1장^{10폰트 기준}으로 작성하면 된다. 칼럼을 쓸 때 제일 중요한 것은 칼럼의 제목을 정하는 일이다. 칼럼의 제목은 첫인상을 결정한다. 독자들은 제목을 보고 칼럼을 읽을 것인지 말 것인지를 결정하는 경우가 많기 때문이다. 독자 또는 구성원들의 마음을 움직일 수 있는 제목을 만들어라. 제목에는 독자들이 원하는 것을 담아야 한다. 제목에 호기심과 기대감을 담고, 제목에 이 글을 통해 독자가 얻을 수 있는 유익을 명쾌하게 제시하라. 단순히 '성공하는 사람의 3가지 프레젠테이션 스킬'보다는 '프레젠테이션, 자신감·확신·열정으로 무장하라'로 한다면 더 독자를 유혹할 것이다.

구성은 서론-본론-결론으로 전개한다. 서론은 4줄 정도, 결론은 5줄 정도에 맞추어 쓰고, 나머지는 본론에 쓴다. 서론을 시작하는 방법은 사회적 분위기, 명언, 일상의 경험, 현재 나의 상황, 사람들의 바람 또는 질문 등으로 하는 것이 좋다. 본론은 자기가 주장하고자 하는 메시지를 3개 정도로 정리하고 그것을 뒷받침할 수 있는 근거를 제시하면 된다. 근거는 자신의 생각을 먼저 제시하고 증명할 수 있는 사례^{자신 또는 타인}를 가져오면 된다. 칼럼의 퀄리티는 사례^{콘텐츠}의 질과 비슷하다. 결론은 서론과 본론의 내용을 아우르면서 다시 한 번 메시지를 강조하는 것으로 마무리하면 된다. 제목을 넣거나 제목과 비슷한 의미로 마무리하거나, 임팩트한 명언, 격언 등을 사용해서 다양한 종결어미를 활용하는 것도 방법이다. 리더에게는 오늘 그리고 내일 할 일이 너무 많다. 오늘 하루 했던 일 중에 가장 중요한 테마에 대해 한 편의 칼럼을 써본다는 자세를 가지고 꾸준하게 써라. 그리고 그 내용을 기반으로 구성원들과 소통해라. 당신은 위대한 리더로 성장할 것이다.

4차 산업혁명 시대의 리더가 되려는 자, 글을 써라. 리더는 생각하는 동물이다. 생각에서 말이 나오고 말에서 행동이 나온다. 리더는 스스로 생각하는 사람이다. 스스로 생각하지 못하면 리더로서 자격이 없다. 그건 대리 인생이다. 글쓰기는 생각하기에서 나온다. 설득적 글쓰기가 성공한 리더를 만든다. 4차 산업혁명 시대에는 자기 생각을 글로 쓰지 못하면 리더가 아니다. 성공하는 리더로 살아남기 위해서는 글쓰기에 집중해야 한다. 자신의 생각을 자신의 언어로 전달하지 못하는 사람은 리더가 아니다. 4차 산업혁명 시대에는 리더가 쓴 글이 독창적이고 강력할 때 그 리더는 신뢰와 자신감을 얻는다. 통찰력이 넘치는 글을 쓴다면 말을 하지 않고도 조직원들을 자극할 수 있다. 리더는 자기의 생각을 직접 글로 써야 한다. 글은 역사에 남는다. 4차 산업혁명 시대에 리더가 되려고 하는 자, 지금 당장 글쓰기를 시작하라.

생각의 빛깔을
물들이는 리더의 문채

"오늘은 어제의 생각에서 비롯되었고 오늘의 생각은 내일의 삶을 만들어간다. 삶은 이 마음이 만들어내는 것이니, 순수한 마음으로 말과 행동을 하게 되면, 기쁨은 그를 따른다." 불교 경전《법구경》에 나오는 말이다. 같은 생각, 같은 의도라도 언어의 표현에 따라 결과는 하늘과 땅 차이가 나는 경우를 볼 수 있다. 리더는 언어로 자기의 삶을 표현하고 자기의 생각을 전달하여 구성원을 움직일 수 있어야 한다. 이렇게 하기 위해서 리더의 언어에는 문채 文彩가 있어야 한다. 이 문채가 감동을 만들어 멀리 향기처럼 퍼져나가기 때문이다.

• 리더십은 '기술력'이 아니라 '휴머니즘'에서 나온다

한편으로 4차 산업혁명은 기술 패러다임이 융합하면서 인류에게 많은 변화를 가져다줄 것이다. 사람들은 대부분 기술에 의존해 편익을 찾을 것이고, 비즈니스를 만들어 경제적인 혜택을 누릴 것이다. 그러나 4차 산업혁명 시대의 리더십은 '기술력'이 아니라 '휴머니즘'에서 나온다. 여기서 휴머니즘은 리더의 언어에 멋을 더하는 문채와 같은 것이다.

문채란 문장을 아름답게 꾸며 쓴 것을 의미한다. 다시 말해 문장에 멋을 넣는 일이다. 리더도 마찬가지다. 멋이 있어야 감동을 줄 수 있다. 리더 자신이 멋이 있어야 가슴을 움직이는 말을 할 수 있다. 감동이란 일종의 끓는점이다. 구성원들은 언제 감동을 받는가? 리더가 전달하고자 하는 의미가 구성원들의 감성과 맞아떨어질 때 구성원들은 감동을 느끼게 된다. 리더가 자신의 언어에 문채를 담는다는 것은 메시지의 의미와 그 감정을 하나로 융합하여 새로운 형태의 깨달음을 만들어내는 것이다. 이렇게 깨달음이 가져오는 감동은 단순히 울컥하는 것이 아니라 구성원들의 신념이 되고 그들로 하여금 행동을 옮길 수 있게 한다.

구성원들에게 감동을 주는 원천은 무엇인가? 그것은 인간적인 사랑과 신뢰다. 감동의 또 다른 이름은 '사랑'이며 '신뢰'다. 자기 자신을 사랑하고 신뢰해주는 리더가 있을 때 구성원은 감동하게 된다. 사랑이 있으면 구성원은 사랑을 그린다. 그러나 미움이 있으면 구성원은 미움을 그린다.

《춘향전》을 보면 이도령이 암행어사로서 남원에 내려와 불의를 밝히

는 서릿발 같은 시 "金樽美酒千人血 玉盤佳肴萬姓膏 燭淚落時民淚 落 歌聲高處怨聲高 금준미주천인혈 옥반가효만성고 촉루낙시민루락 가성고처원성고"에 서 그 시대적 문채를 볼 수 있다. 감동을 느낄 수 있다.

우리말로 풀면 "금잔의 미주는 천사람의 피요, 옥반의 가효는 만백성 의 기름이다. 촉루락시에 백성의 눈물이 흘리고 가성고처에 원망소리 높도다"라는 말이다.

이 시대 상황을 보면 부사로 부임한 변학도는 정사는 돌보지 않고 기 생점고 관에 등록된 기생들을 하나하나 확인하는 과정부터 한다. 그러나 50여 명의 기 생들을 다 살펴보아도 눈에 찬 기생을 찾지 못하는데, 남원에서 미모가 빼어나다고 소문난 춘향이 명단에 없는 것을 확인한다. 이에 변 사또는 관원들로 하여금 춘향을 데려오도록 한다.

호색가인 변 사또는 춘향을 보고 수청을 강요한다. 그러나 춘향은 죽 음을 각오하고 이를 거절한다. 이에 크게 노한 변 사또는 춘향을 모질게 고문하고 옥에 가두게 하고, 다가오는 자신의 생일잔치에서 마지막까 지 자신의 명을 듣지 않으면 처형하기로 한다.

한편, 한양으로 올라간 몽룡은 열심히 공부하여 과거에 장원급제하 고, 암행어사를 제수받아 전라도를 암행하라는 명을 받고 내려오게 된 다. 드디어 변 사또의 생일날이 되었다. 여러 고을의 벼슬아치들과 양반 들이 다 모이고 성대한 잔치가 벌어졌다. 그리고 변 사또는 춘향을 데려 다 마지막으로 고문을 가하며 수청을 강요했다. 바로 그 순간 암행어사 출도를 외치며 이몽룡이 나타났다. 순식간에 잔치 마당은 아수라장이 되었다. 몽룡은 변 사또를 파직시키고 춘향과 감격적으로 다시 만나게 된다. 앞의 시는 이 상황에서 쓴 언어다. 이 언어에는 백성을 사랑하는 마음이 진정성 있게 녹아 있기 때문에 감동을 주는 것이다. 리더는 이런 멋진 언어를 통해 감동을 줄 수 있어야 한다.

• 진정한 감동은?

진정한 감동은 구성원의 마음을 헤아리는 데서 나온다. 리더는 구성원의 마음이 되어봐야 한다. 그리고 헤아림의 깊이를 더해야 한다. 깊은 맛과 향을 우려내려면 알맞은 온도를 알아야 하는 것처럼 헤아림의 깊이를 더하는 일은 구성원을 이해하려는 마음의 자세일 때 가능해진다. 감동은 리더가 구성원을 향한 바른 마음을 가지고 바른 길을 갈 때 일어난다.

리더는 왜 구성원을 이끌어야 하는지 스스로 물어야 한다. 구성원을 이끌려고만 하면 이끌 수 없다. 예쁜 꽃을 하나 키워도 남들과 다른 꽃을 키우기 위해 왜 꽃이 이렇게 생겼는지 본질에 대해 물어야 한다. 그리고 꽃의 역사에 대해 공부하는 마음이 필요하다. 끊임없이 사물의 본질에 대해 관심을 가져야 구성원들이 진정 원하는 것을 키우고 이끌 수 있다.

우리나라는 2017년 3월, 대통령제 도입 후 사상 최초로 대통령이 탄핵되는 사태를 맞이했다. 이는 국가란 무엇인가, 국가 지도자란 무엇인가 하는 질문을 하게 만들었다. 탄핵은 거대한 역사적인 사건이었다. 왜

곡되고 정의롭지 못한 정치 권력에 대한 심판이며, 잘못되었던 과거의 적폐청산과 새로운 세상을 위한 시작이다. 물론 시각에 따라, 지지자에 따라 촛불과 태극기로 여론이 갈라져 갈등을 빚기도 했다. 어쨌든 국가 지도자가 얼마나 중요한지 생각하게 만든 큰 사건이었다. 정권 교체, 세대 교체, 시대 교체 그리고 세상 교체 등 크게 바꾸라는 국민들의 목소리가 하늘을 찔렀다. 우리는 새로운 국가 리더를 뽑아야 했다. 국가 리더가 되고자 하는 대통령 후보들은 과연 어떤 언어를 사용하고 있는가?

문재인, 안희정, 이재명이 출마했던 더불어민주당의 대통령 후보자 경선에서 그들의 언어를 살펴보자. 정경유착, 부정부패, 불공정 사회 등 부패를 청산해야 하며, 한편으로는 국민통합을 해야 하는 상황이다. 각 후보들은 이런 상황에 서로 다른 언어를 사용해 메시지를 전달하고 있다. 문재인은 "청산은 통합의 토대"라고 주장하고, 안희정은 "대연정으로 대개혁"을 주장하고 있으며, 이재명은 "적폐청산 없이 통합은 없다"라고 주장하고 있다. 비슷한 상황, 비슷한 생각이지만 표현하는 언어는 다르다.

또한 탄핵 이전과 이후의 상황은 다를 것이다. 탄핵 이전에는 정치이념과 가치에 선명성을, 탄핵 이후에는 화합과 통합의 메시지를 전달해야 할 것이다. 누가 국민의 선택을 받느냐는 리더 자신의 몫이다. 리더 자신이 선택한 언어가 어떤 메시지를 전달하느냐에 달려 있다. 촛불과 태극기로 양분화된 세력을 통합하는 것은 리더의 몫일 것이다.

• 리더는 영혼을 흔드는 사람

역사적인 리더십은 '감동'에서 나온다. 리더의 말에 문채가 없으면 멀리 가지 못한다. 구성원들의 귀를 열 수 없다. 리더의 말에 멋이 없으면 구성원들의 가슴을 열지 못한다. 사람은 누구나 인생의 두 갈래 길 가운데 하나를 선택하게 된다. 하나는 평범함으로 가는 쉬운 길이고, 다른 하나는 위대함과 의미를 찾아가는 리더의 길이다. 리더의 길을 가고 싶은 사람은 언어에 의미를 담아야 한다. 메시지를 담아야 한다. 메시지란 구성원들이 스스로 생각할 수 있도록 만드는 지식이다. 진정한 메시지는 구성원들의 마음에 스스로 녹아드는 것이다. 시대에 따라 리더가 되는 사람과 리더의 반열에서 멀어지는 사람의 차이는 바로 언어에 있다.

4차 산업혁명 시대에 우리가 생각하는 진정한 리더는 리더십 기술의 문제가 아니라 어떤 언어를 쓰고 어떤 삶을 만들어가느냐의 문제다. 지금 우리의 리더십을 넘어 다음 세대의 더 나은 삶에도 기여하는 리더십으로, 조직의 내일까지 생각하며 더 많은 구성원들의 삶을 의미 있게 만드는 리더십으로 가기 위해서는 리더의 언어에 멋이 있어야 한다. 언어의 멋은 어디에서 오는가?

리더는 구성원들과 대화나 토론을 통해 치열한 생각의 교류가 있어야 한다. 리더와 구성원 사이에 놓여 있는 직급의 차이는 사람의 높낮음이 아닌 역할의 차이일 뿐이다. 리더와 구성원이 하나로 융합할 때 생각의 다름을 극복할 수 있다.

글은 문자언어에서 나오지만 문채는 몸짓언어, 삶의 언어에서 나온다. 문채는 감동을 주는 것이다. 4차 산업혁명 시대에 성공하는 리더에게는 감동의 언어가 있다. 감동이 있어야 구성원들을 움직일 수 있다. 우리들은 "멋있는 글씨다", "멋있는 그림이다", "저 사람은 멋지다", "멋있는 풍경이다"라는 말들로 감동을 표현하며 살아간다. 감동을 통해 사람과 사물과 자신도 모르는 내면과 교류를 한다. 리더는 이런 언어의 멋을 가져야 한다. 리더의 말에는 멋이 있고 감동이 있다. 감동은 영혼에서 나오고, 영혼은 생각의 빛깔도 물들인다. 4차 산업혁명 시대의 리더는 영혼을 흔드는 사람이다.

리더의 핵심 역량인
'사고력', '표현력', '설득력'

리더의 언어는 소통의 수단이자 리더십의 표현이다. "말 한마디가 천냥 빚을 갚는다"라는 말이 있다. 우리 주위의 리더들 중에 언어 선택을 잘 못해서 공들여 쌓아왔던 리더십이 한 번에 무너지는 경우를 종종 본다. 상황을 건너뛰는 거친 언어 사용으로 큰 손해를 보거나 망신을 당하기도 한다. 소셜미디어 시대 우리 조직은 언어의 본성을 잃어가고 있고, 이로 인해 소통이 어려워 구성원들 간에 갈등요인이 더욱 심해지고 있다. 한편으로 리더의 리더십이 먹히지 않는 시대로 가고 있는 것이 사실이다. 리더십이 먹히지 않으면 조직의 발전은 기대할 수 없다.

왜 요즘 리더십이 구성원들에 먹히지 않는가? 리더는 두 종류가 있다. 하나는 조직을 발전시키는 리더고 다른 하나는 조직을 퇴보시키는 리더다. 트위터, 페이스북 등 소셜네트워크서비스SNS의 발달로 리더십에서 팔로어의 중요성이 커졌다. 리더가 SNS에서 자신의 팔로어와 소통하면서 리더십 체계를 형성해나가는 시대다. 이제는 팔로어 없이는 리더가 존재할 수 없는 사회가 됐다. 기존의 리더십이 지시하고 통제하는 것이었다면 SNS 시대 리더에게 필요한 것은 구성원들과 소통하고 공유하는 리더십이다.

• 리더십의 위기를 극복하기 위한 리더의 언어

한편 4차 산업혁명의 시대에는 수평적 사고로 전체를 융합하고 창의력을 발휘해 조직을 이끌어가는 리더십이 필요하다. 권위로 누르기보다는 수평적이고 융합적인 사고로 무장해야 한다. 권위적인 의사결정 구조로는 4차 산업혁명 시대에 대비할 수 없다. 다시 말해 4차 산업혁명 시대에 리더로서 살아남기 위해서는 사고력을 키워야 한다. 어쩌면 리더십의 위기 시대라고 할 수 있다. 이런 리더십의 위기를 극복하기 위해 리더의 언어에는 다음 세 가지를 담아내야 한다.

첫째, 사고력이다. 리더의 사고력이란 '생각하는 힘'이다. 어떤 사물이나 상황을 비교하고 대조해 그것을 파악하고 분석할 수 있는 능력이며, 그 분석된 기준으로 판단할 수 있는 능력을 말한다. 사고력에는 논리적 사고, 창의적 사고, 전략적 사고가 있다. 특히 4차 산업혁명 시대에 리더는 창의적 사고와 전략적 사고를 통해 구성원들을 이끌어야 한다.

창의적 사고란 새로운 아이디어를 떠올리는 것이며, 전략적 사고란 이미 만들어진 틀에 자신의 행동을 맡기는 것이 아니라 새로운 틀을 짜는 것이다.

어느 조직이든 항상 기로에 서 있다. 시장을 선도하느냐 아니면 추격자에게 잡히느냐 하는 기로 말이다. 리더는 현재와 다른 차원의 시선으로 사고하지 않으면 기존의 체계를 한 단계 올리기가 어렵다. 이것은 리더가 사고력을 가질 때 가능하다. 이 세계에 존재하는 모든 것들은 사고의 결과물이다. 리더의 진정한 사고는 어디서 오는가? 철학적 시선으로 바라볼 때 오게 된다. 철학적인 시선으로 질문하고 답을 찾을 때 전략적 사고를 할 수 있다. 철학적 시선으로 본다는 것은 현상의 팩트만 보는 것이 아니라 본질을 바라보는 것이다. 스마트폰을 사는 사람들을 예로 들어 보자. '사람들은 어떤 스마트폰을 살까?'에서 '사람들에게 스마트폰이란 무엇일까?'를 생각하는 게 철학적 사유다. 이렇게 해야 시대를 읽고 시대를 선도할 수 있다.

또한 리더는 이런 사고력을 언어적 사고력으로 변환할 수 있어야 한다. 창의적인 의사소통 능력, 자신의 생각을 논리적으로 표현하고 서술하는 능력, 자신의 새로운 사고를 표현하는 스토리텔링 능력이 필요하다. 이런 리더만이 4차 산업혁명 시대를 대비할 수 있다.

둘째, 표현력이다. 리더의 표현력이란 자기 생각이나 감정, 전하고 싶은 메시지를 말이나 글로 구성원들에게 전달할 수 있는 힘이다. 먼저 리더의 말은 짧고 간결해야 한다. 말이 길어지면 잔소리로 변할 수 있다. 역사적으로 보면 성공한 리더들의 말은 강하고 짧았다. 특히 핵심을 찌

르고 감동을 주려면 간단하고 무게감 있게 해야 한다. 말은 3분 이내로 하는 게 좋다. 왜냐하면 3분을 넘으면 사람들의 주의가 산만해지고, 듣는 사람이 말하는 사람보다 에너지가 더 소비되기 때문이다.

또한 리더는 글로 소통을 할 때가 있다. 글이 말보다 어떤 측면에서는 감성을 건드려 효과적이기 때문에 적절하게 사용해야 한다. 글을 쓰는 도구로는 이메일, 사내 게시판, 소셜미디어, 사내홍보 책자 등을 활용하는 경우가 많다. 직접 손편지를 써보는 것도 좋다. 말은 일회성으로 시간이 지나면 소멸되지만 글은 남기 때문에 장기간 소멸되지 않는 특성이 있다. 자신의 생각을 글로 얼마나 잘 표현했는지를 세심하게 점검할 필요가 있다. 리더는 평소에 독서하는 습관, 메모습관, 자신의 생각을 표현하는 습관으로 표현력을 높이는 데 많은 시간을 투자해야 한다. 4차 산업혁명 시대에는 이런 리더만이 성공의 길로 갈 수 있다.

셋째, 설득력이다. 설득력이란 상대방의 태도나 신념 또는 가치관을 자신이 의도하는 방향과 일치하도록 변화시키는 행위를 말한다. 즉, 설득은 상대방의 태도나 신념 또는 가치관을, 자신의 입장과 다른 경우에는 같아지도록 그 방향을 바꾸어놓고 자신의 입장과 같은 강도로 더욱 고양시키고자 하는 목적을 갖는다. 설득하는 언어는 감성을 자극할 수 있어야 한다. 감성을 자극하는 말에는 스토리가 있다. 리더가 설득력을 높이기 위해서는 스토리텔링 능력이 있어야 한다. 《끌리는 말에는 스토리가 있다》의 저자인 이서영은 "스토리텔링은 상대방에게 알리고자 하는 바를 생생하게 이야기를 담아 설득력 있게 전달하는 것이다"라고 말하고 있다.

리더는 구성원을 설득하기 위해서는 스토리텔러^{이야기꾼}가 되어야 한다. 사실만 이야기하는 리더와 스토리를 실어서 이야기하는 리더에는 차이가 있다. 사실만 말하는 것보다 단순하지만 잘 만들어진 스토리에 더 강력한 설득력이 있다. 스토리가 구성원의 감정을 흔들기 때문이다. 설득을 잘하기 위한 5가지 능력은 다음과 같다.

① 계산된 시나리오를 준비하는 능력
② 말을 재미있게 하는 능력
③ 말을 잘 듣는 능력
④ 과감한 배팅과 타이밍을 잡을 수 있는 능력
⑤ 신뢰를 줄 수 있는 능력

• 거대한 태풍을 만들어내는 나비의 날개짓

더불어민주당에서 제19대 대통령 후보자 선출을 위한 경선이 끝났다. 패배자 중의 한 사람인 이재명의 패배 후 연설이 인상적이다. 리더의 언어로 사고력, 표현력, 설득력이 돋보이는 사례 중 하나다.

"이것이 끝이었다면, 이것이 우리의 마지막이었다면 우리는 이 자리에 있지도 않습니다. 여기는 그냥 첫 번째 출발의 시작 지점이었으니까 우리가 첫 발자국에 실패를 했을지라도 온 세상 사람들이 바라는 '모두가 공평한 기회를 누리는 공정한 경쟁 속에 모든 사람이 자기의 몫을 누리는 진정 공정하고 정의로운 나라', 우리가 만들어야 하지 않습니까? … 이제 시작입니다! 우리가 이렇게 헤어지겠지만 우리 모두가 가정으로, 직장으로, 마을로 돌아가서 우리가 가진 그 커다란 꿈, 우리 국민들이 바라는 새로운 세상에 대한 꿈 다시 키워서 되돌아옵시다. … 우리는 아직도 많은 길이 남아 있습니다. 오늘은 첫 번째 전투에서 졌지만 거대한 전쟁이 기다리고 있습니다. 이건 그냥 하나의 지나가는 과정일 뿐입니다. 좋은 경험을 쌓았습니다. 우리가 뭘 준비해야 하는지를 작은 전투를 통해 배웠습니다. 더 큰 제대로 된 전쟁을 준비합시다. 실력을 키우고 하루 한 시간이라도 일상적으로 실천하고, 내 뜻을 함께 하는 동지를 하루에 한 명이라도 더 만들고 그걸 통해 거대한 태풍을 만들어내는 나비의 날갯짓을 지금부터 시작합니다!" 2017년 4월 3일 대통령후보자 경선 패배 연설문 중에서

연설문의 핵심은 지지자들을 위로하고 새로운 정치행보를 예고하는 내용이다. 이재명의 '생각하는 힘'이 느껴진다. 현재의 정치적 상황을 정확하게 분석하는 능력과 그것을 창의적이며 전략적으로 사고한 흔적이 보이는 언어다. '거대한 태풍을 만들어내는 나비의 날갯짓'과 같은 표현으로 자신의 생각과 감정을 지지자들이 감동할 수 있도록 유도하고 있다. 또한 한편의 스토리텔링을 펼친 느낌이다. 사실만 이야기한 것이 아니라 잘 만들어진 스토리로 지지자들의 감성을 흔들어 설득하고 있다.

4차 산업혁명 시대에 조직을 키우는 리더의 언어에는 '사고력', '표현

력', '설득력'이라는 3가지의 힘이 담겨 있어야 한다. 사고력은 생각하는 힘이고, 표현력은 생각을 말이나 소리, 그림이나 노래 등 적절한 방법으로 다른 사람에게 전달하는 힘이다. 설득력은 상대방이 말하는 사람의 뜻을 따르도록 깨우치는 힘이다. 조직이 성장하기 위해서는 새로운 길을 가거나 예상치 못한 위험에 빠질 때가 있다. 리더는 이런 두려움과 위기를 극복하기 위해서 구성원들을 데리고 가보지 않은 길을 가는 사람이다. 4차 산업혁명 시대에 리더의 언어에 3가지 힘이 없다면 구성원들은 불안감 때문에 따르지 않을 것이다. 위대한 성과를 낸 리더들의 공통점은 사고력, 표현력, 설득력의 언어를 사용했다는 것이다.

'언어'를 모르는 리더에게는
조직을 맡기지 마라

소통의 리더십은 조직과 구성원을 살리는 것이다. "리더란 양치기 같은 것이다"라고 넬슨 만델라 전 남아프리카공화국 대통령은 자서전 《자유를 향한 머나먼 길》에서 말했다. 양치기형 리더는 강압적인 카리스마를 가진 기존의 리더와 대비되는 개념으로, 조직의 구성원을 지켜주면서도 권한을 위임해 자유롭고 창의적인 분위기를 만드는 리더십이다. 또한 4차 산업혁명 시대의 리더에게는 앞에서 말했듯이 '언어'의 능력이 중요하게 대두되고 있다.

4차 산업혁명 시대에 육체적인 노동은 로봇으로 대체되고 지적인 영역은 인공지능이 대체된다. 이렇게 되면 인간의 노동시간은 혁신적으로 줄어들게 될 것이다. 중국 알리바바의 마윈 회장은 30년 내 하루 4시간, 주 4일 근무하는 시대가 온다"라고 이야기했다. 4차 산업혁명 사회는 인공지능과 로봇의 발전으로 인간이 기존의 제약을 이겨낸 풍요로운 세상이 될 것이다. 인간이 하는 일을 인공지능^{AI}과 로봇이 수행함으로써 인간의 일은 줄어들어 주 8시간만 일해도 되는 시대가 올 수도 있다. 이때 새로운 리더십이 필요하게 되는데 특히 4차 산업혁명에 필요한 리더의 조건으로 창의성, 소통능력, 협업능력, 비판적 사고 등 '소통의 언어능력'의 중요성이 커지게 될 것이다.

삼성경제연구소가 직원과 경영진을 대상으로 조사한 '직장 내 소통 활성화를 위한 제언'에서 한국기업의 소통을 가로막는 벽을 다음과 같이 이야기하고 있다.

① 상명하복식 위계문화
② 자기이익만 추구하는 개인, 부서 이기주의
③ 지나친 단기성과주의
④ 직원 간 무관심, 이해와 배려 부족
⑤ 과중한 업무량으로 시간적 여유 부족
⑥ 경영진의 소통에 대한 관심 부족
⑦ 실패를 인정하지 않는 경직된 조직 분위기

특히 리더와 관련된 항목이 1, 3, 6, 7번으로 나타났다. 이는 리더가 조직의 소통을 가로막고 있는 중요한 벽임을 알려준다. 리더에게 소통능력이 얼마나 중요한지 보여주는 사례다.

• 소통능력이 부족한 리더가 조직을 붕괴시킨다

한국 기업 조직의 성공 뒤에는 강력한 추진력을 바탕으로 자기주장이 강한 카리스마형 리더들이 있었다. 그러다 보니 자연스럽게 상명하복식 위계문화가 자리 잡고, 이로 인해 경직된 조직문화가 형성되어왔다. 위기 때 주도적으로 조직을 이끌어 성공의 신화를 만들어내는 카리스마형 리더들이 우상이 될 때도 있었다. 하지만 이런 리더들은 소통의 부재로 인해 많은 문제들을 야기한다. 카리스마형 리더 주위에는 '예스맨'들만 모이고 구성원들을 침묵하게 만들어버린다. 개인이나 조직은 점점 열정이 사라지며 이기주의로 흘러 경쟁력이 떨어지고 있다. 결국 소통능력이 부족한 리더가 조직을 붕괴시켜버린다.

나쁜 리더는 비민주적이고 독선적인 사람이다. 일방적인 지시를 하거나 소통 부재인 리더다. 소통 부재의 리더의 특징은 구성원들의 의견을 무시하고, 일방적으로 자신의 생각을 요구하며, 불명확한 업무지시와 부적절한 피드백을 한다. 호통을 치거나 폭언하는 등 말을 함부로 하는 리더도 있다. 업무와 관련된 정보도 공유가 잘 안 되어 업무 효율이 떨어지고, 구성원들은 헛된 힘만 낭비하거나 방관자가 되어버린다. 어느 조직이든 조직이 붕괴되기 전에 나타나는 하나의 공통점이 있다. 조직에 속한 구성원들이 방관자가 되는 숫자가 늘어간다는 것이다. 방관자란 조직을 위한 일에 적극 참여하기보다는 자신이 속한 조직에 대해 비판만 하는 사람들이다. 즉, 조직에 대해 비판하고 불평불만이 일상화되고, 이런 방관자들이 늘어날 때 조직은 붕괴하기 시작한다. 조직에서 이런 방관자적 태도를 취하는 사람이 늘어나는 이유는 리더가 구성원들과 소통하지 못하기 때문이다.

리더에는 두 가지 유형이 있다. 하나는 혼내는 리더고, 다른 하나는 신나는 리더다. 우리 사회는 수평적인 관계보다는 수직적 관계에서 움직이는 경우가 많다. 그렇다 보니 조직의 리더가 되면 무소불위의 권한을 부리는 경우가 많다. 혼내는 리더의 특성은 수직적 사고를 하고, 구성원들의 잘못된 부분을 먼저 보고, 시선이 윗사람에게만 가 있고, 책임을 회피하고, 리더 자신의 승리를 먼저 생각한다. 혼내는 리더가 있는 조직에선 성과가 잘 나오지 않고 열정을 잃어간다. 신나는 리더의 특성은 수평적 사고를 하고, 구성원들의 잘하는 부분을 먼저 보고, 시선이 위아래 사람 모두에게 가 있고, 책임을 가지고, 구성원들이 모두 잘되게 하는 데 집중한다. 신나는 리더가 있는 조직은 성과가 좋으며 열정적으로 변한다.

혼내는 리더가 있는 조직의 구성원들은 리더가 주재하는 행사나 회의에 거래처 회의, 외부미팅의 이유를 들어 참석하려 않는다. 혼내는 리더는 불참자 명단을 작성하게 하고 불참사유서를 제출하라고 한다. 그러나 신나는 리더가 있는 조직의 구성원들은 거래처 회의, 외부미팅 등 일정을 취소하고서라도 리더가 주재하는 회의, 행사에 참여하려 한다. 신나는 리더는 구성원들을 신나게 하고 그들에게 꿈을 심어준다. 성공하고 싶은 리더, 인정받고 싶은 리더는 혼내는 리더가 아니라 신나는 리더가 되어야 한다.

4차 산업혁명 시대의 바람직한 리더상

그러면 4차 산업혁명 시대에 모든 것이 개방되고 연결되는 초연결 사회에서의 바람직한 리더상은 무엇인가? 동아일보사는 10년 뒤 한국을 빛낼 100인을 선정하여 "미래에 리더들에게 가장 필요한 능력은 무엇인가?"라는 설문조사를 했다. 결과로 소통능력 12.3%, 창의성 10.8%, 도덕성 10.8%, 미래에 대한 비전 9.7%, 진정성 8.8%, 도전성 7.9%, 세계무대에 가서도 경쟁할 수 있는 능력 7.0%, 통섭능력 6.7%, 리더십 6.4%, 공감능력 5.6%, 전문성 5.0%, 새로운 것을 빨리 학습할 수 있는 능력 2.9%, 유목민정신 2.6%, 다문화를 포용할 수 있는 역량 2.0%, 카리스마 1.5% 순으로 조사되었다.

그중에서도 리더의 소통능력이 12.3%로 가장 높게 나왔으며, 소통역량과 유사한 공감능력 5.6%까지 합치면 20% 가까워 미래형 리더에게 소통역량이 중요함을 보여주고 있다. 반면에 카리스마는 1.5%로 아주 미미하게 조사되었다. 이것은 기존의 강압적인 성격의 카리스마형 리더십에서 소통능력 리더십으로 변화해야 한다는 것을 시사한다. 즉, 소통이 리더십의 핵심 키워드가 된 것이다.

소통疏通은 '사물이 막힘이 없이 잘 통하다'는 의미로 서로 통하기에 오해가 없다는 뜻이다. 리더가 소통이 어려운 이유는 자기만의 방식으로 구성원에게 많은 언어를 구사하기 때문이다. 기존의 리더는 말을 많이 하는 사람이었다. 다양한 생각을 가진 구성원들을 한 방향으로 이끌어가야 하기 때문에 당연하게 생각하기 쉽다. 그러나 진정한 리더는 말을 많이 하지 않아야 한다. 리더가 말을 많이 하면 불통의 언어가 되기 쉽다.

그러면 리더는 어떻게 소통의 언어를 사용해야 하는가? 리더의 소통언어는 음성언어 즉, 말이 아닌 경청, 비전공유의 2가지로 무장해야 한다. 첫째, 리더는 진정으로 구성원의 말을 경청해야 한다. 최우선적으로 경청이 리더의 일이 되어야 한다. 리더는 귀를 항상 열어놓고 구성원들의 이야기를 잘 들어야 한다. 경청은 말하는 이로 하여금 마음을 열게 하는 힘이 있다. 구성원들은 리더가 자신의 말을 진지하게 듣는다는 사실을 알 때 신뢰를 보낸다. 무엇보다도 편견 없이 듣는 자세가 중요하다. 구성원에게 리더 자신의 의견을 먼저 말하지 말고, 구성원이 무엇을 생각하는지 경청하는 것이 중요하다. 리더의 권위는 경청으로부터 나온다. 진정한 리더가 되기 위해서는 구성원의 말에 귀 기울이는 습관을 가져야 한다. 구성원들이 말할 때 맞장구를 통해 말을 잘 할 수 있도록 유도하고, 경청을 통해 한 마음이 되는 것이 중요하다. 특히 소셜네트워크서비스SNS 시대의 리더는 더 많이 들으려고 노력하고 반대되는 의견도 적극 들어야 한다. 요즘과 같이 정보가 리얼타임으로 공유되는 시대에는 지혜롭게 객관적 사실에 집중하며 경청하는 것이 중요하다.

둘째, 리더가 진정한 소통의 언어를 사용하기 위해서는 비전을 공유해야 한다. 리더는 시시콜콜하게 업무를 간섭하거나 말을 재잘거리는 사람이 아니다. 리더는 구성원들에게 방향과 비전과 꿈을 제시하는 사람이다. 리더와 구성원 간의 진정한 소통의 언어는 백 마디의 말이 아닌 열린 마음으로 가치와 비전을 나누는 것이다. 리더가 비전을 제시하지 못하거나 그 비전이 구성원들과 분리되어 있다면 소통의 언어가 부족한 리더다. 리더의 비전과 구성원의 꿈을 연결하지 못하면 그 조직에는 미래가 없다.

성공한 리더들은 소통의 달인들이다

리더십은 국가, 조직, 기업경영에 많은 영향을 미친다. 리더가 국가, 조직, 기업의 운명을 바꾼 사례는 무수히 많다. 성공한 리더들은 소통의 달인들이었다. 2002년 한일 월드컵 당시 우리나라 대표팀 거스 히딩크 감독의 리더십이 한 사례다. 그는 세계 축구의 변방인 한국 대표팀을 이끌고 2002년 한일 월드컵에서 4강 신화라는 역사적인 사건을 만들어낸 인물이다. 히딩크는 경청을 잘하는 리더였다. 경청을 통해 모든 선수들의 특성을 파악했고, 그에 적합한 미션을 주어 자신감을 심어주었다.

2002년 월드컵 당시 첫 경기였던 폴란드전 전날 밤 히딩크 감독은 선수들을 한 명씩 자신의 방으로 불렀다. 좀처럼 개인적인 만남을 하지 않았던 히딩크 감독은 이 자리에 불려온 선수들에게 그동안의 체력측정 결과를 펼쳐 보여주며 "지난 5개월 동안 너의 체력이 향상된 것을 눈으로 확인해봐라. 나는 세계 최고의 팀이라는 레알 마드리드에서도 감독을 했지만 지금 우리 팀의 체력 수준은 레알 마드리드 이상이다. 너도 그중 하나다"라며 어깨를 두드려줬다고 한다. 그러고는 "우리가 월드컵에서 맞붙을 선수들은 세계 최고의 스타플레이어지만 너의 실력도 절대 그들에 못지않다. 나는 세계 최고 스타들을 직접 감독했던 사람이다. 누구보다도 그들을 잘 알고 있다. 그러나 우리 팀이라면 그들을 충분히 이길 수 있을 것이라고 확신한다"고 말했다고 한다. 히딩크의 리더십에 따라 기적 같은 월드컵 4강 신화를 쏘아올렸다. 축구 선진국에만 서면 작아지는 선수들이 한 사람의 훌륭한 리더를 만나 역사를 만든 것이다.

4차 산업혁명 시대에 리더의 능력이 아무리 뛰어나도 구성원과의 관계가 좋지 않으면 좋은 리더가 되기 어렵다. 소통, 통찰, 직관, 비전, 창의, 책임감, 관리 등은 리더가 갖추어야 할 대표적 리더십이다. 4차 산업혁명 시대 리더십은 강압적 성격의 카리스마형에서 관계를 중시하는 소통형이 되도록 요구받고 있다. 소통의 언어가 부족한 카리스마형 리더 옆에는 '예스맨'만 많이 있다. 이런 리더는 소통 부재와 상명하복식 경직성에서 벗어나지 못하고, 구성원들은 열정을 잃고 침묵해버린다. 구성원이 침묵할 때 조직은 붕괴하기 시작한다. 열정이 넘치는 조직과 성과를 내는 조직을 만들고 싶다면 소통의 언어를 모르는 리더에게 조직을 맡기지 말아야 한다.

4차 산업혁명 시대,
언어가 리더를 만든다

'한 사람의 삶은 자신이 하는 말대로 결정된다'라는 말이 있다. 세상을 이기는 것은 말의 힘이다. 99.9%가 말이고 운명은 0.1%밖에 안 된다. 사람은 언어를 통해 미래를 창조한다. 자신이 표현한 언어가 삶을 창조한다. 리더도 마찬가지다. 리더는 조직을 이끄는 사람이다. 리더를 평가하는 것은 그 사람의 지난 행적이나 학력이나 단순한 경력보다 어떤 가치관으로 어떻게 삶을 살아왔는지 따져봐야 한다. 다음으로 그가 말한 메시지들을 살펴봐야 한다. 다시 말해 리더의 언어 구성요소인 캐릭터 ^{가치관}, 스토리 ^삶, 메시지 ^{의미}가 어떤지를 복합적으로 보고 평가해야 한다.

4차 산업혁명의 키워드는 '리더십'이다

4차 산업혁명의 키워드는 기술이 아닌 '리더십'이 될 것이다. 4차 산업혁명은 특별한 성장잠재력을 찾지 못하는 국가나 기업들에서 산업과 경제에 대한 많은 변화를 몰고 올 것이다. 4차 산업혁명은 시장과 인력 고용 방식을 혁신적으로 변화시킬 것이다. 이런 변혁의 4차 산업혁명 시대에 리더로 살아남기 위해서는 새로운 리더십이 필요하다. 그것은 바로 앞으로 낯설게 다가올 서로 다른 개체 _{사람, 기계, 사물} 들 그리고 그것들로 파생되는 새로운 문화를 연결시켜주는 소통의 리더십이 필요하게 될 것이다. 그 중심에 리더의 '언어'가 자리하게 될 것이다.

언어는 그 사람의 성격과 성품을 결정짓는다. 사람의 성격과 성품은 쉽게 변하지 않는 속성이 있다. 성품은 타고나기도 하지만 오랜 삶의 경험에 의해 형성되어왔기 때문에 그렇다. 리더가 큰일을 수행하든 작은일을 수행하든 성공과 실패를 경험하게 된다. 특히 실패는 업무의 잘못보다는 리더직에 적합하지 않은 성품을 가졌을 때 겪기 쉽다. 즉, 성품이 실패를 불러온다는 이야기다. 성품은 언어로 투영되어 구성원에게 다가온다. 4차 산업혁명 시대에 리더로 살아남기 위해서는 차별되는 '리더의 언어'를 구사할 수 있어야 한다.

리더의 언어는 캐릭터, 스토리, 메시지로 구성된다

리더의 언어는 캐릭터, 스토리, 메시지로 구성된다. 첫째, 리더는 자기만의 캐릭터를 가져야 한다. '캐릭터'의 사전적 의미는 영화나 드라마에 등장하는 허구적인 등장인물 주인공, 조연, 악당 등을 말한다. 작품 내용에 따라 독특한 개성 생각, 성격, 특성과 이미지가 부여된 존재가 캐릭터다. 리더에게도 자신만의 캐릭터가 있어야 한다. 캐릭터는 자신이 만들 수도 있지만 구성원들에 의해서 만들어지기도 한다. 여러분은 좋은 리더가 될 것인가? 아니면 나쁜 두목이 될 것인가? 이것은 리더의 이미지나 캐릭터를 어떻게 만들어가느냐에 달려 있다. 캐릭터는 리더십의 유형에 따라 달라지며 상황에 따라 적합한 캐릭터를 만드는 사람이 유능한 리더가 된다.

리더의 캐릭터는 리더의 브랜딩이다. 구성원들은 리더에게 직감적으로 느껴지는 캐릭터에 의해 영향력을 받는다. 리더는 자신만의 캐릭터 즉, 브랜드를 만들어야 한다. 리더의 브랜드란 리더의 실체 Reality: 내가 아는 나를 콘셉트 Identity: 구성원에게 보이고 싶은 나에 맞추어 꾸준히 실천함으로써 구성원의 인식 Image: 구성원이 아는 나을 리더 자신에게 유리한 방향으로 바꿔가는 것이다.

캐릭터는 리더십 유형과도 관계가 있다. 리더는 자신이 어떤 리더십의 유형을 가지고 있는지, 그리고 상황에 따라 어떤 리더십을 활용해야 하는지 선택해야 한다. 글로벌 경영 컨설팅그룹 헤이컨설팅은 지시명령형, 비전형, 관계중시형, 집단운영형, 규범형, 육성형 등 6가지 리더십 유형을 제시하고 있다. 지시명령형은 구성원에게 일방적인 명령을 내리고 복종을 요구하는 것으로, 명확하고 강력하게 지시하지만 그 지시 목적이나 실현방법에 대해 충분한 설명이 없다. 긴급한 상황에 신속한 지시와 명령이 필요한 경우에 지시명령형 리더십이 큰 효과를 발휘한다. 비전형 리더십은 구성원이 따라가고 싶게끔 느끼게 하는 리더십으로, 리더는 자신의 생각을 먼저 말하고 구성원에게 동기부여를 하면서 통솔해나간다. 설정된 하나의 목표만을 향해 조직이 움직이기 때문에 조직 구성원은 효율적으로 일할 수 있다.

관계중시형 리더십은 인간관계나 조직의 화합을 최우선으로 여기는 리더십이다. 구성원과 우호적인 관계를 맺고 그 결속감을 활용해 조직 성과를 창출하려고 한다. 비전형 리더십으로 비전을 제시하고 관계중시형 리더십으로 팀의 화합을 도모한다면, 팀의 효율은 배가될 것이다. 집단운영형 리더십은 업무방식이나 사내규칙을 정하는 의사결정 과정에 부하를 참여시키고 그들의 동의를 얻는다. 집단운영형 리더는 부하의 의견을 구하고 생각을 듣고 아이디어를 모으면서 업무를 진행한다. 가장 민주적인 리더십으로 모든 부하 구성원의 의사에 귀를 기울일 수 있다.

규범형 리더십은 리더 자신에게도 구성원에게도 엄격하다. 부하에게 철저한 자기관리와 높은 업적수준을 요구하며 자신이 그 규범을 보이기 위해 노력한다. 스스로가 성공적인 모델이 되어 솔선수범하며 조직을 이끌어간다. 조직 규모가 작아서 조직 구성원이 조직 전략과 이에 필요한 기술을 잘 알 수 있을 때 효과를 발휘하는 리더십이다. 육성형 리더십은 유능한 카운슬러나 교육자와 같은 행동을 한다. 부하가 자신의 장점이나 단점을 내보이도록 도와주고, 부하에게 필요한 것을 조언해 준다. 부하를 육성하는 데 필요한 지도와 피드백을 게을리하지 않는다. 육성형 리더는 현재 당장의 업적보다는 미래의 성장을 중시한다. 단기적인 성과를 요구하는 일을 할 때는 육성형 리더십은 효과적이지 않다.

리더는 프로 근성을 가져야 한다. 프로 근성을 가진 리더는 자기 일에 책임을 지는 사람이다. 어떠한 상황에서도 흔들리지 않고 평정심을 유지하며 발 빠르게 움직이고 자신의 가치관을 잃지 않는 사람이다. 리더는 이런 가치관과 리더십 유형에 기반을 두고 자신만의 캐릭터를 만들어야 한다.

둘째, 리더의 언어는 스토리를 가지고 있어야 한다. 위대한 리더와 그렇지 않은 리더는 스토리가 있느냐 없느냐에 의해 나뉜다. 구성원들이 따르게 하려면 자신만의 이야기, 자신만의 콘텐츠와 스토리가 있어야 한다. 구성원의 마음을 움직이게 하는 것은 스토리가 있느냐 없느냐다. 리더의 스토리는 그저 인위적으로 만들어지지 않는다. 자신의 분야에서 치열한 고민과 체험으로 가득한 삶 속에서 스토리가 만들어진다. 리더란 비전을 제시하며 신뢰를 기반으로 행동해 조직과 구성원을 시작부터 끝까지 책임지는 사람이다. 이렇게 하기 위해서는 훌륭한 스토리텔러가 되어야 한다. 스토리텔러가 되려면 자신의 분야에서 증명할 수 있는 체험으로 가득한 삶을 살아야 한다. 그리고 그 과정에서 자신만의 스토리를 만들어야 한다. 치열한 삶 속에서 체험한 스토리를 가지고 있지 못하다면 구성원의 마음을 움직일 수 없다.

셋째, 리더의 언어에는 메시지가 있어야 한다. 메시지란 어떤 사실을 알리거나 주장하거나 경고하기 위해 내세우거나 특별히 보내는 말이다. 리더의 메시지는 스토리에서 전달하고자 하는 차별화된 콘셉트이자 테마다. 메시지는 자신의 주장과 의견 그리고 이를 뒷받침하는 근거로 구성되어야 하며, 한 문장으로 간결하게 작성해야 한다. 메시지는 결론이 명확하고, 논리와 근거가 제시되며, 새로운 관점을 담아야 한다. 메시지는 리더의 고뇌와 철학을 기반으로 하여 비전-신뢰-행동의 언어를 메시지에 담아야 한다.

'일 잘하는 국민머슴'의 언어

대한민국 19대 대통령 선거를 위한 더불어민주당 후보 경선에서 성남시장인 이재명이 떠올랐다. 경쟁자는 전국적인 인지도를 가지고 있는 문재인, 안희정, 이재명의 3파전으로 치러졌다. 최종 경선에서 이재명은 열세인 상황에서도 20%대의 높은 지지율을 얻으며 스포트라이트를 받았다. 비록 결선에서 떨어졌지만 열광적인 지지층이 만들어졌다. 이제 그는 전국적인 리더의 대열에 올라섰다. 그저 기초단체장에 불과한 그가 어떻게 이런 결과를 얻어냈을까?

왜냐하면 이재명의 언어에는 캐릭터, 스토리, 메시지가 명확했다. 첫째, 캐릭터 측면에서 보면 '일 잘하는 국민머슴'이라는 명칭이 붙었다. 대통령은 백성을 통치하는 것이 아니라 백성을 주인처럼 모시는 머슴이라고 그는 말한다. 이재명은 일 잘하는 사람으로 시민들에게 각인되었다. 일 잘하는 국민머슴이 친근한 캐릭터로 만들어진 것이다.

둘째, 이재명에게는 그 누구에게도 찾을 수 없는 가슴 찡한 삶의 스토리를 가지고 있다. 경북 안동의 가난한 화전민 집안에서 태어난 그는 너무 가난해서 초등학교를 졸업하고 엄마를 따라 공장에 취업해 소년공 생활을 하게 된다. 그는 화약약품을 너무 많이 들이마셔 냄새를 못 맡고, 프레스에 눌려 왼쪽 팔꿈치가 휘어져 장애인이 됐다. 출근길에 교복을 입고 학교를 가는 자기 또래 친구들을 보고 눈물을 흘렸다고 한다. 공장에서 관리자들로부터 멸시와 학대를 받았고, 그 과정에서 우리 사회가 불공정하다고 느꼈다고 한다.

그는 주경야독을 통해 중학교와 고등학교를 검정고시로 졸업하고 중앙대학교 법대에 들어간다. 그리고 사법시험에 합격하고 판사와 검사의 길을 버리고 인권변호사가 되어 사회의 불의와 싸웠다. 시민운동을 하다가 결국에는 성남 시장에 당선된다. 시민을 주인으로 모시고 학생, 장애인, 저소득층 등 약자를 위한 복지정책을 펴고, 수천억에 달하는 빚을 모두 갚는 등 성남시를 가장 살고 싶은 자치단체로 만들었다. 그리고 강남구에 이어 성남시를 창업하기 가장 좋은 도시로 만들었다. 구도시와 분당, 판교 등 신도시 간의 갈등을 없애고 성남을 살기 좋은 도시, 자랑스러운 도시로 만들었다. 그에게는 가슴을 울리는 스토리와 그 삶의 과정에서의 성공 실적을 스토리로 가지고 있다.

셋째, 메시지 측면에서는 가장 선명한 언어를 가지고 있다. "공정국가 건설, 적폐청산, 억강부약" 등의 캐치프레이즈로 메시지를 국민들에게 전달했다. 낮은 자세로 국민을 주인으로 모시는 마음으로 청년, 농어민, 장애인, 노인 등 취약계층을 위한 정책 대안을 메시지에 담아 일관성 있게 말하고 있다. 불공정과 싸우고, 기득권과 싸우고, 적폐 세력과 싸워 공정한 국가를 만들겠다는 의지의 메시지가 돋보인다.

　이처럼 성공하는 리더가 되기 위해서는 리더의 언어에 캐릭터, 스토리, 메시지가 담겨야 한다. 명확하고 일관성 있는 언어로 만들어져 전달되어야 구성원의 마음을 움직이고 그들을 따라오게 할 수 있다.

　4차 산업혁명 시대에는 언어가 곧 리더다. 누가 리더에 오르느냐에 따라 국가, 조직, 기업의 명운이 갈린다. 그 중심에 언어가 있다. 언어의 힘이 강한 리더는 자신이 사용한 언어가 구성원들을 행동으로 이끄는 수준까지 이른다. 구성원들의 인생은 리더가 던진 언어를 따라간다. 언어는 힘과 용기를 불러오고, 기쁨을 주기도 하며, 아픈 상처를 치유해주기도 한다. 한 조직의 미래가 궁금하다면 리더가 자주 사용하는 언어를 살펴보면 된다. 조직의 오늘은 어제 리더가 사용한 언어의 결과물이다. 또한 오늘 리더가 사용한 언어는 내일의 조직을 형성한다. 언어의 힘이 이처럼 크다. 4차 산업혁명 시대에 리더로 살아남기 위해서는 리더의 언어를 구사해야 한다. 리더의 언어에는 캐릭터, 스토리, 메시지가 담겨 있다.

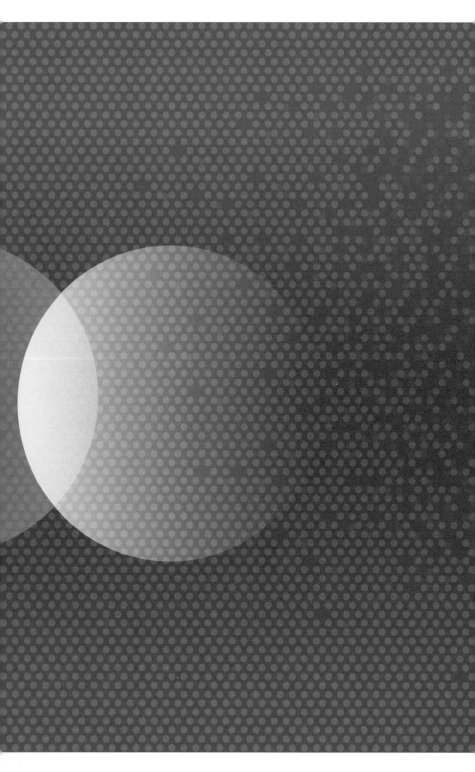

2

4차 산업혁명 시대의

7가지 언어 스킬

THE LANGUAGE OF THE
4TH INDUSTRIAL
REVOLUTION

스킬1 · 4차 산업혁명 시대, 리더의 생각법

"위대한 생각을 길러라. 우리는 어떤 일이 있어도 생각보다 높은 곳으로 오르지 못한다."

영국의 정치가 벤저민 디즈레일리의 말이다. 인간은 생각하는 존재다. 생각하기 때문에 존재하는 것이다. 인간은 행동하기 전에 생각하고 그 생각을 표현하며 살아간다. 한 사람의 생각은 다른 여러 사람에게 전달이 되어 영향을 미친다. 그러면 사람의 내면에 있는 생각이 어떻게 다른 사람에게 전달되는가? 그것은 언어라는 도구를 사용함으로써 가능하다. 사람들은 자신의 생각을 글로 쓰거나 말하거나 몸짓을 통해 표현해서 전달한다.

리더는 자기가 하는 일의 8할을
생각하는 일에 매달려야 한다

4차 산업혁명 시대에 리더는 자기 생각을 구성원들에게 전달해 영향을 주는 사람이다. 리더는 생각하는 철학자가 되어야 한다. 4차 산업혁명 시대에 리더는 자기가 하는 일의 8할을 생각하는 일에 매달려야 한다. 그리고 그 생각은 구성원들에게 언어를 통해 전달되어 영향력을 발휘하는 것이다.

생각이란 무엇인가? 생각은 사고思考, Thinking라고도 한다. 사고는 사람이 생각하고 판단하는 기능이다. 인문학적 관점으로 보면 여러 관념을 결합시켜 일반 개념 또는 문제해결에 도달하게 하는 기능이다. 둘 또는 그 이상의 관념 사이에 참된 연결이 있는가에 대해 판단하는 것이기도 하다. 법정 스님은 "마음에서 생각이 나오고, 생각에서 말이 나오고, 말에서 습관이 나오고, 습관이 성격이 되고, 성격이 운명을 가른다"고 했다. 이처럼 한 사람의 생각은 자신의 운명을 결정하게 된다.

리더는 항상 무언가 이루어가는 사람이고, 그 과정에서 많은 문제에 부딪히고 그것을 해결하기 위해 많은 생각을 하게 된다. 생각이 유기적으로 엮여 문제를 해결하는 것이다. 리더가 어떤 생각, 어떻게 생각하느냐에 따라 문제 해결의 방향이 완전히 달라진다. 그리고 그 생각의 결과도 완전히 다르게 나타난다. 성공으로 나타날 수도 있고 실패로 나타날 수 있다. 엄청난 이익을 줄 수도 있고 엄청난 손해도 볼 수 있다. 구성원을 만족시킬 수도 있고 고통에 빠뜨릴 수도 있다. 이런 현상은 우리 주위에서 흔히 볼 수 있다.

그러면 4차 산업혁명 시대에 리더의 생각이 왜 중요한가.

○ 일에만 빠져 생각할 틈조차 없는 리더에게 탁월함을 기대할 수 없다.
○ 리더의 본질은 그가 가진 생각 즉 '가치관'에 달려 있다.
○ 리더는 남들이 생각하지 않은 생각을 해내야 성공할 수 있다.
○ 리더가 생각을 표현하면 구성원은 행동하게 된다. 생각 → 표현 → 행동
○ 현재 리더의 생각이 바로 미래의 조직의 운명을 만든다.

그러나 오늘날의 정보기술의 발전으로 리더들은 생각하는 힘이 점점 퇴보하고 있다. 아니, 리더들은 생각할 시간적 여유도 없고, 생각하는 것을 힘들어 한다. 스마트폰, 인터넷 등 전자 기기를 통해 생각을 검색하려 하거나 남이 써준 생각을 이야기할 뿐이다. 생각은 높은 수준의 독서와 사색을 통해 내면에서 나오는 것이다. 인터넷에서 떠도는 생각 지식, 정보, 사례은 이미 알고 있는 내용이거나 상업적으로 이용된 메시지들에 불과하다. 4차 산업혁명 시대에 리더는 스스로 독립적인 생각을 하는 힘을 기르도록 노력해야 한다.

4차 산업혁명 시대에 리더의 평가는 '생각'을 하는 사람인지 '생각'이 있는 사람인지 그 여부에 따라 평가될 것이다. 그러면 구성원들은 생각을 하는 리더인지 아닌지를 어떻게 알 수 있나? 다음 두 가지를 보면 그 리더가 '생각'하는 리더인지 알 수 있다.

① 적합한 질문을 잘 하는가?

② 발표, 연설, 토론 시 문서를 보지 않고 말할 수 있는가?

• 생각은 어떻게 해야 하나?

생각은 어떻게 해야 하나?《글쓰기 고수들의 비밀을 훔쳐라》의 저자 박성후는 생각의 5가지 도구, 즉 관찰, 단순화, 감정이입, 질문, 통합을 이야기했다.

첫째, 관찰은 생각의 한 형태이고, 생각은 관찰의 또 다른 표현이다. 관찰은 생각을 위한 원재료인 것이다. 리더는 관찰을 통해서 사물을 인식하고 또한 문제를 인식해야 한다. 관찰은 7감, 즉 시각, 청각, 촉감, 후각, 미각, 마음, 통찰력을 통해 이루어진다.

둘째, 단순화란 모든 것을 다 잡을 수 없다는 것을 인정하고, 알고자 하는 내용을 스스로 제한하는 것이다. 무엇이 가장 핵심적인 원천인지 결정하고, 핵심을 위한 중요한 것들만 선별하고 불필요한 것들을 제거한다.

셋째, 감정이입은 어떤 대상에 자신의 감정을 불어넣거나, 다른 사물로부터 받은 느낌을 직접 받아들여 대상과 자신이 서로 통한다고 느끼는 일이다. 생각하는 일에서 감정이입이란 생각하는 것은 느끼는 것이고, 느끼는 것은 생각하는 것이다.

넷째, 질문을 통해 느끼고 정확하게 이해하는 것이다. 질문이 주는 효과는 깊이 있는 성찰과 사고의 확장 그리고 핵심과 본질을 파악하게 해준다. 탁월한 리더들은 질문으로 시작하고 질문으로 끝낸다. 무한한 사고력의 비밀은 '모르면 질문하라'는 데 있다. 질문을 잘하는 리더가 내공이 있고 실력 있는 리더다.

마지막으로 통합하는 역량이다. 리더는 생각들의 통합을 통해 생각을 창조해야 한다. 통합을 잘하기 위해 리더는 구성원의 생각에 대해 열린 마음으로 받아들일 줄 알아야 한다. 그리고 자신의 생각과 구성원의 생각을 적절하게 섞을 줄 알아야 하고 거기에서 가장 중요한 핵심가치가 무엇인지 판단할 수 있어야 한다. 핵심가치, 즉 리더의 비전과 신념을 근거로 중요한 것들을 걸러내야 한다. 내면의 심도 있는 자기성찰이 필요하다. 그런 다음에 리더 자신의 관점으로 일목요연하게 정리하고 핵심 메시지를 압축해서 요약할 수 있어야 한다. 이런 단계를 거쳐 비로소 리더의 생각이 만들어진다.

2016년 3월 바둑천재 이세돌과 인공지능인 알파고의 세기의 바둑대국이 열렸다. 인간이 이길지 인공지능이 이길지 세계인들이 주목하는 현장이었다. 결과는 4대1 인공지능의 승리였다. 에릭 슈미트 알파벳^구_{글의 지주사} 회장이 이세돌 9단과 구글의 인공지능 컴퓨터 '알파고'와의 바둑대전을 참관하기 위해 한국을 찾았다. 그리고 그는 다음과 같은 몇 가지 메시지를 남긴다. 즉, 자신의 생각을 이야기한 것이다.

"이세돌, 알파고, 누가 이기든 인류의 승리다."

"둘 간 대결의 결과와 상관없이 이번 이벤트는 인류의 커다란 승리가 될 것이다."

"알파고가 세계 최고의 바둑 챔피언에 도전하는 일은 인류사에 매우 중요한 하루가 될 것이다."

"인공지능 기술을 통해 더 좋은 세상이 올 것이다. 결국 최종 승자는 인간이다."

평생을 컴퓨터과학자로 그리고 IT 관련 최고경영자로 살아왔던 슈미트 회장의 '생각'의 힘을 느낄 수 있는 명언들이었다. 세계 최고의 IT 회사를 이끌고 있고 인공지능이라는 것으로 전 세계인에게 4차 산업혁명의 또 다른 꿈을 제시하는 그의 생각에 찬사를 보낼 수밖에 없었다. 이런 결과는 리더의 생각의 결과물이다.

4차 산업혁명 시대는 초연결 지능, 인공지능이 세상을 지배하는 시대가 될 것이다. 이렇게 되면 '생각'의 방식도 달라지게 된다. 리더는 다른 구성원들과 언어를 통해 다양한 정보를 주고받고 생각한다. 그리고 생각을 언어로 표현하고 행동으로 옮기게 한다. 과거에는 많은 양의 일 속에 묻혀 시간을 보내고 구성원들과 몸으로 부딪히며 땀방울을 흘린 대가로 리더의 역량을 인정받을 수 있었다. 그러나 4차 산업혁명 시대에는 이런 일들은 대부분 인공지능에게 넘어갈 것이다. 그러면 리더가 할 일은 생각에 집중하는 일일 것이다.

자신만의 생각할 수 있는 장소를 만들어라

리더가 효과적으로 생각하기 위해서는 자신만의 생각할 수 있는 장

소공간를 만들어야 한다. 사람마다 생각하는 공간은 다를 수 있다. 내 마음대로 할 수 있는 공간이 있어야 한다. 공간空間은 아무것도 없는 빈 곳을 의미한다. 그 빈 곳에 오롯이 내가 있는 것이다. 생각은 나만의 빈 공간에서 나온다. 공간은 여러 가지 형태가 있다. 사람마다 좋아하는 공간은 다르다. 넓고 시끄러운 호프집 같은 곳을 좋아하는 사람도 있다. 책으로 둘러싸인 도서관도 좋고, 나만의 서재도 좋다. 사람이 많이 모이는 재래시장이나 천장이 높은 대형 쇼핑몰도 좋다. 조용한 음악이 흐르는 커피숍도 좋고, 새소리와 물소리가 들리는 산속도 좋다. 자기만의 생각을 잡을 수 있는 곳에 가보라. 완전한 몰입을 해야 생각의 힘이 커진다. 완전한 몰입을 위해서는 시간과 공간이 단절된 환경이 필요하다. 자신을 외롭게 만들어야 한다.

필자는 주말마다 전국에 있는 산으로 향한다. 산에는 물 흐르는 계곡도 있고, 나무와 꽃들도 있고, 바위와 바람도 있다. 그 지방에서만 볼 수 있는 과일과 산나물도 있다. 정겨운 식당과 마을 그리고 그 속에서 사는 사람들도 있다. 필자는 산을 찾기 위해서 길게는 5~6시간 왕복하며 10시간 이상 버스를 타는 경우도 많다. 산행 시간도 산에 따라 다르지만 5시간에서 10시간 이상 걷는 경우도 있다. 나만의 생각하는 공간은 버스와 산이라는 곳이다. 이 공간에서 나만의 생각의 시간을 가진다. 버스 타고 내려가면서 그리고 또 서울로 올라오면서 생각에 빠진다. 물론 산을 걸으면서 생각에 빠진다. 그 공간에서 생각한 것들을 스마트폰의 문자, 메모지, 카톡 등의 기능을 이용해 생각을 기록한다. 필자가 생각의 근육을 키우는 공간이고 거기서 만들어진 생각들이 업무에 활용되고 때로는 글로 써지기도 한다.

리더는 생각의 힘을 키우기 위해 주기적으로 글을 쓰는 습관을 가져야 한다. 생각할 수 없으면 글을 쓸 수 없다. 글쓰기는 인간이 할 수 있는 최고의 생각 활동이다. 글 쓰는 과정은 고통을 수반한다. 그러나 글을 쓰면 생각이 정리된다. 리더가 생각을 글로 쓸 수 없고, 말로 표현할 수 없다면 무능한 리더나 마찬가지다. 리더는 글쓰기를 통해서 자신의 생각을 돌아보게 된다.

또한 리더는 생각의 힘을 키우기 위해 다양한 분야의 책을 접해야 하고, 다양한 종류의 신문을 지속적으로 읽어야 한다. 4차 산업혁명 시대에 리더로 살아남기 위해서는 많이 생각하고, 많이 읽고, 많이 써봐야 한다. 리더는 스스로 고립을 시켜 생각하게 만들고 생각하면서도 세상의 모든 것과 거리를 두고 한 차원 높은 생각을 하는 사람이다.

지금 우리는 생각도 인터넷으로 검색하는 시대에 살고 있다. 그러다 보니 리더마다 생각의 차이점이 사라졌다. 어떤 이슈에 대해 해결방안을 찾으라고 하면 리더마다 큰 차이가 없다. 이것은 스스로 생각하는 힘이 없어서 빚어진 결과다. 창조와 융합이 중요시되는 제4차 산업혁명 시대의 진정한 리더의 경쟁력은 생각의 차이에서 올 것이다. 생각의 크기가 리더의 크기를 결정하고, 생각의 차이가 리더의 차이를 결정할 것이다. 다른 사람의 생각을 쫓아다녀서는 더 이상 리더가 될 수 없다. 스스로 차별화된 생각하는 힘을 키우는 데 시간과 힘을 투자해야 한다.

스킬2 · 리더의 격을 한 차원 높이는 수사법

구성원들은 리더가 하는 언어를 보고 그를 평가한다. 그리고 그를 따른다. 리더는 구성원을 한눈에 사로잡을 수 있는 언어표현 능력이 필수다. 수준 높은 언어 솜씨는 리더의 능력을 각인시킨다. 세련되고 단순하며 함축된 리더의 언어표현이 구성원들에게 깊은 인상을 남기며 따르게 한다. 구성원들은 단순한 단어의 나열이 아니라 생각을 담아낸 언어를 좋아한다. 말의 목적이 분명하고, 확실한 주제가 있으며, 콘셉트가 명확해야 한다. 같은 언어를 사용해도 표현방법에 따라 전달되는 울림이 다르다.

● 리더는 언어로 표현하는 사람이다

리더는 언어로 표현하는 사람이다. 리더는 생각한 것을 표현해야 한다. 표현은 글로써, 말로써, 아니면 몸짓으로써 해야 의미가 있다. 자신이 데리고 있는 구성원을 움직이는 것은 자신이 말하고 표현하는 것으로부터 시작된다. 리더가 조직을 이끌다보면 리더는 '어떻게 하면 내 생각을 좀 더 논리적으로 잘 표현할 수 있을까?', '어떻게 하면 감성에 더 호소할 수 있을까?'를 고민한다.

많은 리더들이 자신의 이야기를 들어달라고 하지만 구성원들의 귀에는 그 소리가 들리지 않는다. 성공하는 리더의 언어표현은 구성원의 마음을 흔들지만 실패하는 리더의 언어표현은 허공에 스쳐가는 바람으로 날아가 버린다. 왜 이런 차이가 나는가? 성공하는 리더들은 격을 한 차원 높이는 수사법修辭法을 사용하고 있다.

수사법이란 문학에서 문장이나 글의 뜻을 보다 아름답고, 효과적으로 표현하기 위해 꾸미는 방법으로, 기교의 한 종류다. 크게 비유법, 강조법, 변화법으로 나눌 수 있다.

○ 비유법 : 표현하고자 하는 대상을 다른 대상에 빗대어 표현하는 방법

○ 강조법 : 문장에 힘을 주어 강조함으로써 짙은 인상을 주는 방법

○ 변화법 : 단조로움과 지루함을 피하려고 변화를 적절히 주는 방법

• 성공한 리더들의 언어표현 기법

언어표현이 능숙한 성공한 리더들은 이런 언어표현 기법을 상황에 따라 적절하게 활용하는 사람들이다.

첫째, 비유법 譬喩法은 다른 사물이나 현상을 끌어다가 그 성격, 형태, 의미 등을 쉽고 분명하고 재미있게 나타내는 표현기법이다. 비유법에는 직유법 直喩法, 은유법 隱喩法, 풍유법 諷喩法, 대유법 代喩法, 제유법 提喩法, 환유법 換喩法 등 여러 가지 기법이 있으나 리더의 언어표현에서는 직유법과 대유법이 대표적으로 많이 사용된다.

직유법 直喩法은 "A는 B와 같다"처럼 A라는 사물을 나타내기 위해 B라는 사물의 비슷한 성질을 직접 끌어다 견주는 것으로 A = 원관념, B = 보조 관념, 형식은 "마치 ○○과 같다, 꼭 ○○같다, ○○과 비슷하다, ○○처럼, ○○인 양, ○○같이, ○○인 듯" 등이 있다.

"콘셉트는 고객의 기억 속에 '한 단어'를 심어놓는 것과 같은 것이다."

《마케팅 불변의 법칙》에서 잭 트라우트가 한 말이다. 콘셉트는 기억 속에 남는 '한 단어'라는 것을 강조한 언어적 표현이다. 콘셉트가 '한 단어'와 같음을 직유법으로 설명한다. 리더는 이처럼 어떤 개념을 단문으로 쉽게 임펙트 있게 말할 수 있는 능력을 키워야 한다.

은유법 隱喩法은 'A는 바로 B다'는 것처럼 표현 속에 비유를 숨기는 기법으로, 직유법이 서로 비슷한 뜻이라면, 은유법은 같은 뜻, 또는 같은 값의 뜻이다. 형식은 "○○은/는 ○○다"다.

"여론조사는 시대의 기록이다."

여론조사라는 한 우물을 파온 한국갤럽 박무익 회장의 신념의 언어 표현이다. 여론조사라는 영역에서 한 획을 그었으며 한 사람의 일생이 보이는 리더의 진정한 언어표현을 읽을 수 있다. 이 언어로 그는 우리나라 여론조사 산업을 이끌어왔다.

둘째, 강조법強調法은 말이나 글의 표현을 보다 생생하고 진실하게 표현하기 위해 글이나 말에 힘을 주어 세차게 나타내는 수사법이다. 강조법에는 과장법誇張法, 영탄법詠嘆法, 반복법反復法, 점층법漸層法, 점강법漸降法, 대조법對照法, 현재법現在法, 미화법美化法, 열거법列擧法, 비교법比較法, 억양법抑揚法, 생략법省略法 등 여러 가지 기법이 있으나 리더의 언어표현에서는 반복법, 점층법, 대조법, 비교법 등이 대표적으로 많이 사용된다.

반복법反復法은 같거나 비슷한 낱말, 구句, 절節, 문文 등을 반복하여 강조하는 기법이다.

"빈손 취임, 빈손 퇴임."

19대 대통령으로 당선된 문재인 대통령의 취임사 제목이다. 우리나라 대통령들은 대부분 집권 후반부에 들어서면 부정부패, 비리, 친인척 문제 등 안 좋은 일로 마무리한 경우가 많았다. 대통령이라는 막강한 권력 때문에 자신은 청렴하게 살고 싶어도 주위에서 그르쳐 불행하게 대통령 임기를 마무리한다. 이런 상황에서 "빈손 취임, 빈손 퇴임"이라는 리더의 언어표현은 많은 시사점을 주는 명언이다.

점층법漸層法은 힘 있는 말이나 중요성이 큰 말을 거듭 써서 글의 힘을 강하게, 높게, 크게, 깊게 고조시키는 기법이다.

"젊은이라면 시대를 읽고, 시대를 대답하고, 시대를 돌파해나가려는

꿈을 가져야 한다. 자기에게 필요한 것만을 찾는 것이 아니라 , 시대를 아파해야 한다. 거친 야망으로 가득 찬 짐승 같은 존재가 되어야 한다."

젊음이는 시대를 알아야 한다는 것을 시대를 읽고, 대담하고, 돌파하고, 아파야 함을 반복적이면서 점층적으로 강조를 하는 언어표현이다. 리더는 이런 점층법 언어를 사용해 구성원을 움직일 수 있는 언어를 구사할 수 있어야 진정한 리더가 된다.

대조법 對照法은 그 형식이나 내용의 다름을 두드러지게 드러내 보이는 기법이다.

"주입식 교육에서 1등을 하는 '모범생'보다 창의적인 생각을 자유롭게 발산할 수 있는 '모험생'이 주목을 받는 시대다."

4차 산업혁명 시대의 주역으로 청소년 발명가들을 발굴해야 한다는 모 신문의 칼럼기사 내용이다. '모범생'과 '모험생'을 대조하여 4차 산업혁명 시대에는 공부만 잘하는 사람이 아니라 창의적인 생각을 자유롭게 할 수 있는 모험생들이 필요함을 강조하는 언어표현이다. 우리 시대가 안고 있는 교육의 문제 그리고 미래의 인재상에 대해 아주 적절하게 표현한 잘된 언어의 사례를 보여주고 있다.

비교법 比較法은 두 가지 이상의 사물의 크기, 성질, 내용, 모습 등의 정도를 견주어서 어느 한 사물을 선명히 표현하는 기법이다. 대조법과의 차이점은 일정한 기준에 의한 정도의 차이를 나타내는 것, 즉 두 사물의 성질상 공통부분에 관한 수사법이다.

"시계보다 나침판을 보자. 빨리 가는 것보다 정확하게 방향을 설정해서 가는 것이 중요하다. '목표를 공유하는 조직이 강한 조직'이다. 기러

기가 멀리 갈 수 있는 것은 함께 날아가기 때문이다. 리더 기러기는 방향을 정하고, 앞장서 나가고, 뒤에서는 응원의 소리를 내면서 힘을 보탠다."

청와대 비서실장을 지낸 이원종 실장이 비서진들에게 한 말이다. '시계'라는 시간과 '나침판'이라는 방향을 의미하는 단어를 비교하면서 방향의 중요성을 강조하고 있는 언어표현이다. 리더의 언어는 이런 비유과 비교의 언어를 통해 자신의 생각을 효과적으로 전달할 수 있어야 한다.

셋째, 변화법變化法은 문장이 단조롭거나 지루한 경우, 말에 변화를 주어 새로운 관심을 불러일으키는 수사법으로 설의법設疑法, 인용법引用法, 도치법倒置法, 대구법對句法, 반어법反語法, 문답법問答法 등 여러 가지 기법이 있으나 리더의 언어표현에서는 인용법, 반어법 등이 대표적으로 많이 사용된다.

인용법引用法은 유명한 사람의 말, 속담, 격언, 경전의 구절 등을 끌어와 써서 문장에 무게를 주고 내용을 풍부하게 하거나 변화를 주는 기법이다.

"사진은 기록이 아니다. 이야기다. 내게 사진이란 현실 기록이 아니라 내가 하고 싶은 이야기를 전하는 수단이다."

사진작가 요세프 쿠델카는 말했다.

"우리가 역사를 만들기 위해서는 단순히 기록을 남기는 것이 아니라 내가 전하고 싶은 스토리를 창조하자."

이 말은 필자가 프로젝트 매니저리더로 있을 때 우리 조직이 하는 일을 기록으로 남겨야 하는 이유를 설명하고 구성원에게 그 일을 하도록 설득하기 위해 한 말이었다. 이처럼 리더는 자기주장을 구성원에게 설득하기 위해 유명인의 명언을 인용하면 효과적인 결과를 얻을 수 있다.

반어법反語法은 참뜻과는 반대되는 말을 함으로써 관심을 끄는 기법이다.

"음악은 음이 내는 것이 아니라 음과 음 사이의 침묵에서 비롯된 것이다."

베토벤의 음악적 스승인 '볼프강 아마데우스 모차르트'의 말이다. 아마도 오케스트라의 멋진 하모니를 위해서는 제 실력을 뽐내려는 현란하고 큰 소리보다는 서로의 조화를 위한 배려와 자세가 필요하다는 뜻으로 해석된다. 음악은 소리가 만드는 것이 아니라 소리와 소리 사이의 침묵에서 나온다는 언어의 반어법을 활용해 음소리의 중요성을 강조한 것이다. 음악의 대가를 키우는 선생의 음악에 대한 철학을 이해할 수 있는 대목이다.

언어는 사람이 무엇에 대해 보고, 듣고, 알고, 느끼고, 생각한 것을 다른 사람에게 표현하는 도구다. 누군가는 그것을 표현하지 못하고 마음속에만 가지고 있을 수도 있다. 그것을 몸짓으로 표현할 수 있다면 그는 유명한 무용가나 운동선수가 될 것이다. 그것을 소리로 표현한다면 그는 유명한 음악가가 될 것이다. 보통의 사람들은 그것을 글이나 말로 표현하며 살아간다. 만약 그것을 단문으로 쉽게 임팩트 있게 표현하고 차이점을 부각하고 창의적인 것을 표현한다면 그는 리더의 대열에 들어갈 수 있다. 수사법修辭法을 활용해 한 차원 격이 높은 언어표현을 해야 4차 산업혁명 시대에 리더로 살아남을 수 있다.

스킬3·설득력을 높이는 비소리언어

동물은 소리로, 사람은 언어로, 꽃들은 향기로 대화를 한다. 그리고 세상의 모든 것들은 서로 사랑할 때는 몸짓으로 대화한다. 기쁜 일이 있으면 미소로, 슬픈 일이 있으면 눈물로 대화한다. 또한 사람들은 신나고 즐거운 일이 있으면 노래하거나 춤을 추며 자신의 감정을 표현한다. 서로 만나서 반가우면 악수하고 포옹한다. 사랑스러운 아들딸이 있으면 머리를 쓰다듬어주기도 한다. 사람들은 오랜 시절부터 자신의 감정을 몸짓으로 표현하며 살아왔다. 언어가 없던 시절에는 몸짓언어가 대화의 수단이었다. 위대한 영화도 몸짓언어로 표현한 예술이다. 리더에게 몸짓언어는 어떤 의미를 주는가?

• 메시지 전달의 대부분은 비소리언어를 통해서다

리더는 끊임없이 자신의 생각을 언어를 통해 메시지로 구성원들과 공유하며 조직을 이끌어간다. 실제 조직을 이끌다보면 소리언어로 소통하는 것보다 비소리^{몸짓}언어로 소통하는 경우가 더 효과적이다. 리더는 오케스트라의 지휘자 같은 사람이다. 지휘자는 악기로 소리를 내는 것이 아니라 몸짓으로 단원들 각각의 다른 음을 하나로 조화시켜 음악으로 승화시키는 사람이다. 지휘자는 소리가 아니라 몸짓^{표정, 제스처, 자세 등}으로 단원들과 소통하고 공감한다.

리더가 공감하는 조직을 만들기 위해서는 소리언어^말보다 비소리언어^{비언어}적인 의사소통에 능숙해야 한다. 이런 비언어적인 소통이 더 공감력과 설득력을 주기 때문이다. 미국의 비언어소통 전문가 토니야 레이맨의《그녀는 왜 다리를 꼬았을까》에서 "당신이 침묵하고 있는 순간에도 몸짓은 말한다"고 하여 몸짓언어의 중요성을 이야기하고 있다. 만약 어떤 어려운 상황이 발생했는데 리더가 이 상황을 극복해나가자고 큰 소리로만 말하는 것과 두 주먹을 쥐고 팔을 머리 위로 높이면서 말하는 것하고는 느낌이 다를 것이다. 또한 서비스를 담당하는 직원은 헤어스타일과 복장이 단정해야 한다고 말할 때 리더 자신이 헤어스타일이나 복장이 엉망이라면 소통력은 떨어질 것이다.

비소리언어 소통을 잘하는 리더는 구성원들의 마음을 잘 읽을 수 있는 사람이다. 리더는 소리언어보다 비소리언어로 소통하는 커뮤니케이터^{Communicator}가 되어야 한다. 비소리언어적 소통은 메시지를 그냥 있는 그대로 전달하는 것이 아니라 메시지에 감정을 실어 더 효과적으로 공감하게 함으로써 메시지가 가슴에 남게 한다. 슬픈 일을 당한 구성원에게 단순히 슬프겠구나 하고 말하는 것과 눈물을 보여주는 것은 메시지를 전달하는 데 차이가 크다.

• 침묵, 준언어, 몸짓언어

비소리언어에는 침묵, 준언어, 몸짓언어 등이 있다.

첫째, 리더는 때로 침묵의 언어를 사용할 줄 알아야 한다. 지금은 말의 홍수 시대다. 들으려고 하는 사람보다 말하려고 하는 사람이 항상 많다. 감정을 추스를 수 없을 정도의 슬프고 낙담할 만한 일에 리더가 침묵하는 것은 의연함의 표현이다. 침묵을 통해 경청할 수 있고 침묵을 통해 어떤 말보다 강력한 카리스마를 발휘할 수도 있다.

둘째, 리더는 준언어^{음성적 요소}에 대해 연마해야 한다. 좋은 목소리^{음성}를 타고나는 사람은 그리 많지 않다. 음성에는 음조^{tone}, 강세^{stress}, 말의 빠르기, 목소리의 크기, 억양 등으로 구성된다. 리더의 목소리에 감정의 변화나 태도 그리고 의미 등이 자신도 모르게 전달되는 것이 특징이다. 리더는 음성을 너무 빠르지도 너무 크지도 너무 가볍지도 않게 조절해서 말하는 연습을 해야 한다. 아무리 좋은 메시지도 목소리가 좋지 않으면 구성원들이 싫어하거나 집중하지 않기 때문이다.

셋째, 리더는 몸짓언어를 적절하게 사용할 수 있어야 한다. 몸짓언어는 구성원들과 소통하는 데 생각보다 큰 영향을 미치고 있다. 몸짓언어에는 눈빛, 얼굴 표정, 제스처, 자세, 신체 접촉, 외모 등이 있다. 리더의 눈빛은 살아 있어야 하고 시선도 허공이 아닌 구성원을 바라보고 이야기해야 한다. 눈에 강한 신념이 보이도록 해야 한다. 얼굴 표정도 당당하고 밝은 표정을 유지하도록 노력해야 한다. 여성 리더의 경우는 화장에도 신경을 써야 한다.

제스처는 자신감과 안정감의 표현이다. 가슴은 구성원을 향하고 발은 너무 움직이지 않도록 조심해야 한다. 말할 때 적절하게 손을 사용해야 한다. 자세는 너무 딱딱하지 않게 서되 당당함이 있어야 한다. 자연스럽게 움직임을 주어 구성원들에게 부담이 없도록 유지해야 한다. 때에 따라 악수, 포옹 등 신체 접촉을 통한 몸짓언어도 구사해야 친밀감을 높일 수 있다.

리더는 옷차림, 구두 등 외모에 신경을 써야 한다. 옷차림은 정장을 입는 것이 좋다. 색상도 너무 튀지 않으면서 세련된 것을 골라 입어라. 남자의 경우 시계와 넥타이에 포인트를 줘라. 시계는 신뢰감의 상징이고, 넥타이는 세련미를 높여준다. 구두는 깨끗하게 유지하라. 여자의 경우는 스카프, 목걸이, 귀걸이, 브로치 등 액세서리로 포인트를 줘라. 가방도 자기 체형과 색상을 고려해 메는 것도 리더다움을 보여주는 방법이다.

● 비소리언어가 운명을 가르다

리더의 메시지 전달의 93%는 비소리언어다. 소리언어는 7%밖에 안 된다. 다시 말해 비소리언어를 얼마나 잘 활용하느냐가 리더의 성과 여부를 결정한다는 것이다. 1961년 미국의 대통령 선거에서 케네디가 닉슨을 물리치고 대통령에 당선된 것은 케네디가 젊고 신선하기 때문이기도 하지만 그보다도 대중을 사로잡는 뛰어난 스피치와 거기에 사용된 표정, 시선, 제스처가 큰 역할을 했다. 두 사람이 처음 텔레비전에서 대결할 때, 케네디는 그 개성 있는 얼굴에 미소를 띠고 유머와 세련된 제스처로 시청자들을 매료시켰기에 대통령에 당선되었다는 이야기는 너무나도 유명하다.

우리나라도 2017년에 19대 대통령 선거를 위한 후보자들 간 TV 토론이 몇 차례 전국적으로 생방송되었다. TV 토론의 특징은 소리언어와 비소리언어가 합쳐져서 국민들로부터 평가를 받는다는 것이다. 후보자는 문재인, 홍준표, 안철수, 유승민, 심상정 등 5명이 나왔다. 후보마다 강점과 단점이 모두 있었다. 모두 소리언어는 잘하는 사람들이다. 소리언어는 모든 후보가 준비와 연습을 해서 나왔다. 소리언어로 던지고자 하는 메시지는 별 차이가 없었다.

그러나 비소리언어에서는 후보자 간 많은 차이를 보였다. 국민들은 후보가 말하는 소리언어로만 평가하지 않는다. 소리언어가 차지하는 비중은 7%밖에 안 되기 때문이다. 나머지는 눈빛, 표정, 제스처, 자세, 태도, 외모 등 비소리언어를 더 중요하게 보고 평가를 한다는 것이다.

실제 대통령은 문재인 후보가 되었다. 그는 소리언어는 약간 부족하지만 전체적인 표정, 태도, 자세, 제스처 등에서 월등하게 앞서 안정감을 주었다. 그러나 다른 후보들은 소리언어는 잘하나 비소리언어 면에서 많은 감점 요인이 보였다.

특히 안철수 후보의 경우 평소 자신의 강점을 살리지 못하고 표정이 굳어 있거나, 특정 후보를 향해 문제가 있다고 비판할 때는 얼굴을 보지 않고 정면을 보고 토론하는 등 비소리언어 면에서 많은 감점 요인이 발견되었다. 이렇다보니 안철수 후보가 실제 자기가 가진 장점보다 유연하지 못하고 포용력이 없어 보이는 모습을 보여준 것이다. 실제 TV 토론 후 여론조사에서 지지율이 많이 하락하는 현상이 벌어졌다.

이처럼 비소리언어가 대통령을 만들기도 하고 떨어뜨리기도 한다. 리더는 소리언어만 잘해서 되는 것이 아니고 비소리언어를 어떻게 잘 활용해서 구성원과 공감하고 소통을 하느냐가 중요하다.

리더의 비소리언어 비언어. 몸짓는 말을 좀 더 정확하게 전달하려는 언어의 보조 활동으로 구성원들에게 미치는 영향력이 매우 크다. 비소리언어에는 침묵, 준언어 음성적 요소, 몸짓언어 제스처, 옷차림 등가 있다. 상황에 따라 소리언어보다 비소리언어가 더 큰 영향을 미칠 수 있다.

리더가 구성원들 앞에서 소리언어 말로 소통할 때 사용되는 비소리언어는 자신의 생각과 감정을 보다 정확하게 전달하려는 자연스러운 동작이며 기술이다. 4차 산업혁명 시대에 살아남는 리더가 되기 위해서는 이런 비소리언어를 습득하기 위해 의도적이고 체계적인 방법으로 훈련해야 한다. 오케스트라의 지휘자가 악기 소리를 내지 않고 오직 몸짓으로 단원들을 지휘해 멋진 음악을 만들어내듯이 말이다.

스킬4 · 구성원을 사로잡는 마케팅 언어

4차 산업혁명의 시대가 도래하고 있다. 옥스퍼드대 칼 베네딕트 프레이 교수는 "의사결정이나 업무협상처럼 자동화가 어려운 고소득 업무는 지금보다 늘어나지만 컴퓨터로 대체되는 일자리는 줄어들 것이다"라고 말했다. 이 말은 리더에게 의미하는 바가 크다. 의사결정이나 업무협상은 리더십의 핵심 역량이다. 이런 리더십을 뒷받침하는 것이 구성원과의 소통능력이다. 4차 산업혁명 시대에는 단순한 업무 영역 육체적, 정신적 업무 포함은 컴퓨터나 인공지능AI이 대체할 것이다. 그러나 의사결정, 업무협상, 소통, 문제해결 능력 등은 인간만이 할 수 있는 고부가가치 일이고 리더가 되기 위해서는 역량을 키워야 하는 분야다.

그러나 우리 주위에는 리더나 리더가 되려는 사람들 중에 이런 역량을 효과적으로 발휘하는 사람들이 많지 않은 실정이다. 조직이 성과를 내지 못하는 원인 중 하나가 리더의 소통역량 부재다. 소통이 어려운 이유는 리더가 복잡하게 생각하기 때문이다. 리더는 언제나 하고 싶은 일도 생각도 말도 많이 하고 싶어 한다. 평범한 리더는 구성원들과 주어진 자리에서 자신의 이야기로 대부분의 시간을 보낸다. 그러나 탁월한 리더는 대부분 구성원의 목소리를 듣는 데 시간을 보낸다. 그리고 언어를 단순화해서 소통한다.

• 성과를 내지 못하는 리더의 특징

리더들이 구성원들과 소통이 원활하지 못하면 대부분 조직을 혼란하게 하거나 뚜렷한 업적을 만들어내지 못한다. 소통에 능하지 못한 사람은 훌륭한 리더가 되지 못한다는 것이다. 뤼궈룽은 《경영의 지혜》에서 "경영자들은 70%의 시간을 소통에 사용하고, 기업에서의 문제 가운데 70%는 소통의 장애로 발생한다"라고 했다. 자신의 의도나 생각을 어려움 없이 이해할 수 있도록 구성원들에게 설득력을 발휘하여 전달하는 리더가 성과를 만들어낸다. 성과를 내지 못하는 리더의 특징은 어려운 언어를 사용한다는 것이다. 어려운 언어란 자기만의 생각을 자기만의 시각, 자기만의 소통방식으로 전달하는 것이다.

리더의 어려운 언어의 특징은 다음과 같다.

○ 비전과 목표가 불명확하다.

○ 일관성이 없다.

○ 자신의 의도나 생각을 일방적으로 몰아붙인다.

○ 논리적이지 못하다.

○ 왜 Why가 없다.

○ 위압을 주는 언어 폭언, 욕설, 망언, 인격 비하 등를 사용한다.

○ 핵심 메시지가 없고 횡설수설한다.

○ 의견을 무시하거나 함부로 끊어버린다.

○ 특정인을 편애하는 언어를 사용한다.

리더가 이렇게 어려운 언어로 소통하는 이유는 리더가 무소불위의 권한을 가진 것으로 착각하는 데서 온다. 대부분의 리더는 고분고분 말을 잘 듣는 사람을 옆에 두는 경향이 있다. 그런 사람들로 인해 불통의 벽이 만들어져 버린다. 그런 불통의 벽에 갇히는 순간 리더에게는 불행이 시작되는 것이다.

• 리더의 마케팅 언어

그러면 리더는 효과적인 언어를 사용하기 위해서는 어떻게 해야 하나? 4차 산업혁명 시대에 성공하고 싶은 리더는 어떤 언어를 사용해야 하나? 답은 마케팅 언어를 사용해야 한다. 마케팅 언어란 모든 구성원들이 언제 어디서나 쉽게 이해하고 한 방향으로 나아가게 하는 언어다. 리더가 보여주는 쉬운 언어이며 진솔함이 담겨 있는 일관성이 있는 언어다.

첫째, 리더의 마케팅 언어는 메시지가 명확하다. 메시지란 받아들이는 사람이 스스로 생각할 수 있도록 만드는 지식이다. 진정한 메시지는 사람의 마음속에 스스로 녹아든다. 다시 말해 리더가 구성원들에게 이야기하고자 하는 차별화된 콘셉트이자 주제이기도 하다. 리더는 구성원들 앞에서 자신의 의도를 관철시키기 위해 이야기 또는 소통을 하는 일이 많을 것이다. 메시지가 없는 이야기는 잔소리에 불과하다. 메시지가 없는 언어를 구사하는 리더는 기본적인 자질을 의심해야 한다. 리더는 한마디 말을 하건 한 시간의 말을 하건 메시지를 만드는 데 많은 시간을 할애해야 한다.

리더는 메시지를 만들 때 자신의 주장과 의견 그리고 이를 뒷받침하는 근거로 구성해야 한다. 한 문장으로 간결하게 작성하는 것이 좋다. 그리고 한자리에서 너무 많은 메시지를 이야기해도 구성원들이 혼란스러워한다. 한자리에서 3개 이내의 메시지를 이야기하는 것이 효과적이다. 너무 많은 메시지를 남용하지 마라.

메시지가 담아야 할 4가지는 다음과 같다.

① 자신의 주장과 의견이 들어 있어야 한다.
② 결론이 명확하게 담겨 있어야 한다.
③ 논리와 근거가 제시되어야 한다.
④ 조직의 비전/전략과 연계성을 가져야 한다.

리더의 언어는 사고와 메시지를 표현하는 의사소통 도구다. 점 하나, 느낌표 하나로 리더의 감성이 읽혀지고 지식 수준이 가늠된다. 메시지에는 리더의 철학과 리더십이 숨어 있다. 말을 간결하게 하고 줄이는 일이 리더의 역량이다. 그래야 구성원이 따르게 된다. 구성원이 행동하게 하고, 변화를 이끌어내는 관건은 리더의 경험에서 우러난 메시지와 그 안에 담겨 있는 진정성에 있다.

둘째, 리더의 마케팅 언어는 '왜'를 먼저, '어떻게'를 다음으로 이야기한다.

관리자는 '어떻게'를 이야기하지만 리더는 '왜'를 이야기하는 사람이다. 리더는 '왜' 우리가 이 일을 해야 하는지를 직접 대면을 통해 설명하라. 리더는 '왜'를 통해 조직의 존재이유와 목적을 이야기할 수 있어야 한다. 리더의 소통의 가장 중요한 항목은 비전, 방향, 그리고 왜라는 질문에 대한 답이다. 비전, 방향, 왜에 대한 답은 끊임없이 반복되어야 한다.

'존재의 이유'가 있는 조직이 '다름'을 만든다. 우리는 왜 존재하는가?Why?의 질문으로 출발할 때 설득력이 높아진다. '왜' 존재하는가에 대한 리더의 이야기는 무엇What과 어떻게How의 언어로 변환되어 구성원에게 전달된다. 무엇을 해야 할지, 어떻게 해야 할지는 리더의 모범적 행동과 지속적인 교육으로 가능하다. 구성원은 존재의 이유를 설명하는 리더에게 감동하고 그를 따르게 되어 있다.

셋째, 리더의 마케팅 언어는 두괄식 언어를 사용하는 것이다. 두괄식 언어란 결론을 먼저 이야기하고 근거와 사례를 이야기하는 방식이다. 리더 중에 장황한 설명으로 무슨 말을 하는지 어렵게 하는 사람들이 다

수 있다. 리더의 마케팅 언어는 알기 쉽게 생각을 전달하는 것이다. 리더가 자신의 의도나 주장을 구성원들에게 이야기할 때는 다음 4가지 원칙에 따라 하면 효과적인 소통이 될 수 있다.

리더의 효과적인 언어의 4가지 원칙은 다음과 같다.

① 두괄식으로 말하라. 주장 → 근거 제시 → 사례 제시

② 비교해서 말하라.

③ 구성원이 궁금해하는 것을 먼저 말하라.

④ 시각화된 생각으로 말하라. 스토리보드 활용

여기서 시각화된 생각이란 논리의 흐름을 시각적으로 보여주는 방식이다. 이것은 리더가 구성원과 소통할 때 어떤 메시지가 담겨야 할지 보여주는 동시에 각 메시지를 어떤 흐름으로 연결할지 보여주는 방식이다. 생각을 시각화해서 논리를 전개할 때 효과적인 의사 전달이 된다.

넷째, 리더의 마케팅 언어는 메시지와 비전을 연계해서 비전을 수시로 이야기하는 것이다. 리더는 비전을 만들고 그 비전을 달성하기 위해 조직을 이끌어가는 사람이다. 비전을 달성하기 위해서는 수시로 이야기해야 한다. 중요한 것은 리더는 어느 상황에서 구성원들에 메시지를 전달할 때도 비전과 연계 지어 반복적으로 이야기해야 하는 것이다. 비전이 이루어진 것처럼 생각하고, 메시지를 만들고, 행동하면 놀랍게도 그 비전대로 이루어지기 때문이다. 비전은 리더가 마케팅 언어를 통해 만들어낸 그 무엇이다.

교황과 스티브 잡스, 두 탁월한 리더의 공통점은 방향을 뚜렷하게 제시하고 일관된 모습으로 목표를 반복적으로 이야기하며, 원하는 것이 무엇인지 명확하게 해주는 점이다. 또한 실행은 진심을 다해 과감하게 하고, 다르게 생각하기를 통해 통념을 과감하게 깨며, 상대를 늘 생각하는 공감의 소통을 한다는 것이다. 리더는 언어를 가장 효과적으로 사용할 수 있어야 한다. 4차 산업혁명 시대에 리더십의 본질은 모든 주체들과 유연하게 연결하고 소통하는 리더십을 발휘하는 것이다. 그 본질에 언어가 있고, 리더의 언어는 단순해야 한다. 메시지를 단순화해서 구성원을 혼란스럽게 해서는 안 된다. 거장일수록, 고수일수록, 달인일수록 단순한 목표, 단순한 생각, 단순한 관점을 가지고 구성원과 소통한다.

스킬5 · 미래에 초점을 맞추는 긍정적 사고

행복하다고 말하는 동안

나도 정말 행복한 사람이 되어

마음에 맑은 샘이 흐르고

고맙다고 말하는 동안은

고마운 마음 새로이 솟아올라

내 마음도 더욱 순해지고

아름답다고 말하는 동안은

나도 잠시 아름다운 사람이 되어

마음 한 자락 환해지고

좋은 말이 나를 키우는 걸
나는 말하면서 다시 알지

  이해인 수녀의 〈나를 키우는 말〉이라는 시다. 이 시처럼 행복하다는
말, 고맙다는 말, 아름답다는 말, 좋은 말은 긍정의 언어들이다. 이런 긍
정의 언어가 사람을 키운다. 리더는 긍정적으로 생각하고 긍정의 언어
로 미래를 이야기해야 한다. 미래를 이야기하는 리더는 긍정의 언어를
사용한다.

• 부정적 사고, 비판적 사고, 긍정적 사고

4차 산업혁명은 아마 자신도 모르고 다른 사람도 모르는 예측할 수 없
는 곳에서 혁신이 일어날 것이다. 오늘의 강자가 내일의 강자가 되리라
는 법이 없을 것이다. 지금은 미미한 존재일지 모르지만 어느 시공간에
서 그 미미한 존재를 강자로 부각시키는 것이 4차 산업혁명의 특성이
다. 이런 4차 산업혁명 시대에 리더가 강한 존재로 살아남기 위해서는
미래에 초점을 맞추고 긍정적 사고를 하는 것이 중요하다.
  그러나 의외로 리더를 둘러싼 상황은 긍정적인 것보다 부정적인 것
이 더 많다. 긍정적인 사고보다는 부정적인 사고를 먼저 한다. 사람들도

긍정적인 사람보다는 부정적인 시각을 가지고 바라보는 사람들이 더 많다. 이런 상황에서 리더는 어떤 사고를 하고 어떻게 행동을 해야 하는가? 리더는 부정적 사고를 하는 사람, 비판적 사고를 하는 사람, 그리고 긍정적 사고를 하는 사람의 세 부류로 구분된다.

부정적 사고를 하는 리더는 모든 사안에 대해 부정적인 측면을 강조한다. 자신의 유리한 조건이나 장점보다는 불리한 환경과 단점에만 집중하여 일을 어렵게 만든다. 다른 사람의 눈에 거슬리는 단점을 먼저 찾아 비판하고 좋은 점은 뒤로한다. 이런 부정적인 사고를 가진 리더들이 우리 주위에는 생각보다 많다. 특히 자기가 주도하는 사안이 아닌 경우는 부정적 시각으로 사물을 바라보는 습성이 있다. 리더가 부정적 사고를 하면 구성원들이 하는 일에 자꾸 못마땅한 점만 보이기 때문에 신경질적으로 변하게 된다. 이렇게 되면 구성원들은 자신감이 떨어지고 매사에 소극적으로 리더의 눈치만 살피는 조직으로 전락하게 된다. 이런 조직은 성과를 기대하기 어렵다.

반면에 비판적 사고 Critical Thinking를 하는 리더는 좀 더 합리적이고, 명확하고, 정확하고, 일관성 있게 사고한다. 또한 비판적 사고를 하는 리더는 어떤 사안에 대해 질문을 하고, 어떠한 주장의 근거로 제시된 내용을 따져보며, 복잡한 문제를 해석하고 현명한 결정을 내리는 능력을 가지게 된다. '비판적 사고'란 어떤 주장을 수동적으로 받아들이는 것이 아니라 합리적 근거를 가지고 능동적으로 현상을 해석하고 문제해결의 대안을 만들어내는 능력이다. 4차 산업혁명 시대에는 예상치 못했던 문제들이 많을 것으로 보는데, 명쾌한 해결책을 찾기 어려울 때 비판적 사고는 매우 필요하다.

조직이 가지고 있는 이슈들이 복잡할수록 리더의 비판적 사고 역량이 필요하다. 사안의 의미를 제대로 파악하고 문제점을 발견하여 적절한 대안까지 제시할 수 있는 리더가 중요한 역할을 하기 때문이다. 그러나 리더가 너무 비판적 사고를 지향할 경우 부정적인 사고로 오해받을 수 있다. 왜냐하면 비판적 사고는 잘못하면 다른 사람의 의견을 흠집 내기 위한 행동으로 보일 수 있기 때문이다.

리더가 비판적 사고를 하는 것도 중요하나 사안에 따라 비판적인 일은 전문가를 통해 도움받는 방법도 고려해볼 필요가 있다. 그리고 리더는 전문가의 비판적 사고로 마련한 대안을 종합적으로 판단하여 의사결정을 하면 더 효과적으로 일할 수 있다. 리더가 너무 비판적 사고에 빠지면 미래로 나가기보다는 현재에 매달려 일을 제대로 추진할 수 없는 상황이 발생할 수 있다.

'긍정적 사고'를 하는 리더는 조직의 밝고 좋은 면을 볼 줄 아는 사람이다

그러면 우리에게 필요한 진정한 리더는 어떤 사고를 해야 할까? 바로 긍정적 사고를 해야 한다. '긍정적 사고'를 하는 리더는 조직의 어둡고 어려운 면보다 밝고 좋은 면을 볼 줄 아는 사람이다. 자신의 조직이 가진 한계에 좌절하기보다는 자신의 조직이 가지고 있는 동원할 수 있는 자원들을 잘 파악하여 활용할 수 있는 사람이다. 구성원들의 장점을 먼저 찾아 동기를 부여하고 단점이 있더라도 그 한계를 이해하고 가급적 좋은 방향으로 이끌 줄 안다.

리더 앞에는 항상 힘들게 풀어가야 할 일들이 산적해 있다. 구성원들은 기본적으로 미래를 예측할 수 없기 때문에 이런 사안들에 대해 부정적이거나 비판적인 시각으로 바라본다. 리더는 이런 부정적인 시각을 걷어내는 역할을 해주는 사람이다. 리더는 미래의 모습을 상상하며 어렵고 힘든 현재 환경을 극복해가야 하는 숙명을 짊어진 사람들이다. 흑인 최초로 미 국무장관을 역임한 콜린 파월은 "리더십의 본질은 불가능하다고 생각되는 것을 달성하는 데 있다"라며 긍정적인 사고방식을 강조했다.

늘 불평을 일삼는 리더는 모든 일에서 잘못된 것만 보지만 긍정적인 리더는 어려운 상황에서도 기회를 새롭게 만들어놓는다. 성공하는 리더는 희망을 말한다. 부정적인 것을 떨쳐버리고 긍정적인 생각으로 살아간다. 성공하는 리더는 안이한 구성원들을 자극하고 위기가 다가올 때마다 뛰어난 지혜로 이겨낸다. 부정적인 사고를 하는 리더는 확실한 기회가 와도 위험요소만 바라본다. 그러나 긍정적인 사고를 하는 리더는 어떤 어려움이 닥쳐도 그 상황에서 또 다른 기회를 본다.

4차 산업혁명 시대에 리더는 긍정의 언어로, 승리의 언어로 말하는 사람이다. 성공한 사람들의 공통점을 보면 하나같이 긍정적이고, 적극적인 언어를 사용한다. 또한 당장 눈에 보이지 않아도 미래에는 현실로 나타날 것을 굳게 믿는다. 책임감이 강한 리더는 긍정적이고, 자신감에 차 있다. 그러나 무책임한 리더는 부정적이고 머뭇거리기를 좋아한다.

리더의 눈은 미래를 향해 있어야 한다. 그래야 긍정의 힘을 얻을 수 있다. 긍정의 언어를 이야기하는 리더만이 미래 지향적인 행동을 한다. 리더가 긍정적으로 행동한다는 것은 책임을 진다는 것이다. 그러나 책임감이 결여된 리더는 누군가 비난할 대상을 찾는 과거 지향적인 행동을 한다.

성공하는 리더는 항상 행복하다는 말, 고맙다는 말, 아름답다는 말, 좋은 말, 긍정적인 말을 한다. 사람은 자기 말에 세뇌되는 동물이다. 긍정적으로 미래를 이야기하면 그런 방향으로 움직인다. 긍정의 언어는 사고를 넓혀주고, 새로운 기회를 포착하게 하며, 가능성에 초점을 맞추도록 움직이게 한다.

말 잘하는 리더에게는 다음과 같은 8가지 비밀이 있다.

① 확실한 주제를 말한다.
② 상황에 충실하다.
③ 쉽고 재미있게 전달한다.
④ 있는 그대로 전달한다.
⑤ 긍정적으로 사고한다.
⑥ 미래에 초점을 맞춘다.
⑦ 청중에게 친근하게 다가간다.
⑧ 스토리를 가진 사람이 된다.

5번에서 보듯이 말 잘하는 리더는 '긍정적 사고'를 하고 '미래에 초점'을 맞춘다. 어떤 어려움에 처해도 리더는 긍정적인 사고로 미래를 이야기할 수 있어야 한다. 어려운 상황일수록 구성원들은 리더를 바라본다. 리더는 미래, 그리고 앞으로 다가올 일에 중점을 두고 구성원들에게 긍정의 언어로 말할 때 구성원들은 비로소 희망을 보고 리더를 신뢰한다. 리더의 긍정적 사고가 이상을 현실로 만들어낸다.

최근 롯데그룹 신동빈 회장은 "지금 당장 비즈니스 모델을 바꿔라"라는 혁신의 언어를 롯데에 주문했다. 그는 글로벌 기업과 격차를 줄이기 위해서는 성장 패러다임을 근본적으로 바꿔야 하며, 특히 4차 산업혁명 시대를 맞아 인공지능과 사물인터넷 등 새로운 기술과 롯데가 보유한 빅데이터 자산을 적극 활용해 모든 분야에서 혁신을 이뤄야 한다고 했다. 이는 미래에 초점을 맞추는 긍정적 사고를 전달하는 리더의 언어를 엿볼 수 있는 대목이다.

4차 산업혁명 시대에 리더는 긍정의 에너지를 발산하는 사람이어야 한다. 그래야 잠재되어 있는 능력이 폭발하여 긍정적인 방향으로 흘러간다. "낙관론자는 꿈이 이루어질 거라고 믿고, 비관론자는 나쁜 꿈이 이뤄질 거라고 믿는다." 마이클 J. 겔브의 말이다. 우리 주위에는 부정적 사고, 비판적 사고, 긍정적 사고를 하는 3가지 유형의 리더가 있다. 긍정적 사고를 하는 리더는 어떤 위기가 와도 이를 극복할 수 있는 일로 생각한다. 그러나 부정적 사고를 하는 리더는 어떤 일이든 자신의 능력으로 해결하기 힘든 것으로 먼저 생각하는 습성이 있다. 어떠한 난관에 부딪히더라도 리더는 더욱 긍정적 사고를 해서 구성원들에게 희망을 심어주어야 한다.

스킬6 · 마음을 움직이는 스토리 디자인

모든 것이 융합되고 경계가 사라지는 4차 산업혁명 시대는 소통의 시대라고 해도 과언이 아니다. 특히 리더는 소통에 방점을 두어야 한다. '소통이 모든 것'이라는 말이 딱 어울리는 시대가 되었다. 소통도 과거처럼 일방적인 생각을 전달하는 방식에서 구성원 간 쌍방향으로 생각을 교환하는 방식으로 바뀌고 있다. 실제 리더들은 이런 소통을 위해 많은 시간을 할애하고 그 과정에서 어려움도 겪고 있다. 리더들이 어떻게 해야 효과적으로 소통할 수 있을까?

• 왜 TED가 열풍을 일으켰나?

한때 우리나라에서 TED Technology, Entertainment, Design 가 열풍처럼 번졌다. TED의 열풍 뒤에는 소통에 대한 욕구 분출이 있었다. 우리나라의 상명하복의 조직문화에서는 볼 수 없는 TED만의 문화가 있었기 때문에 기업, 학교, 단체 등으로 확산되었다. TED는 미국의 비영리재단에서 운영하는 강연회다. 정기적으로 기술, 오락, 디자인 등과 관련된 강연회를 개최한다. 최근에는 과학에서 국제적인 이슈까지 다양한 분야와 관련된 강연회를 개최한다. 강연회에서의 강연은 18분 이내에 이루어진다. 이 강연 하나하나를 'TED TALKS'라 한다. "알릴 가치가 있는 아이디어" Ideas worth spreading 가 모토다.

이런 TED가 왜 열풍을 일으켰나? 이유는 TED는 지식뿐만 아니라 이야기 스토리를 전달하는 데 있다. 실제 국내에서도 수많은 포럼, 컨퍼런스, 세미나 등이 있었지만 대부분 사실과 정보 전달에 치중하는 수준으로 별로 호응을 얻지 못한 게 사실이다. 그러나 TED는 18분이라는 짧은 시간 안에 스토리텔링 방식으로 지식을 전달한다. 이처럼 이야기를 통해 지식이 전달되다보니 재미와 섞여 청중들의 몰입도가 매우 높은 게 사실이다.

4차 산업혁명의 시대, 리더에게는 소통역량의 중요성이 매우 강조되고 있다. TED에서 강연은 가르침이 아니라 나눔이라고 한다. 모든 사람들이 나의 이야기에 공감하기를 바라는데 TED에서는 소통을 전제로 강연한다. 이제 18분이라는 짧은 시간 안에 핵심 메시지를 효과적으로 전달하여 교감을 불러일으키는 TED 소통방식이 생존의 필수도구로 자리 잡고 있다. 학교에서 강의나 기업체에서 사업전략 보고도 TED 방식으로 진행하고 있다고 한다. 핵심은 스토리텔링이다.

4차 산업혁명 시대를 준비하는 리더는 이야기꾼이 되어야 한다. 이야기꾼이 되어야 주위에 사람이 모인다. 이야기꾼은 스토리텔링 역량에서 나온다. 어린 시절에는 심부름만 시키거나 야단치는 할머니를 좋아하지 않았다. 그러나 구수한 이야기보따리를 푸는 할머니 곁에는 항상 아이들이 모여들었던 기억이 있다. 스토리가 있는 리더가 되어야 매력이 있고 구성원을 설득할 수 있다. 리더가 스토리를 가지기 위해서는 스토리 있는 생각을 하고 스토리가 있는 삶을 살아야 한다. 그러나 리더는 바쁘다. 낮에는 데이터만 가지고 구성원에게 야단을 치고, 밤에는 술자리에 참석하고, 주말에는 골프 치는 데 시간을 다 보낸다. 스토리를 가질 시간이 없다.

스토리는 어떤 사물이나 사건, 현상에 대해 일정한 내용을 가지고 하는 말이다. 리더는 스토리를 잘 들려주어야 하는데 이것을 스토리텔링 Storytelling 이라고 한다. 스토리텔링은 상대방에게 알리고자 하는 바를 생생한 이야기에 담아 설득력 있게 전달하는 것이다. 리더의 스토리텔링은 사람들의 귀를 열고, 기억에 남기고, 행동을 이끌어낸다.

4차 산업혁명 시대에 리더는 구성원과 조직을 스토리로 만들 줄 알아야 된다. 좋은 스토리를 만드는 리더라면 조직과 구성원에 대한 따뜻한 관심과 사랑이 필요하다. 4차 산업혁명 시대에는 스토리가 있는 리더만이 살아남는다. 리더의 언어적 사고력은 자신의 주장이나 아이디어를 표현하는 스토리텔링 능력 _{말하기, 글쓰기}에 달려 있다.

• 훌륭한 스토리텔러가 되려면 어떻게 해야 하는가?

그러면 리더가 훌륭한 스토리텔러가 되려면 어떻게 해야 하는가? 체험으로 가득한 삶을 살면서 자신만의 스토리를 만들어야 한다. 그리고 가치 있는 것을 구성원들에게 제공할 수 있어야 한다. 다시 말해 자신이 최고의 이야깃거리가 되어야 한다. 자신의 스토리를 녹여낼 수 있어야 최고의 이야기꾼이 된다. 구성원들은 타인의 스토리보다 리더 자신의 스토리에 더 호감을 느낄 것이다. 또한 리더는 타인의 스토리를 녹여내는 법을 찾아야 한다. 타인의 스토리는 타인으로부터 들은 이야기를 직접 기록하거나 책, 영화 속 대사, 속담, 명언 등을 통해 찾아낸다.

리더는 이야기꾼으로 거듭나는 습관을 가져야 한다.《끌리는 말에는 스토리가 있다》의 저자 이서영은 이야기꾼으로 거듭나는 일곱 가지 습관을 다음과 같이 제시하고 있다.

① 관찰하라.

② 메모하라, 메모하라, 메모하라.

③ 자세히 묘사하라.

④ 캐릭터를 구축하라.

⑤ 상대의 현재를 읽어라.

⑥ 리허설을 체질화해라.

⑦ 녹음기를 가까이 하라.

특히 리더는 스토리가 될 만한 것들에 대해 호기심을 가지고 관찰하는 습관을 가지는 것이 중요하다. 그리고 그것을 메모해두어야 한다. 메모는 종이수첩을 이용할 수도 있고, 스마트폰의 메모 기능이나 SNS 카카오톡, 블로그, 페이스북, 트위터 등를 활용하면 언제 어디서든 쉽게 할 수 있다. 필자는 이렇게 메모된 내용을 엑셀로 검색할 수 있도록 정리하는 습관을 가지고 있다. 모든 스토리는 메모 기록에 의해 나온다. 리더의 메모 습관이 역사를 만들어 낼 것이다.

• 리더는 스토리를 어떻게 효과적으로 전달할 것인가?

자, 이제 스토리가 준비되어 있다. 그러면 리더는 이 스토리를 어떻게 효과적으로 구성원들에게 전달할 것인가? ICO Intro + Contents + Outro 구조와 마법의 숫자 '3'법칙을 활용하라. 첫째, 인트로 Intro, 오프닝 멘트를 만들어라. 오프닝 멘트는 깊은 인상으로 관심과 호기심을 끌 수 있도록 준비해야 한다. 발표할 내용과 연관된 사회적 이슈, 영화 속 명대사, 명언, 속담, 책의 문구 등을 활용해서 1분 내외를 임팩트 있게 스토리텔링을 하는 게 좋다. 발표의 성패 여부는 여기서 결정 난다.

둘째, 본론 Contents 은 마법의 숫자 '3'을 활용해 콘셉트화하라. 서론-

본론-결론, 배경-목적-전략-효과, 기-승-전-결 등 진부한 논리 전개를 과감히 걷어내라. 그리고 주제도 하나로 심플하게 하고 핵심 메시지 3개를 정의하고 주장 → 근거 → 사례를 들어 명료하게 구성해라. 각 메시지의 이름도 명료하게 하고 필요하다면 영어 이니셜텔링 Initial Telling 기법을 활용해 기억에 쉽게 남을 수 있게 하는 것도 방법이다. 예를 들어 '중국시장 진출 전략'에 대해 발표한다고 하면 이니셜텔링을 3S Segmentation, Speed, Smile 로 하는 것이다.

셋째, 마지막으로 앞에서 발표한 내용을 정리하고 핵심 메시지를 한 번 더 강조해주고, 인상 깊은 아우트로 Outro, 클로징 멘트로 마무리해라. 클로징 멘트는 오프닝 멘트와 같은 수준을 유지하되 명언, 명대사, 명문구 등을 인용하여 행동을 촉구하는 멘트를 1분 내외로 준비해라. 진솔하게 마무리하는 게 포인트다.

TED에서 발표자들은 발표 전에 다음과 같은 10가지의 규칙을 받는다고 한다.

① 연사가 가진 재능을 그저 단순하게 나열하지 말 것.

② 큰 꿈을 꾸거나, 놀랄 만한 무언가를 보여주거나, 지금껏 공개하지 않았던 새로운 무언가를 공개할 것.

③ 구체적인 스토리를 말할 것.

④ 무대 위에서 홍보나 판촉을 하지 말 것.

⑤ '웃음은 건강에 좋다'는 것을 프레젠테이션 내내 염두에 둘 것.

⑥ 연사의 호기심과 열정을 진솔하게 드러낼 것.

⑦ 다른 연사에 대한 평가는 자유롭게 할 것.

⑧ 자랑하지 말고, 약하게 보일 것. 성공만이 아닌 실패에 대해서도 언급할 것.

⑨ 대본을 읽지 말고 프레젠테이션을 할 것.

⑩ 시간을 준수할 것.

이처럼 TED식 강연이 청중을 열광시키는 이유는 스토리가 있고, 재미가 있고, 가치가 있고, 청중을 주인공으로 만들어주기 때문이다. 리더의 언어에서는 사실 데이터, 정보, 지식 등도 중요하지만 스토리가 더 중요하다. 리더는 단순 스펙 직위, 권한, 권위이 아닌 스토리가 있는 삶 업적, 경험, 체험, 깨달음을 살아야 하고 그것을 스토리화해서 구성원들과 소통할 수 있어야 한다.

"위대한 기업과 그렇지 않은 기업의 차이는 스토리가 있느냐 없느냐의 차이다"라고 마케팅 전문가 자일스 루리는 말했다. 스토리는 인류가 사용해온, 그리고 영원히 사용될 가장 효과적인 커뮤니케이션 방법론이다. 리더의 스토리가 설득력이자 해결력이다. 리더가 사실과 정보만을 이야기하는 것은 하수다. 4차 산업혁명 시대에 성공하는 리더는 사실만을 이야기하는 것이 아니라 감동을 주는 스토리를 담아 소통을 한다. 리더여, 스토리를 디자인해라! 성공하는 리더와 실패하는 리더의 차이는 스토리가 있느냐 없느냐의 차이다. 4차 산업혁명 시대에는 이야기꾼이 리더로 살아남을 것이다.

스킬7 · 읽을 것인가 말할 것인가, 생각사진 촬영법

"나는 원고를 읽거나 외우는 것이 아닌 말하기를 한다." KBS의 〈6시 내 고향〉 진행자 김재원 아나운서의 말이다. 물론 방송 프로그램 진행자에 게는 작가가 써준 원고가 있다. 그러나 그것을 그대로 읽는 진행자는 없 다. 원고는 줄거리와 흐름을 알려줄 뿐이라고 한다. 나머지는 진행자가 방송의 느낌이나 내용을 보고 말한다는 것이다. 리더는 여러 상황과 장 소에서 말할 기회가 많이 주어진다. 이때마다 리더는 읽어야 하는지 말 해야 하는지 결정해야 한다. 대중 앞에서 리더는 읽어야 할까, 말해야 할까?

읽을 것인가, 말할 것인가

언어 습득은 읽기, 듣기, 쓰기와 말하기로 이루어진다. 읽기와 듣기는 남의 생각과 지식을 받아들이는 방법이고, 쓰기와 말하기는 자신의 생각을 다른 사람에게 표현하는 방법이다. 리더는 자신의 생각이나 주장을 구성원에게 전달해서 그들을 설득하는 사람이다.

리더의 '말하기스피치'로는 여러 형태가 있다. 사전에 준비된 내용으로 다수의 대중에게 하는 연설, 강의, 프레젠테이션 등이 있다. 여러 사람이 같이 참여하는 회의, 토론, 대담, 보고, 그리고 각종 행사나 모임에서 하는 인사말, 축사, 격려사가 있으며 인터뷰, 면접, 대화 등의 말하기도 있다. 리더의 말하기는 자신에게 주어진 시간을 이용해 구성원을 상대로 설득하고 납득시키는 일이다. 이처럼 리더에게는 말해야 하는 장소와 시간들이 많다. 대통령이나 정치가, 고위공무원 또는 기업체 CEO들은 말할 때 원고를 읽는 경우가 많다. 정치 지도자, 정부 고위관료, 기업체 CEO 등 리더들이 원고를 보고 읽는 경우가 많은데 이는 대중 앞에서 자기 생각을 말로 한다는 것이 쉽지 않기도 하지만 즉흥적 발언이나 말실수, 실언을 방지하기 위한 목적이 크다. 그러나 리더가 연설할 때 원고를 읽는 것은 한계가 있다.

그러면 읽기와 말하기의 차이점은 무엇인가? 읽기는 다른 사람이 써놓은 글을 읽는 것으로써 감정이 없다. 즉, 다른 사람의 생각과 감정을 이해하기 위한 것이다. 반면에 말하기는 나만의 생각을 직접 표현하는 것으로 그것에는 감정이 실려 있다. 다시 말해 나의 사상과 감정을 다른 사람에게 이해시키기 위한 것이다. 리더가 구성원들 앞에서 연설할 때 원고를 읽기만 한다면 그들은 리더에게 자기 생각이나 감정이 없다고 생각한다. 리더가 원고를 보지 않고 말하지 못한다면, 더욱이 리더 자신이 직접 원고를 쓰지 못한다면 대중 앞에서 말하기는 어렵다.

4차 산업혁명 시대에 성공하는 리더는 주어진 원고를 읽기보다 대화하듯 말하는 사람들이다. 원고를 읽는 것은 메시지도, 감정 전달도 어렵다. 원고를 읽으면 시선이 원고로 간다. 읽는 언어로는 제대로 소통할 수가 없다. 리더가 원고를 보지 않고 말을 하지 못한다는 것은 생각이 없다는 것과 같다. 자신의 생각이 없는 리더는 끔찍하다. 심지어 리더가 질문조차도 보고 읽는 경우가 있다. 또한 정부나 기업의 다른 리더를 만나서 할 대화를 부하 직원에게 써달라고 하는 리더도 있다.

리더가 말을 하는 형태는 다음과 같이 크게 3가지다.

① 원고를 보고 읽는다.
② 원고를 통째로 암기해서 말한다.
③ 원고를 만들고 발표^{연설}할 때는 대화체로 말한다.

지금 당신은 어떤 형태로 말하는가? 리더는 자신의 생각을 말로 표현해서 조직을 이끌어가는 사람이다. 당신이 진정한 리더로 성장하고 싶다면, 구성원에게 감정을 전달하고 소통하고 싶다면 원고를 읽지 마라. 또한 원고를 암기해서 말하지 마라. 원고를 암기하는 것은 드라마에 나오는 연기자들이나 하는 것이다.

그러면 리더가 어떻게 원고를 보지 않고 또한 암기하지 않고 대화체로 자연스럽게 대중 앞에서 말할 수 있는가? 그것은 '생각사진 촬영법'을 활용하면 된다. 생각사진 촬영법은 필자가 직장 생활을 하면서 수많은 프레젠테이션에서 사용했던 원고 없이 말하는 방법이다. 생각사진 촬영법은 사물을 카메라 렌즈를 통해 사진을 찍듯이 생각을 생각의 창을 통해 사진을 찍어 머릿속에 저장하는 개념이다. 그리고 발표할 때 머릿속에 있는 사진을 하나씩 돌려 보면서 대화하듯이 말하는 것이다. 이 방식을 사용했을 때 실제 작성된 원고와 거의 유사하게 말할 수 있었다.

생각사진 촬영은 어떻게 하는가?

생각사진 촬영은 어떻게 하는가? 첫 번째 단계는 스스로 생각하기다. 말을 잘한다는 것은 잘 생각하는 것이다. 생각이 없으면 말할 수가 없다. 리더의 말에는 해야 할 이야기, 하고 싶은 이야기, 구성원이 듣고 싶은 이야기가 있다. 이런 이야깃거리들을 평소에 관심을 갖고 스스로 생각하는 일이 필요하다. 그리고 하고 싶은 주제에 대해 할 말을 준비한다. 이런 생각 조각 모임을 잘 모아두는 것이 중요하다.

두 번째 단계는 생각 쓰기다. 생각을 원고로 만드는 과정이다. 말은 기교에서 나오지 않는다. 내용에 진심을 담아 말을 하는 것이 필요하다. 리더가 자신이 해야 할 말을 원고로 쓰지 못하는 사람이 의외로 많다. 그러다보니 발표할 원고를 부하 직원에게 맡긴다. 만약 부하 직원이 원고를 쓴다면 그건 리더의 생각이 아니라 부하 직원의 생각이다. 이런 리더는 평소에 읽고 듣기만 했기 때문에 원고를 쓸 수 없는 것이다. 원고를 쓸 수 없는 리더는 생각사진을 찍을 수가 없고, 말을 잘할 수 없다. 리더가 생각을 잘 쓰기 위해서는 리더만의 말의 패턴, 말의 체體 그리고 말의 표현방법을 별도로 정리해둘 필요가 있다.

말의 패턴은 리더가 사용하는 언어 성향이다. 모든 리더는 자신이 잘 사용하는 문장 패턴들이 있다. 그 패턴을 잘 모아서 발표할 때 반복적으로 사용하는 개념이다. 말의 체는 말의 논리 구조를 말하는 것으로 주장 → 근거 제시 → 사례의 두괄식 방법을 사용하는 것이 좋다. 특히 말하고자 하는 주제 선정을 적절하게 하고 논점을 좁히는 것도 말하는 데 도움을 준다. 논점이 너무 넓으면 말을 잘할 수 없다.

세 번째 단계는 생각사진 촬영하기다. 다시 말해 원고를 문장이 아닌 이미지로 기억하는 단계다. 생각을 콘셉트화하고, 이미지화하면 생각사진을 찍을 수 있다. 생각을 콘셉트화하고 이미지화한다는 것의 핵심은 말이 짧고 심플하다는 것이다. 말이 복잡하면 듣는 사람도 어렵다. 심플해야 기억에 오래 남는다. 심플해야 생각사진을 찍을 수 있다. 리더의 말은 심플해야 한다.

Don't give up. 포기하지 마라.

Never give up. 절대 포기하지 마라.

Don't you ever and ever give up. 절대, 절대 포기하지 마라.

영국의 위대한 정치가 윈스턴 처칠이 한 대학에서 행한 졸업식 연설문이다. 단 3마디 문장이었다. 학생들은 박수를 보내기 시작했고, 그 소리는 점점 커져 모두가 일어서서 박수를 보냈다. 심지어 어떤 학생들은 울기도 했다고 한다. 이처럼 리더의 말은 짧고 심플해야 감동을 주고 빛이 난다. 생각사진 촬영법 단계는 다음과 같다.

Step 1. 스스로 생각하기
○ 사람과 사물에 대해 관심이 많다. _{관찰력}
○ 생각이 많다. _{스스로 생각할 수 있다.}
○ 어떤 주제에 대해서도 생각과 할 말이 준비되어 있다.
○ 모든 사안에 대해 자신의 주장과 견해가 있다.

Step 2. 스스로 생각 쓰기
○ 말의 패턴
○ 말의 체體
○ 말의 표현

Step 3. 생각 촬영하기
○ 생각의 스토리화
○ 생각의 콘셉트화
○ 생각의 이미지화

이렇게 생각사진을 찍으면 리더는 말할 때 영화 필름을 돌려 보듯이 말할 내용을 대화체로 자연스럽게 말할 수 있다. 원고를 읽는 리더에게서는 그가 무슨 생각을 하고 무슨 일을 하려는지 알 수 없다. 원고를 읽지 않고 대화체로 말하는 리더가 진정한 리더다. 리더의 말은 리더의 모든 것을 말해주기 때문이다.

4차 산업혁명 시대에 리더의 가장 큰 무기는 '말하기'가 될 것이다. 리더의 능력은 말을 통해 표출된다고 한다. 노무현 대통령은 "독재자는 힘으로 통치하고 민주주의자는 말로써 정치를 한다"라고 했다. 리더가 원고를 읽지 않고 '말한다'는 것은 생각과 철학이 담겨 있다는 것이다. 진정한 리더의 힘은 '말하기'의 힘에서 나온다. 리더는 원고를 읽는 사람이 아니라 원고를 말하는 사람이다. 원고를 읽는 리더는 자기 생각과 철학을 제대로 이야기할 수 없다. 무엇보다 자신의 생각이 담기지 않은 원고를 그냥 읽는 사람에게는 리더의 자질이 없다. 스스로 말할 원고를 쓰고, 그 원고를 보지 않고 말할 수 있는 사람이 4차 산업혁명 시대의 진정한 리더다.

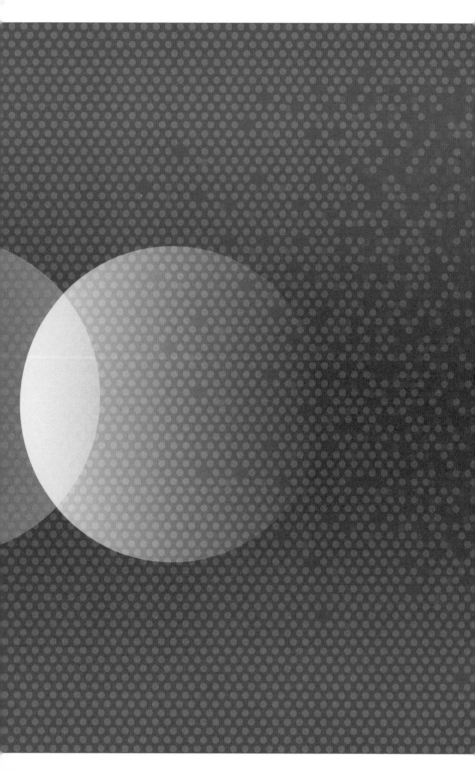

3

4차 산업혁명 시대, 비전의 언어
— 리더가 그리는 비전이 미래다

THE LANGUAGE OF THE
4TH INDUSTRIAL
REVOLUTION

리더가 그리는
비전이 미래

'일본의 자존심'으로 불렸던 도시바가 기업 존속을 걱정할 정도로 궁지에 몰렸다. 2016년 4~12월 실적을 발표했는데 5,325억 엔^{약 5조 5,600억} ^원 영업적자, 2,256억 엔^{약 2조 3,500억 원} 자본잠식이 발생해 시장은 충격을 받았다. 일본 언론은 '경영인 내 파벌주의', '노선 수정 없는 경직성', '상명하복 문화', '정경유착의 지름길 추구', '자기최면에 빠져 치유의 기회를 놓친 점'을 도시바의 5대 실패 원인으로 꼽고 있다. 이것은 리더가 비전을 제대로 그리지 못했기 때문에 닥칠 수밖에 없는 위기라고 볼 수 있다. 비전을 가진 기업과 가지지 못한 기업은 추구하는 방향과 실행의 속도가 다르다. 조직이 위험에 빠지는 원인에는 비전을 제시하지 못하는 리더가 있다.

세계경제포럼 회장인 클라우스 슈밥은 "4차 산업혁명으로 인한 세상의 변화가 우리도 느끼지 못하는 사이에 이미 불현듯 시작됐다"고 말했다. 이는 미래 예측이 더욱 불투명해지고 있다는 얘기다. 따라서 4차 산업혁명 시대에는 안목 있는 비전을 제시하는 리더가 필요하다.

구성원에게 비전이란 무엇인가? 비전은 조직이 추구하는 미래에 대한 언어적 그림이다. 비전은 조직의 바람직한 미래상을 표현한 것으로, 미래에 어떠한 조직이 되고 싶은가를 나타낸 조직 구성원의 소망이다. 비전을 가진 조직과 없는 조직의 차이는 이상을 품고 삶에서 이를 추구하는 사람과 아무런 생각 없이 사는 사람의 차이와 같다. 비전은 구성원들과의 끊임없는 커뮤니케이션이다. 리더는 비전의 언어로 구성원들과 수시로 이야기를 해야 한다. 리더는 비전의 언어로 평가받는 사람이다.

조직의 비전을 만들 때 담아야 할 3가지 원칙

4차 산업혁명 시대에 리더에게는 조직의 비전을 만들 때 담아야 할 3가지 원칙이 있다. 첫째, 조직의 존재이유를 비전에 담아야 한다. 리더는 조직의 존재이유에 대해서 답할 비전의 언어가 준비되어 있어야 한다. "무엇과도 바꿀 수 없는 존재가 되려면 늘 달라야 한다." In order to be irreplaceable one must always be different 미국 시사주간지 〈타임〉이 선정한 '20세기를 이끈 가장 영향력 있는 여성 25인'의 한 사람인 코코 샤넬이 남긴 말이다. 오늘날 샤넬의 성공비결은 누구와도 같지 않은 '다름'이었다고 한다. 치열한 경쟁 환경에서 살아남기 위해서 샤넬은 "왜 우리가 존재하는가?"의 질문으로부터 출발해 '다름'을 추구했다.

리더가 조직의 미래를 위해 꿈을 제시하고 활력을 불어넣기 위해서는 "왜 우리가 존재하는가?"의 질문을 통해 '다름'을 분명히 해야 한다. 조직이 왜 존재하는가에 대한 답변은 전략, 운영, 인사, 마케팅 등 조직 전반의 프로세스를 거쳐 비전에 담겨 구성원에게 전해진다. 구성원은 리더가 그리는 비전을 체감하면서 조직의 존재이유를 깨닫는다. 리더는 비전의 언어를 수립할 때 다음의 질문을 끝없이 해야 한다.

○ 우리는 무엇을 위해 존재하는가?
○ 우리는 왜 존재하는가?
○ 우리의 존재이유는 무엇인가?
○ 우리는 무엇을 하기 위해서 존재하는가?
○ 우리는 누구를 위해서 존재하는가?

둘째, 조직의 성장방향을 담아야 한다. 리더는 시계보다 나침판을 보는 사람이다. 리더는 구성원에게 빨리 가라고 재촉하기보다 방향을 정확하게 설정해주는 것이 중요하다. 리더는 비전을 제시해야 한다. 비전이란 목표를 공유하는 것이다. 목표를 공유하는 조직이 강한 조직이다. 기러기가 멀리 갈 수 있는 것은 함께 날아가기 때문이다. 리더가 방향을 정하고, 앞장서 나가면 구성원들은 뒤에서 응원의 소리를 내며 힘을 보태게 된다. 비전에 조직의 성장방향을 담아내는 리더가 조직을 살린다.

셋째, 조직의 경쟁우위 원칙이 무엇인지 정의해야 한다. 경쟁우위란 특정 기업이 제공하는 제품이나 서비스가 시장에서 우선적으로 선택될 수 있도록 하는 능력, 즉 경쟁에서 승리할 수 있는 힘을 의미한다. 리더의 비전에는 조직역량을 키워 경쟁우위를 갖도록 하는 책무가 포함된다. 구성원들이 경쟁우위를 갖도록 비전 제시와 역량을 개발할 수 있도록 끊임없는 지원을 해야 한다. 리더는 비전의 언어를 만들 때 경쟁우위의 원칙을 구체적으로 제시해야 한다.

마이클 포터는 기업이 경쟁우위를 갖기 위한 '차별화 전략', '비용우위 전략', '집중 전략'의 3가지를 말했다. 차별화 전략은 자사의 제품을 차별화하고 업계 내에서도 특이하다고 보이는 무언가를 창조하고자 하는 전략이다. 그리고 그 특이성이 고객에게 가치로 인식되어야 한다. 차별화를 위한 방법으로는 여러 가지 형태가 있다. 브랜드 이미지에 의한 차별화, 기술에 의한 차별화, 제품 성능, 디자인에 의한 차별화, 고객서비스에 의한 차별화, 판매채널에 의한 차별화 등이 있다.

비용우위 전략의 기본적 사고방식은 낮은 비용이다. 낮은 비용은 경쟁우위의 중요한 원천 중 하나다. 비용우위 전략에서는 '경쟁자보다도 낮은 비용을 실현한다'는 것이 기본이 된다. 물론 낮은 비용이라고 해서 품질이나 서비스와는 상관없다는 것이 아니지만 기본적으로 비용을 중심으로 경쟁우위를 확립한다. 집중 전략은 특정 고객층, 특정 제품, 특정 지역시장 등 한정된 영역으로 기업의 경영자원을 집중하는 전략이다.

리더가 성공적으로 조직을 이끌기 위해서는 구성원의 바람과 열망을 담고, 달성할 수 있으며, 신뢰할 수 있는 비전을 만들어야 한다. 특히 리더는 현재 자기 조직의 특성을 파악하고 비전에 맞는 조직의 경쟁우위 원칙을 제시해주는 것이 중요하다.

• 비전의 언어를 그리는 사람이 리더가 된다

글로벌 브랜드 컨설팅 전문업체 인터브랜드가 발표한 2016년 '글로벌 100대 브랜드' 평가에서 삼성전자는 518억 800만 달러 ^{한화 약 57조 7348억 원}의 브랜드 가치를 기록하며 7위를 차지했다. 2000년 52억 2,300만 달러 ^{43위}의 브랜드 가치로 100대 브랜드에 진입한 이래 10배 가까이 성장했다. 이렇게 성장한 배경에는 삼성전자의 비전 언어가 있었다. 삼성전자는 2009년 10월 창립 40주년을 맞아 비전 2020을 발표했다.

"창조적 혁신을 바탕으로 새로운 경험과 가치를 제공해 인류의 삶을 이롭게 한다는 목표 달성을 위한 '비전 2020', '미래 사회에 대한 영감, 새로운 미래 창조' Inspire the World, Create the Future "

또한 삼성은 "2020년까지 매출 4,000억 달러로 IT 업계 압도적 1위, 글로벌 5대 브랜드, 존경받는 기업 세계 10위"를 목표로 정하고 '비전 2020' 3대 전략을 발표했으며 그 비전에 따라 글로벌 톱 7 기업으로 성장했다. 이렇게 성장하기까지는 이건희라는 리더의 비전의 언어가 있었다. 삼성전자가 발표한 비전에는 신기술과 혁신적인 제품, 창조적인 솔루션을 통해 미래 사회에 대한 영감을 불어넣고, 고객과 사회, 임직원이 새로운 가치를 도모해 궁극적으로 인류사회의 번영을 가져오는 새로운 미래를 창조하자는 의미를 내포하고 있다.

당시 삼성전자를 이끄는 리더인 이윤우 부회장은 창립 40주년 기념사를 통해 "창립 40주년을 맞아 지난 40년간 이룩한 성공을 넘어 '초일류 100년 기업'을 향한 창조적 도전을 시작하고자 한다"며 "일류 기업을 넘어 글로벌 초일류 기업이 되기 위해서는 기존 틀 내에서의 이노베이션 단계를 넘어 고객의 새로운 가치를 창조하는 개척자가 되어야 하며, 우리만의 차별화된 제품과 독창적인 밸류체인을 구축해 산업의 변화를 주도해나가자"고 비전의 언어를 선언했다.

이 비전에는 삼성 조직의 존재이유, 조직의 성장방향, 조직의 경쟁우위 원칙이 무엇인지 담겨 있다. 특히 이건희 회장은 "앞으로 10년 내에 삼성을 대표하는 사업과 제품은 대부분 사라질 것이다. 다시 시작해야 한다. 머뭇거릴 시간이 없다. 앞만 보고 가자"라고 끊임없이 비전의 언어로 조직원을 설득했다. 이건희라는 리더의 비전의 언어가 없었다면 삼성은 글로벌 기업으로 성장할 수 없었을 것이다.

서울에 있는 이화여고 3학년 교실에 재미난 급훈이 걸렸다고 한다. "스스로 깨면 병아리, 남이 깨면 프라이." 재미난 급훈이지만 이 한 문장은 많은 시사점을 던져주고 있다. 급훈은 리더인 담임교사와 학생들이 공동으로 의견을 모아 작업하게 된다. 1년 동안 학교생활을 하면서 매일 보며 마음을 다지는 비전 선언문과 같은 것이다. 3학년 고등학생들은 대학입시 준비로 지옥과 같은 생활을 한다. 오직 대학 진학을 위해 공부하는 데 청춘의 시간을 보낸다. 이들은 성공의 길 또는 실패의 길인 대학입학 관문의 기로에 서 있는 것이다. 스스로 깨어나면 병아리로 태어나 새로운 삶을 살지만, 남이 깨면 한 사람의 먹잇감인 프라이로 사라지게 된다는 의미다. 이런 단순한 급훈에도 학급의 존재이유, 학급의 성장방향, 학급의 경쟁우위 원칙이 담겨 있다.

한 기업 또는 국가가 성장하느냐 아니면 그렇지 못하냐는 리더에게 달려 있다. 리더의 시선은 미래를 향해 있어야 한다. 4차 산업혁명 시대에 리더가 되고 싶어 하는 사람들은 비전의 언어를 그릴 수 있어야 한다. 리더들은 미래를 그리는 사람보다 단기적인 성과에 매달려 현재에 머물러 있는 사람들이 많다. 피터 드러커는 "변화의 시대에 가장 위험한 것은 어제의 논리로 변화에 대응하는 것"이라고 말했다. 낯선 미래는 항상 생각보다 우리 곁에 빨리 온다. 4차 산업혁명 시대에 비전의 언어는 리더가 직접 그려야 한다. 비전의 언어를 그리는 사람이 리더가 되는 시대다. 리더가 그리는 비전이 국가든 기업이든 그 조직의 미래이기 때문이다. 그리고 리더는 비전의 언어를 구성원들에게 새처럼 재잘거려야 한다.

'신념'은 비전이
가져다준 선물

"진정한 리더의 마지막 자질은 그가 다른 사람에게 신념을 남기고 떠날 수 있느냐에 달려 있다" The final test of a leader is that he leaves behind him in other men the conviction and the will to carry on 라고 월터 리프만은 말한다. 리더에게 신념이 중요함을 강조하는 말이다.

서울대학교 미래연구위원회는 "4차 산업혁명의 영향력은 개인 일상 생활에서부터 전 세계의 기술, 산업, 경제 및 사회 구조를 뒤바꿔놓을 만큼 거대할 것"이라며 "새로운 기술의 등장과 기술적 혁신속도가 점차 가속화됨에 따라 긍정적인 변화뿐만 아니라 부정적인 문제가 확대될 것"이라고 말했다. 만약 우리가 이런 변화에 제대로 대응하지 못하면 위기에 처할 수도 있다는 것이다. 4차 산업혁명이 몰고 올 위기상황을 이겨내기 위해서는 강력한 신념을 가진 리더가 필요하다. 이렇게 중요한 리더의 신념은 어디서 나오는가?

리더의 신념은 리더가 그리는 비전에서 나온다. 리더가 무엇인가를 믿고, 그것이 어떤 억압에도 말하는 바와 행동하는 바가 다름이 없을 때 신념이라 한다. 신념이란 보지 못한 것을 믿는 것이며, 그 신념에 대한 보상은 믿었던 것을 보게 되는 것이다. 리더가 신념이 약한 것은 명확한 비전을 갖고 있지 않기 때문이다. 리더의 가장 중요한 역할은 조직이 나아가야 할 비전을 제시하는 것이다. 그러나 자신이 속한 조직의 비전에 대해 자신 있게 말하는 리더는 많지 않다. 대부분의 리더는 비전의 의미나 중요성을 알면서도, 자신이 속한 조직의 비전이 명확하지 않거나 미래에 대한 방향성을 설정하기 어려워 구체적인 비전을 제시하지 못하기 때문이다. 비전이 구체적이지 않으면 리더는 강한 신념을 가질 수 없다.

• 리더에게 신념이 왜 중요한가?

그러면 리더에게 신념이 왜 중요한가? 조직의 성공과 실패는 리더가 가진 신념에 의해 결정되기 때문이다. 신념이 강하면 한계도 뛰어넘는다. 신념을 가지고 도전하면 못할 일이 없다. 성공과 꿈을 이루는 것은 신념의 힘이다. 강한 신념이 성공을 부른다. 버락 오바마 미국 대통령은 "신념이란 자기가 가지고 있는 무엇을 뜻하는 것이 아니라, 신념은 실천하는 무엇이다"라고 했다. 신념을 가진 리더만이 실천할 수 있고 실천이 있어야 성공의 결과를 만들어낸다.

신념을 가진 리더만이 어떤 상황에서도 항상 자신감과 확신에 넘치는 행동으로 구성원을 이끌 수 있다. 리더가 신념에 찬 모습을 보여줄 때 구성원들이 따르게 된다. 이순신 장군이 명량해전에서 단 12척의 배로 133척의 왜선을 물리쳐 승리한 것도 그의 신념 즉, 강렬한 의지와 확신에 찬 행동에 따른 것이다. 이처럼 리더의 신념은 어려운 고비에서도 구성원들의 마음을 휘어잡아 최대한의 능력을 발휘할 수 있게 한다. 리더의 강력한 신념이 조직의 미래를 만들어낸다.

좋은 리더와 나쁜 리더의 차이는 신념의 차이다. 나쁜 리더는 누가 옳은가를 신경 쓰고, 좋은 리더는 무엇이 옳은가를 신경 쓴다. 여러분이 리더로서 일을 하다보면 구성원 또는 이해관계자들과 많은 의견 충돌이 발생할 것이다. 많은 난관에도 부딪힐 것이다. 이럴 때 리더는 외로운 상황에서 현명한 판단을 해야 한다. 물론 다양한 의견을 들어야 한다. 신념이 없는 리더는 어떤 의견인지 듣기 전에 누구의 의견인지 확인하고 그 사람과의 이해관계를 따지고 사회적 관계를 계산한다. 그러나 신념에 찬 리더는 누구의 의견이 아니라 무엇에 관한 의견인지 따진다. 즉, 신념이 있는 리더는 자신의 신념을 지키기 위해 의사결정을 하지, 그 안에 있는 이익을 위해 의사결정을 하지 않는다.

• 리더에게 신념은 어떻게 만들어질까?

리더가 신념을 갖는다는 것은 너무나도 중요하다. 신념이 없는 리더가 조직을 이끌어간다면 조직이 무책임과 자신감 상실로 우왕좌왕할 수 있다. 그러면 리더에게 신념은 어떻게 만들어질까? 신념은 누구에게나 만들어진다. 신념이 만들어지는 원천은 첫째, 리더는 자신이 속한 조직의 관습이나 규칙 속에서 살면서 느끼는 주변환경에 의해 만들어진다. 둘째, 리더의 신념은 조직생활을 해가면서 겪는 크고 작은 여러 종류의 경험을 통해 만들어진다. 셋째, 지식의 습득에 의해 신념이 만들어지기도 한다. 여기서 말하는 지식은 교육이나 견문을 통해 두루 익히게 되는 광범위한 지식을 의미한다. 어떤 가정교육을 받았고, 어떤 정규교육을 받았으며, 어떤 책을 읽었느냐에 따라 리더마다 신념체계가 달라진다. 넷째, 과거에 어떤 결과를 얻은 적이 있느냐에 따라 그 리더의 신념이 다르게 형성된다. 지난 세월 동안 실패의 결과가 있다면 그 리더의 머릿속에는 실패의 신념이 자리하고 있을 것이고, 성공했다면 성공의 신념이 자리 잡고 있을 것이다.

리더의 경우는 위에서 제시한 4가지를 포함해 조직의 비전 작업을 통해 신념을 만들어내야 한다. 조직의 비전이란 미래의 특정 시점에 리더가 원하는, 조직의 바람직스러운 모습이다. 비전은 꿈을 제시해주고, 등대처럼 방향을 잡아주는 길라잡이 역할을 하는 것이다. 또한 비전은 사물과 현상의 본질을 꿰뚫어볼 수 있는 통찰력이다. 비전은 조직의 미래에 대한 명확한 그림을 그리는 작업으로, 리더는 조직의 이념과 핵심 가치, 목표에 대한 인식을 기반으로 구성원들이 보지 못하는 것을 보고 불가능해 보이는 목표를 상정하며 꿈을 그린다. 이 과정에서 리더에게 신념이 만들어진다.

한편 리더의 신념에는 좋은 신념과 나쁜 신념이 있다. 어떤 일에 성공할 수 있다는 긍정적인 신념과 성공할 수 없고 능력이 없다고 믿는 부정적인 신념이다. 앞에서 말한 것처럼 저절로 만들어지거나 지식을 통해 만들어진 신념은 보편적 리더의 신념으로 적합하지 않을 수도 있다. 왜냐하면 편협한 의견을 가질 수 있기 때문이다. 이를 극복하기 위해서는 리더는 비전을 그리는 작업을 통해 보편적인 신념을 형성할 수 있어야 한다.

철강은 산업의 쌀입니다

4차 산업혁명 시대에 리더는 신념의 언어로 구성원을 이끌어가야 한다. 강한 신념의 언어가 큰 성공을 부른다. 신념의 언어로 포항제철^{포스코}을 글로벌 철강기업으로 키운 박태준 회장이 대표적인 신념의 리더다. 포스코가 글로벌 철강기업으로 성장할 수 있도록 기반을 닦고, 대한민국을 철강국가로 이끈 우리시대의 철강왕 박태준 회장. '철'처럼 강인하고 '용광로'처럼 뜨거웠던 그의 삶, 그리고 조국 근대화를 향한 간절했던 의지는 신념의 결과물이었다.

박태준 회장부터 이어져온 '세계 최고'를 향한 일류주의, 그리고 한계를 뛰어넘는 도전정신으로 포스코는 '무無에서 유有'를 창조하며 대한민국 철강산업을 이끌어왔다. 항상 치열하고 열정적이었던 박태준 회장의 삶과 창업 철학은 반추에 반추를 거듭할 만큼 포스코의 핵심 경영철학으로 포스코인의 가슴속에 새겨져 있다.

이런 성공을 거둔 이면에 박태준이라는 리더에게 신념의 언어가 있었다. 다음과 같은 명언인 신념의 언어로 구성원들과 간절하게 소통했던 것이다.

"창업 이래 지금까지 제철보국製鐵報國이라는 생각을 잠시도 잊은 적이 없습니다. 철강은 산업의 쌀입니다. 쌀이 성장의 근원이듯, 철은 모든 산업의 기초 소재입니다. 따라서 양질의 철을 값싸게 대량으로 생산하여 국부를 증대시키고 국민생활을 윤택하게 하며 복지사회 건설에 이바지하자는 것이 곧 제철보국입니다. 우리는 국민과 인류에게 복락福樂을 줄 수 있는 제철산업에 종사하고 있다는 것을 무궁한 영광으로 생각해야 합니다." 1978년 3월 28일 연수원 특강 중에서

"우리가 이 땅에 태어난 것 자체가 큰 인연입니다. 따라서 우리가 속해 있는 국가와 민족에게 의무감을 갖는 것은 당연한 일입니다. 제철산업은 일으켜야 한다는 국민적 염원과 절박한 시대적 요청 앞에서 일관제철소 건설이라는 국가적 과업을 맡게 됐을 때, 나는 이것이야말로 참으로 큰 인연이요 회피할 수 없는 생의 사명이라고 느꼈습니다." 1993년 4월 27일 사보 〈쇳물〉 기자와의 대담 중에서

박태준은 자신을 믿고 꿈을 이루기 위해 노력하는 마음의 힘인 신념으로, 간절히 원하면 언젠가는 이루어진다는 믿음으로 포항제철의 성

공을 이끌어낸 인물이다.

　이처럼 리더의 신념이 주는 영향력은 매우 크다. 4차 산업혁명 시대를 준비하는 리더는 지금 우리는 어디에 서 있고, 어디로 가야 하는가 하는 근원적인 질문에 답해야 하는 소명의식과 강한 신념을 가져야 한다. 리더는 종종 어려운 환경이나 비관적 상황에 놓일 때가 있다. 이럴 경우 구성원들은 포기하거나 길을 잃고 헤매게 된다. 이럴 때일수록 리더는 신념을 버리지 않고 낙관적인 열정을 가지고 구성원들에게 가능성을 불어넣어 주어야 한다. 리더의 강한 신념만이 구성원들로부터 열정을 끌어낼 수 있다. 적어도 리더는 자신의 신념으로 구성원을 가슴 뛰게 할 수 있어야 한다. 구성원들을 흥분시킬 수 있는 신념은 비전을 가진 리더에게서 나온다. 비전은 강한 신념을 만들어주는 도구다.

'시계'가 아니라
'나침판'을 보라

대기업에서 리더인 임원이 될 확률이 1,000명 중 7명이라고 한다. 업계에선 바늘구멍을 통과한 그들을 '별'이라고 부른다. 대기업 임원이 되면 2억~3억 원의 연봉을 받게 된다. 임원부터는 업무를 볼 수 있는 별도의 개인공간이 주어진다. 준대형급 승용차가 나오고 개인비서도 생긴다. 해외출장 시 비즈니스 좌석과 회사에서 보유한 골프장 회원권도 이용할 수 있다. 이런 혜택을 누리는 임원의 자리에 오르는 사람과 그렇지 못한 사람의 차이는 무엇일까?

리더의 자리에 오르는 사람은 리더십 역량을 가진 사람들이다. 그러면 리더십의 핵심은 무엇이고, 리더십은 선천적으로 타고나는 것인가? 일반적으로 사람들은 리더십은 선천적으로 가지고 태어난다고 생각한다. 논란의 여지가 있겠지만 리더십을 선천적으로 가지고 태어난 사람도 있을 것이다. 그러나 리더십은 주어진 환경과 자신의 노력 여하에 따라 만들어진다. 핵심은 평상시 일을 할 때 관리자의 마인드로 생각을 하느냐, 아니면 리더의 마인드로 생각을 하느냐의 차이다.

리더가 되려는 사람은 속도가 아니라 방향에 방점을 둔다

그러면 관리자와 리더의 차이는 무엇인가? 관리자는 시계를 시간의 관점에서 접근한다. 다시 말해 주어진 과업을 목표 시간 내에 완수하는 일에 포커스를 두는 사람들이다. 그러나 리더는 시간보다는 나침판의 관점에서 접근한다. 나침판은 방향을 가지는 것이며, 이 관점에서 접근하는 리더는 당장 벌어지는 과업보다는 비전, 가치, 사명, 방향 등에 시선을 두고 접근하는 습성이 있다. 리더가 구성원들의 미래 비전을 설정하고 변화의 방향을 제시한다면 관리자는 주어진 목표 달성을 위해 인적자원을 동원하고 관리·통제하는 역할을 한다.

2016년 1월 다보스포럼에서 4차 산업혁명이 경제, 사회, 인류의 행동양식에 초래하는 변화에 대해 논의했다. 4차 산업혁명에서는 물리적·생물학적 경계가 없어지면서 기술이 융합되는 것이 핵심 목표로 부각되었다. 인류는 4차산업 혁명을 단기간에 끝나는 흐름이 아니라 장기적으로 경제, 사회, 문화 등 우리의 삶 전반에 걸쳐 광범위하게 변화를 가져오는 폭넓은 현상으로 받아들여야 한다고 했다. 이런 현상 속에서 리더의 역할은 더욱 중요하게 된다. 4차 산업혁명 시대에는 그 누구도 예측할 수 없는 일이 다양한 공간에서 벌어지기 때문에 이 흐름을 빠르게 읽을 수 있는 눈^{방향성}이 리더에게 필요한 것이다.

4차 산업혁명 시대에 리더가 되려는 사람은 속도가 아닌 방향에 방점을 두어야 한다. 비슷한 역량의 조직과 구성원을 가지고도 어떤 조직은 발전해가는데 어떤 조직은 퇴보하는 경우를 흔히 본다. 퇴보하는 조직이 되는 원인은 리더에게 있다. 리더가 관리자 마인드로 조직을 운영하기 때문이다. 관리자 마인드로 조직을 이끌어간다면 조직 구성원들의 노력에 비해 성과도 작고, 조직이 열정을 잃어간다. 관리자 마인드를 가진 리더를 둔 구성원들에게는 불행이다.

리더가 하는 일은 조직의 나아가야 할 방향을 명확히 하는 것이다. 리더는 조직의 방향성을 설정하고 구성원들과 커뮤니케이션을 할 수 있는 미션^{Mission}, 비전^{Vision}, 가치^{Value}에 대한 방향성을 제시하는 것을 가장 먼저 해야 한다. 리더는 비전을 반복적으로 노래하는 사람이다. 그리고 리더는 방향을 설정하고 목표를 수립하는 과정에서 반드시 모든 조직 구성원의 참여를 이끌어내야 한다. 그래야만 구성원들이 공감하는 실행력이 뒷받침되고 탁월한 성과를 창출해내게 된다.

"리더십이 미래의 비전을 제시하고 방향을 설정하는 일이라면, 경영관리는 리더가 제시한 비전과 방향에 따라 계획하고 실행하는 일이다"라고 하버드대의 존 코터^{John P. Kotter} 교수는 리더십과 경영관리의 차이를 이야기하고 있다. 이것은 리더와 관리자의 역할이 모두 조직의 성공과 직결되지만 목적은 다르다는 것을 의미한다. 대기업에서도 많은 관리자가 리더^{임원}의 자리로 승진하지만 실제 리더로서 성공적으로 제 역할을 하는 사람은 많지 않다. 임원을 달고 2~3년 후에 회사를 떠난다. 이유는 자신의 시계를 방향이 아닌 시간에 초점을 맞추어 조직을 이끌기 때문이다.

몇 년 전 사업개발책임자^{BDM: Business Development Manager}로 중국 광동성 포산^{Foshan, 佛山} 시에 있는 종합 가전업체인 메이디^{美的, Midea}와 비즈니스를 할 때였다. 메이디는 냉장고, 세탁기, 에어컨 등 주로 백색가전을 생산하는 업체로 중국에서 하이얼과 쌍벽을 이루는 회사다. 메이디는 글로벌 업체로 도약하기 위해 경영혁신^{PI: Process Innovation}을 추진 중이었다. 이를 위해 삼성SDS에 혁신을 위한 제안을 요청해왔다.

"메이디는 삼성의 규모에 한참 못 미치고 있다. 메이디는 삼성이 추구하는 가치와 차이가 있으나 삼성의 발전 역사 단계별로 그 배경과 함께 프로세스 – IT에 대한 투자와 그 투자 배경 등이 알고 싶다." 이것이 중국 메이디의 관심사항이었다. 그들이 요구하는 것의 핵심은 '방향'에 관한 것이었다. 다시 말해 그들이 글로벌 기업으로 성장하기 위해서는 어떤 비전을 만들고 어떤 방향으로 혁신해야 하는지를 알고 싶은 것이었다.

필자는 이에 대한 답변을 준비하면서 어떤 방향을 제시해야 할지 고민했다. 삼성은 이미 본사와 법인, 전사와 사업부, 본사와 지사의 일하는 방식, 관리 뷰^{View}, 평가, 피드백이 동일하게 통합되어 있었다. 이로 인해 글로벌 기업으로 성장할 수 있었다. 모든 국가에 산재한 모든 삼성의 사업장을 한 방향으로 경영하는 의미를 가진 슬로건인 'Single View & Single Operation' 콘셉트였다. 필자는 이 콘셉트를 기반으로 발표를 준비했고 성공적으로 결과를 이끌어냈다.

리더는 '긴 전망'을 갖고 항상 '왜'를 묻지만 관리자는 '짧은 시각'에서 '어떻게'를 묻는 데 그친다. 당신이 현재 리더 자리에 있거나 아니면 리더 자리에 오르고 싶다면 명심해야 할 것이 하나 있다. 나침판과 같이 '방향'을 잡아주는 리더십 마인드를 갖는 것이다. 어디로 갈지 방향을 가지고 일하는 사람과 방향성이 없이 주어진 일만 열심히 하는 조직은 성과의 크기가 다르다. 구성원들의 열정의 강도가 다르다.

• 기업의 경쟁력은 행복한 직원에게서 나온다

"인생은 고해입니다. 가슴 뛰게 하는 일을 만들어 그것을 징검다리로 삼아 고통의 바다를 건너야 합니다. 행복하게 사는 것이 가장 중요합니다. 기업의 경쟁력도 행복한 직원에게서 나옵니다. 직원이 행복하면 기업 실적은 자연스럽게 좋아집니다."

인생 절반을 사장리더으로 살아온 권대욱 아코르앰배서더코리아 호텔 대표의 말이다. 권대욱 대표는 35세에 건설사 사장으로 샐러리맨의 신화를 만들었고, 2005년부터 호텔 사장으로 인생 2막을 살고 있다. 70대를 바라보는 나이다. 권대욱 대표가 2008년부터 이끌고 있는 아코르앰배서더 코리아는 세계적인 호텔 운영업체인 아코르와 한국앰배서더

호텔그룹의 합작회사로, 국내 호텔 이름 중 '앰배서더'가 들어간 곳은 모두 아코르앰배서더코리아가 위탁 경영을 맡고 있다. 부동산개발업체 서부티앤디가 서울 용산에 개발하는 총 1,700실 규모의 호텔 레지던스 포함 운영도 아코르앰배서더코리아가 맡고 있다.

그는 2005년 서교호텔과 하얏트리젠시제주호텔 사장으로 호텔업계에 발을 들여놨지만, 원래 1980년대 중동 건설시장 개척에 나섰던 개발 전문가였다. 서울대 농과대학을 졸업한 뒤 1973년 농촌진흥청 산하 농공이용연구소 연구원으로 사회에 첫발을 내디뎠지만, 더 활동적인 일을 하고 싶어서 1976년 건설사로 이직했다. 그는 1986년 서른다섯의 나이로 한보종합건설의 사장이 된 후 극동건설, 유원건설, 효명건설 등 여러 건설사 사장을 거쳤다.

그는 '건설업계의 네이버'를 만들겠다는 포부로 사업에 뛰어들었지만, 뜻대로 잘 안 되자 다 내려놓고 전기, 수도 시설도 갖춰지지 않은 강원도 어느 산속에 들어가 혼자 3년여를 살았다. 산을 떠나지 않으려고 했지만 서교호텔과 하얏트리젠시제주호텔 사장으로 와달라는 문규영 아주그룹 회장의 제안을 뿌리치지 못했다고 한다.

그가 사회생활을 44년이나 할 수 있었던 비결은 뭘까. 권 대표는 '긍정적 마음가짐'과 '의義와 직直을 품고 후배들에게 부끄러운 역사를 쓰지 않겠다는 굳은 각오' 두 가지를 꼽았다. 2005년 다시 도시로 돌아와 호텔 경영인으로 변신한 그는 '쓰고 말하고 노래하는 삶'을 살겠다고 결심했다. 그는 2011년 인기 프로그램이었던 KBS 〈남자의 자격〉 청춘합창단원으로 활동하기도 했다.

이처럼 구성원들의 가슴을 울리고, 자신의 판으로 세상을 살아가는 리더는 나침판과 같은 방향성이 있는 삶을 산 사람이다. 그에게는 '건설업계의 네이버'를 만들겠다는 비전의 언어가 있다. '기업의 경쟁력은 행복한 직원에게서 나온다'는 가치의 언어도 가지고 있다. 특히 '후배들에게 부끄러운 역사를 쓰지 않겠다'는 각오가 그의 오늘을 지탱하고 있는 것이다. 그는 끊임없이 새로운 방향을 설정하고 그에 따른 비전을 제시했다. 그 삶 속에서 나침판과 같은 언어로 구성원과 소통했다.

• 리더는 새로운 판을 만든다

'최고의 리더는 아무것도 하지 않는다'라는 말이 있다. 이제 제4차 산업혁명의 시대가 도래하고 있다. 모든 것이 연결되고 융합되는 시대다. 리더십도 변화하고 있다. 과거의 리더에게는 자신의 결단력, 추진력, 대담함, 카리스마 등 보스 기질이 다분했다면 미래의 리더는 자신의 권한을 구성원에게 넘기고 구성원 모두가 가슴 뛰어 스스로 움직일 수 있는 비전을 만들며 그들이 공감할 수 있도록 조직 곳곳에 에너지를 불어넣는 일에 집중해야 한다.

한 조직에서 리더로서 자신만의 새로운 판을 만들어갈 것인가? 아니면 남이 만들어놓은 판 속에 들어가 끌려다니는 삶을 살 것인가는 리더십 마인드에 달려 있다. 또한 현재 당신이 리더라면, 방향성과 비전을 새롭게 세워가는 창조적이고 혁신적인 리더인가? 아니면 그 방향에 오히려 혼돈을 일으키고 열정을 떨어뜨리는 파괴적 관리자인가? 이 또한 리더십 마인드에 달려 있다. 리더는 시간을 관리하는 사람이 아닌 방향을 잡아주는 사람이다. 성공에 대한 '간절함'과 스스로 뭐든지 바꿀 수 있다는 '자신감', 남이 가보지 않은 곳을 볼 수 있는 '통찰력'으로 시선을 바꾸어라. 성공하는 리더의 길로 가고 싶은가? 생각의 틀을 깨고 도전을 두려워하지 마라. 자신의 전략을 갖지 못하면 남이 짜놓은 전략의 일부가 된다.

조직생활을 하는 사람은 누구나 리더의 자리에 오르고 싶어 한다. 그러나 누구나 리더 자리에 오르지는 못한다. 리더가 되는 사람은 따로 있다. 리더가 되는 사람은 '시계'의 삶을 사는 사람이 아니라 '나침판'의 삶을 사는 사람이다. '시계'는 '언제까지'라는 우리가 하는 일과 시간관리를 위한 방법이다. '나침판'은 '어디로'라는 방향을 가리킨다. 즉 비전, 가치, 원칙, 방향 등을 의미한다. 성공하는 리더는 비전과 방향만 제시하고 나머지는 구성원에게 맡겨야 한다. 4차 산업혁명 시대에 리더가 되고 싶은 사람은 시계를 멈추고 나침판을 봐라.

한발 먼저
행동하라

"무의미한 스펙보다 인간의 삶에 대한 '통찰력'을 갖춘 인재를 뽑겠다"라고 신세계 정용진 부회장이 지식향연 콘서트 강연에서 말했다. 미래의 인재상이 변함을 의미하는 말이다. 리더들에게는 보이는 지식보다 보이지 않는 지혜가 요구된다. 세상은 변화를 거듭하고 있다. 정보기술의 발전으로 인터넷, 스마트폰이 일상화되면서 정보가 평준화되어 원하는 정보와 지식을 언제 어디서든 찾아볼 수 있는 시대에 살고 있다. 4차 산업혁명 시대에는 리더가 정보·지식을 얼마나 알고 있느냐는 별로 중요하지 않다. 리더가 가지고 있는 정보·지식의 양보다는 그 정보·지식을 가치 있게 만드는 융합적 사고와 통찰력이 중요하다. 리더에게 가장 필요한 것은 지식을 선별하는 통찰력이다.

그러면 리더에게 통찰력이란 무엇인가? 통찰력이란 사물과 현상을 훤히 꿰뚫어 아는 능력을 말한다. 리더에게는 박학다식한 사람보다 꿰뚫어보는 능력이 요구된다. 풀리지 않는 문제를 단숨에 해결하는 통찰력이 리더의 힘이다. 지식은 누구나 검색할 수 있지만 지혜나 혜안은 리더 개인의 것이다. 지혜나 혜안은 인터넷으로 검색할 수 없다. 지혜와 혜안을 가진 리더만이 올바른 판단으로 다른 사람보다 한발 먼저 행동으로 옮길 수 있다.

4차 산업혁명의 성공적인 열매는 통찰력을 가진 리더가 만들어갈 것이다. 통찰력 있는 리더만이 경쟁자에 비해 한발 앞서갈 수 있기 때문이다. 관리 문화만 강요하는 리더는 4차 산업혁명에 낙오자가 될 것이다. 4차 산업혁명 시대에는 기존 리더의 영역이었던 정보 수집, 분석은 인공지능의 몫이 된다. 단순히 리더는 문제를 해결하는 것이 아니라 새로운 문제를 발굴하고 정의할 수 있는 통찰의 힘이 있어야 한다.

• 혜안(통찰력)을 만드는 4가지 힘

훌륭한 리더에게는 판을 읽는 혜안^{통찰력}이 있다. 역사적으로 혜안을 가진 리더만이 큰일을 해냈다. 혜안은 '사물을 꿰뚫어보는 지혜로운 눈'이다. 진정한 리더는 모름지기 역사적 현실에 대한 깊은 통찰력과 한걸음 앞서 시대를 예견하는 혜안을 갖고 있어야 한다. 또한 혜안을 만드는 4가지 힘을 가져야 한다.

첫째, 역사력 歷史力이다. 역사력은 '인류사회의 발전과 관련된 의미 있는 과거 사실들에 대해 인식하는 힘'을 말한다. 사람은 인생을 살아가고 일하면서 과거의 역사로부터 지적 기억을 한다. 이런 지적 기억을 경험이라고 한다. 전문가는 자신의 경험에 의존하는 경향이 있지만 리더는 모든 사람의 경험을 활용한다.

둘째, 냉철력 冷徹力이다. 냉철력은 '사람이나 그 생각, 판단이 감정에 치우치지 않고 사리에 밝은 힘'을 말한다. 냉철력은 어디서 나오는가? 리더가 무엇을 할 수 있을지, 또는 리더의 목표가 무엇인지에 대한 타성에 젖은 기존의 생각들을 버릴 때 나온다. 리더는 어떠한 경우에도 감정에 치우침이 없어야 한다.

셋째, 통찰력 洞察力이다. 통찰력은 '사물을 환히 꿰뚫어보는 능력'을 말한다. 리더는 미지의 세계를 볼 수 있는 힘이 있어야 한다. 리더는 가보지 않은 길을 가야 하는 사람이다. 이렇게 하기 위해서는 통찰력이 있어야 한다. 전문가의 통찰력은 예측되는 상황에서 작동하며 일을 효과적으로 할 수 있게 한다. 그러나 리더의 통찰력은 예측되지 않은 상황에서 무언가 일을 만들어가게 한다.

넷째, 결단력 決斷力이다. 결단력은 '결정적인 판단을 하거나 단정을 내릴 수 있는 의지나 능력'을 말한다. 리더는 결정을 해야 할 때 결단하는 사람이다. 리더는 비전과 통찰력을 갖고 결단을 내리는 일을 해야 한다. 결단하기 위해서는 큰 용기가 필요하다. 결단력이 리더의 실력이다.

리더가 통찰력이 없다면 어떤 현상이 발생할까? 통찰력이 없는 리더가 조직을 끌어간다면 리더 자신의 의지와 관계없이 주변 상황에 이리

저리 휘둘리게 되고, 조직의 성과는 떨어지게 된다. 세상을 자기 판으로 이끌어갈 수 없다. 하지만 통찰력을 가지면 리더 자신의 의지대로 조직을 이끌어가고 구성원들을 행복하게 해줄 수 있다.

문화체육관광부에서 프로젝트매니저^{리더}로 일할 때 가장 어려운 문제가 프로젝트 범위를 벗어나는 요구사항이 고객으로부터 들어왔을 때다. 프로젝트란 주어진 과업을 주어진 자원^{인력, 예산}, 그리고 주어진 시간 내에 끝내는 것이다. 만약 이것을 지키지 못한다면 납기 지연에 따른 비용이 추가로 발생하게 된다. 구성원들은 그들대로 고생만 하고 고객으로부터 신뢰를 얻지 못한다. 그러나 프로젝트매니저로 일하다보면 정해진 과업 외에 많은 추가 요구사항들이 발생하게 되는데 이것을 리더가 어떻게 결단하느냐에 따라 프로젝트 성공 여부가 좌우된다. 이것은 리더가 통찰력을 가지고 일을 하느냐 아니냐의 차이에서 온다.

필자의 경우는 프로젝트가 시작되면 우선적으로 조직이 제대로 돌아갈 수 있도록 팀원을 구성하고, 과업을 분석하여 각각 구성원들에게 역할을 분담한다. 그리고 고객과의 커뮤니케이션 채널을 확보하여 프로젝트가 원활히 수행될 수 있도록 일정과 체계를 만든다. 또한 중간 리더들을 선임해 각자 받은 업무를 제대로 수행하도록 권한 위임을 해주었다. 그리고 필자가 할 일은 고객으로부터 들어오는 추가 요구사항을 어떻게 하면 고객과 팀원 간에 분란 없이 차기사업으로 만들어 넘길 것인가를 끝없이 고민했다. 이렇게 하기 위해서는 리더에게 미래를 내다보는 통찰력이 있어야 한다.

정부 사업이라는 게 한 번에 끝나는 것은 없다. 연속성이 있기 때문에 단계별 발전방향이 있는 것이다. 시대상황과 기술여건 등을 고려해 개념화하고 발전적인 대안을 제시하면서 고객의 요구사항을 모두 수용하는 게 아니라 차기사업으로 넘기기 위해 고객과 끊임없는 대화하고 설득하는 것이 나의 주된 일이었다. 통찰력이 없는 리더의 경우 요구사항을 해결하지 못하고 어려움에 처하는 것이 현실이다. 그러나 필자는 요구사항을 차기사업으로 만들어냄으로써 더 많은 사업과제를 발굴하고 과업을 지속적으로 수행할 수 있었다. 결과는 고객도 만족하고 구성원들도 행복하게 만들었다. 한발 앞서 바라보는 통찰력의 힘이 없었다면 불가능한 일이었을 것이다.

리더에게 통찰력은 어떻게 형성이 되는가?

리더의 통찰력은 어떻게 형성되는가? 《블링크》의 저자 말콤 글래드웰은 "통찰은 본능적이고 순간적인 직관과 전혀 다르다. 비즈니스의 성공을 이끈 비범한 천재적 능력이나 우연한 행운의 결과가 결코 아니었다. 지식과 경험을 바탕으로 문제의 본질을 재해석하고 재구성하려는 불같은 열정과 끈질긴 노력의 소산이다"라고 말했다. 리더에게 통찰력이 성공을 위한 가장 강력한 무기라는 것이다.

리더의 자리에 오르는 사람과 그렇지 않은 사람의 차이는 평소 통찰력을 키우는 노력을 했는지 그 여부에 달려 있다. 조직에서 대부분의 사람들은 조직 또는 상사가 시킨 일을 처리하기도 바쁘다. 자기에게 할당

된 과업을 단순하게 기계적으로 처리하면서 시간을 보낸다. 그렇게 하면서 대리, 과장, 부장이 된다. 그러나 통찰력을 가진 사람은 업무 처리 시 몇 가지 특징이 있다. 첫째, 주변 현상을 색다르게 본다. 현상을 있는 그대로만 보는 게 아니고 자신의 직간접적인 경험을 통해 관찰하고 생각Thinking 하는 시간을 가진다. 둘째, 관찰과 생각으로 느낀 이슈들을 구체적으로 정리한다. 셋째, 구체적으로 정리된 이슈들을 자신의 경험과 전문가 활용을 통해 자신만의 지식 가치 체인Knowledge Value Chain 으로 엮어낸다.

일반적으로 사람들의 관찰에 의한 경험이 통찰력을 만들어낸다. 리더가 한 조직을 발전시키기 위해서는 리더의 통찰력이 필수다. 그러나 통찰력은 하루아침에 만들어지는 것이 아니다. 책으로 공부한다고 해서 만들어지는 것도 아니다. 많은 시행착오와 현장경험과 직간접적인 전문 지식이 어우러져 형성되는 것이다. 어떤 리더가 통찰력이 있는지를 판단하려면 그의 언어를 보면 안다. 리더의 언어에서 통찰의 힘을 느낄 수 있어야 한다. 구성원이 생각하는 수준에 머물고 있는 리더에게는 조직을 맡겨서는 안 된다. 리더가 통찰의 언어로 소통할 때 구성원들은 그를 믿고 의지하고 따르게 된다.

전쟁 같은 비즈니스 현장에서는 수많은 난제가 파도처럼 발생하고 해결되어 사라진다. 그 파도를 슬기롭게 헤쳐 나갈 수 있도록 이끄는 것이 리더의 통찰력이다. 리더에게 통찰력이 없다면 조직은 파도 속에 파묻힐 것이다.

• 무의미한 스펙보다 통찰력 갖춘 인재를 뽑겠다

신세계그룹 정용진 부회장은 무의미한 스펙보다 인간과 삶에 대한 통찰력을 갖춘 인재를 뽑겠다고 강조했다. "그동안 스펙 ^{학벌, 토익, 학점, 자격증,} ^{어학연수 등}이 좋은 사람이 우수한 인재라는 등식이 성립했지만, 지금은 세상이 너무 급변했다. 이제 정답은 존재하지 않고 새 답을 만들어가야만 하는 시대다. 일이든 개인생활이든 행복하기 위해서 나 자신을 제대로 알고 인간을 이해해야 한다. 그래야 통찰력과 상상력이 발휘된다." 그가 지식향연 콘서트 강연에서 한 말이다.

이는 통찰력 있는 인재를 선발하겠다는 것이다. 또한 통찰력은 인문학적 감수성에서 나온다고 보고, 특히 대학생들이 인문학적 감수성을 가지기 위해서는 첫째, 줄거리만 보지 말고 캐릭터 위주로 고전을 많이 정독하고 둘째, 빨리 속도를 내다보면 꽃같이 귀하고 아름다운 것을 놓치기 십상이니 주변을 살피며 셋째, 사안을 깊이 들여다보는 것이 필요하다고 권하고 있다.

4차 산업혁명 시대는 통찰형 인간이 세상을 지배하는 시대가 될 것이다. 역사상 성공적인 결정의 80%는 통찰력에 의한 것이었다. 리더는 머리로 결정하는 사람이 아니라 가슴으로 결정하는 사람이다. 미래에 머리는 인터넷이나 AI ^{인공지능}가 대신할 것이다. 미래 리더들은 보이는 지식보다 보이지 않는 지혜를 요구한다. 숨겨진 본질을 간파하는 통찰력을 필요로 한다.

《제7의 감각》의 저자 윌리엄 더건은 인간에게 6가지 감각 ^{후각, 미각, 청각,}

시각, 촉각, 마음 심각 외 전략적 직관이라는 7의 감각이 있다고 했다. 직관에는 본능적이고 즉흥적으로 느끼는 감정인 평범한 직관, 하는 일에 능숙해질수록 더 빨리 해결할 수 있는 패턴을 인식하게 된다는 전문가 직관 그리고 고민하고 있는 문제를 한순간에 해결해주는 통찰력인 전략적 직관이 있다. 전문가 직관이 우리 자신의 경험에 의존하는 반면, 전략적 직관은 세계 모든 사람들의 경험을 활용한다는 것이다. 이는 통찰력이 중요한 시대가 됐다는 의미다.

4차 산업혁명에서 통찰이란 혁신기술이 우리 사회와 기업에 어떤 변화를 가져올지 인문학적 상상력을 동원하여 새롭게 바라보는 시선이다. 그래야 다른 사람보다 한발 앞서 행동할 수 있다. 리더는 한발 먼저 행동하는 사람이다. 리더에게 통찰력이 있어야 가능하다. 훌륭한 리더는 판을 읽는 통찰력을 가져야 한다. 그래야 새로운 역사와 희망을 만들어갈 수 있다. 이런 리더를 가진 조직은 강한 조직이 된다. 이런 리더를 가진 기업은 강한 기업이 된다. 이런 리더를 가진 국가는 강한 국가가 된다. 4차 산업혁명 속에 살아남는 리더가 되기 위해서는 통찰력을 키우는 일에 집중해야 한다.

리더의 비전 크기가
조직의 크기

"회사는 리더의 비전 크기만큼 성장하고, 구성원은 리더가 던지는 질문의 크기만큼 성장한다."《리더가 답이다》의 저자 송영수의 말이다. 리더의 언어가 조직의 시선을 결정하는 시대다. 리더가 쓰는 언어 속의 단어가 바로 리더가 생각하는 조직을 바라보는 시선이다. 리더의 시선은 리더의 언어에서 나온다. 리더의 생각은 리더의 언어를 통해 읽는다. 리더의 언어가 조직의 비전을, 조직의 움직임을, 조직의 크기를, 조직의 수준을 그리고 조직의 성공을 결정한다.

"리더의 역할은 구성원들을 이끌고 한 번도 가보지 않은 길을 가는 것이다." 앤디 그로브 인텔 CEO의 말이다. 리더에게 중요한 것은 자신감이고, 비전을 만드는 일이다. 역량보다 더 필요한 것이 자신감으로 무장한 비전을 제시하는 것이다. 구성원들 앞에서 항상 당당하고 자신감 있는 비전을 이야기해야 한다. 그래야 구성원들이 안심하고 따라온다.

일류 리더는 비전의 언어로 소통한다

리더에는 크게 두 가지 유형이 있다. 하나는 자리에 부여된 권한만 행사하는 이류 리더다. 규정과 리더가 가진 권한 행사로 구성원들을 따르게 하는 리더다. 구성원들은 어쩔 수 없이 따르지만 리더를 존경하지 않는다. 이런 리더 밑에서 구성원들은 열정을 잃고 시키는 일만 하기 때문에 조직의 성장에는 한계가 있다. 다른 하나는 비전의 언어로 구성원들에게 꿈을 심어주는 일류 리더다. 리더가 구성원들에게 꿈을 심어주면 구성원들은 마음에서 우러나 리더를 따르게 된다. 이런 조직에는 열정이 넘쳐 리더의 비전 크기만큼 성장하게 된다.

일류 리더가 되기 위해서는 비전의 언어로 소통할 줄 알아야 한다. 비전의 언어를 가진 사람이 결국 리더가 되는 시대다. 4차 산업혁명 시대에 리더가 되려고 하는 사람은 자신과의 끊임없는 질문을 통해 비전의 언어를 만들어내야 한다. 리더의 결단이 역사를 바꾼다. 한 조직이 앞으로 가느냐 뒤로 가느냐는 리더의 비전에 달려 있다. 모든 경계가 무너지는 4차 산업혁명 시대에 필요한 리더는 이류 리더가 아니라 일류 리더다. 이류 리더는 주어진 규칙 Rule에서 영역을 지키는 사람이고, 일류 리더는 새 영역을 만드는 사람이다. 이류가 양적인 것이라면 일류는 질적인 것이다. 주어진 영역 안에서 이류 리더의 시선은 현재 차원에 머무르나, 새로운 영역을 만들려고 몸부림치는 일류 리더의 시선은 미래에 가 있다. 당신은 이류 리더를 선택할 것인가? 일류를 꿈꾸는 리더를 선택할 것인가?

비전의 언어는 조직의 추진력의 원천이다. 비전의 언어는 꿈, 야망, 이루고자 하는 미래를 말한다. 리더는 비전을 설정하고 지속적으로 구성원들과 소통해야 한다. 비전의 언어는 그냥 만들어지는 게 아니다. 비전의 언어는 체험의 그림자이고, 삶의 그림자이고, 사유의 그림자이고, 철학의 그림자다. 리더의 언어는 항상 먼 곳을 이야기해야 하고, 망원경적 사고를 해야 하며, 조직의 나침판과 같은 역할을 해야 한다.

구성원의 꿈이 조직의 성장을 이끌어갈 것이다. 구성원 각자가 갖고 있는 꿈이 실현될 때 결국 조직은 성장하게 된다. 구성원들이 꿈을 가질 수 있는 조직을 만드는 것이 중요하다. 리더는 구성원들이 어떻게 하면 좀 더 큰 꿈을 가지고 일할 수 있는지 비전을 제시해야 한다. 구성원들의 꿈의 크기는 리더의 비전의 크기와 같다. 이제 구성원들의 성장에 꿈을 심어주는 리더십이 필요하다. 과거의 리더십이 지휘와 통제에 의한 것이었다면 미래의 리더십은 구성원들로 하여금 '비전과 꿈'을 발휘할 수 있도록 하는 것이다. 성공하는 리더는 구성원들이 성공할 수 있도록 비전의 언어를 구사할 줄 알아야 한다.

한번은 부서원을 대상으로 IT 서비스 사업의 아이덴티티 Identity 에 대해 발표한 적이 있다. IT 서비스 산업이 예전과 달리 불황기에 접어들어 여러 가지 고민거리가 많을 때였다. 새로운 활로를 찾아야 하는 상황이었다. 영업 담당자, 사업개발 담당자들과 이 업종에 대해 논하는 자리에서 필자는 이렇게 이야기를 풀어갔다.

"IT 서비스업을 하는 사람은 화가와 같은 사람이다. 화가들은 물감과 도화지를 이용해 그림을 그리는 사람들이다. 그 사람들은 똑같은 도구를 이용해 그림을 그리더라도, 그리는 사람에 따라 그 가치는 천차만별이다. 어떤 그림은 1,000원의 가치를 또 어떤 그림은 100만 원, 1,000만 원 또는 수억 원짜리를 가지고 있다. 화가의 그림을 보는 시야와 능력에 따라 가치가 다르기 때문이다. IT 서비스업도 우리가 어떤 그림을 그려 고객에게 어떤 가치를 제공하느냐에 따라 달라진다." 발표가 끝나고 며칠 후 후배 한 명이 필자에게 와서 그때의 설명으로 IT 서비스업의 아이덴티티를 잘 이해하게 되었다며 감사하다고 했다. 그 후배는 IT 서비스업에 대한 회의적인 생각을 가지고 있던 터였는데 그에 대한 생각을 바꾸게 되었다는 것이다. 이처럼 리더가 구성원들에게 어떤 큰 비전의 언어를 이야기하느냐에 따라 조직은 성장하게 되어 있다.

요즘 평생직장 개념이 사라진 지 오래다. 직장에서 선후배 개념도 점점 없어지고 있다. 직업의 개념도 변하고 있고 직업의 안정성도 없어진 세상에 살고 있다. 조직에 대한 충성심도 사라져가고 있다. 개인생활이 우선시되고 있다. 2017년 한국능력개발원 조사에 의하면 4차 산업혁명이 도래하면 10년 이내에 일자리 52%가 로봇이나 인공지능^AI 으로 대체된다고 예측했다. 또한 소셜미디어의 발전으로 소통은 더욱 힘들어지고 다양화되고 있다. 비즈니스는 점점 간소화되고 민첩해지고 있다. 휴먼 클라우드의 도입으로 조직 내부 사람들이 아닌 외부 사람들이 와서 일을 하는 시대로 접어들고 있다. 지금까지 생각했던 소통과 리더십으로는 조직을 이끌어갈 수 없는 시대가 된 것이다. 이전처럼 한 직장에서 평생을 보장할 수 없는 시대로 변하고 있다. 사람들의 충성심은 점점 계산적으로 변해가고 있다.

• 비전의 언어를 할 줄 아는 것이 경쟁력이다

4차 산업혁명 시대에 리더의 위치에 오르려는 사람은 비전의 언어 능력을 개발하기 위해 많은 노력을 기울여야 한다. 비전의 언어를 할 줄 아는 것이 경쟁력이다. 4차 산업혁명이 본격적으로 도래하는 세계에서는 문제해결 능력, 상명하복, 협동성, 협상력 등 일반적인 리더가 아닌 창조력, 사고력 있는 비전의 언어 능력을 가진 리더가 필요하다. 과거 전문지식을 바탕으로 직업이 엄격하게 세분화됐다면, 4차 산업혁명 시대에는 업종을 뛰어넘어 개방성에 바탕을 두고 다른 영역을 이해하고 공유하는 리더십이 각광받게 될 것이다. 이렇게 변화된 조직을 이끌어가기 위해서는 새로운 영역에서 비전을 제시할 수 있는 리더가 필요하다.

"스마트폰의 등장으로 온라인과 오프라인의 경계가 사라진 시대가 왔습니다. 시간과 공간의 제약이 사라진 시대이기도 합니다. 인터넷 업계에 지난 20년을 몸담으면서 PC방 활성화, 한게임과 한게임 재팬의 성공, 카카오 설립과 카톡의 성공 등이 기억에 남습니다. 이런 중요한 순간들을 돌아보면, 적절한 시기, 적절한 순간에 적절한 행동을 했느냐가 주효했다고 봅니다. 앞으로 스타트업 종사자들도 적절한 때에 적절한 행동을 하는 것이 생사의 문제와 직결된다는 것을 알아야 합니다."
2014년 11월 스타트업 네이션스 서밋에서 발표한 김범수 카카오 의장의 강연 내용 중 일부다.

김범수 카카오 의장은 조직이 리더의 비전 크기만큼 성장한다는 대표적인 사례를 보여준 리더 중의 한 사람이다. 그는 1998년 삼성SDS를 그만두고 한게임커뮤니케이션을 설립해 2000년 7월 한게임 사장이 됐고, 그해 네이버컴과 한게임을 합병시키며 네이버컴의 공동대표가 된다. 2001년 NHN으로 회사명이 바뀌면서 2001년 9월부터 2004년 1월까지 NHN 공동대표를 맡았다. 2004년부터 2006년 NHN의 해외사업 담당 공동 대표이사, 2007년 8월부터 NHN 미국법인 대표이사 사장을 맡았다가 2009년에 접어들어 그는 NHN을 떠난다.

2012년 케이큐브벤처스를 설립하며 돌아온 그는 '카카오'를 설립해 카카오톡을 성공시킨다. 이후 다음커뮤니케이션과 카카오가 합병해 '다음카카오'를 출범시키고 2015년 다음카카오에서 카카오로 사명을 변경하며 카카오 의장이 된다.

김범수의 비전의 언어는 무엇일까? 그는 스마트폰을 처음 봤을 때 인터넷을 처음 봤을 때처럼 가슴이 설렜다고 했다. 당시 카카오톡은 누적 가입자 1억 6,500명에 달하는 매우 성공적인 서비스로 성장했고, 이후 '누구를 참여시키고 이들을 서로 어떻게 연결할까'라는 플랫폼 관점에서 카카오게임을 시작해 연간 매출 1조 원이 넘는 경제적 부가가치를 만들고 있었다. 그는 매일 아침 40분간 샤워를 하면서 끊임없이 자기에

게 질문하면서 새로운 아이디어, 비즈니스에 대해 고민했다는 일화로
도 유명하다.

또한 그는 PC 시대에서 모바일 시대가 왔다며, 모바일에서 확실한 주
도권을 잡겠다고 목표를 세우고 카카오보다 더 큰 다음커뮤니케이션과
합병하면서 연결 사람과 사람의 연결, 사람과 정보의 연결, 사람과 오프라인 비즈니스의 연결, 사
람과 사물의 연결이라는 비전의 언어를 만들어 사업을 확장해나갔다. '무엇
을 만들어서 어떻게 팔까'가 아닌 '누구를 참여시키고 이들을 어떻게 연
결할까'의 고민 속에서 '연결'이라는 비전의 언어를 만들었고, 연결이라
는 플랫폼을 통해 새로운 비즈니스 영역을 개척해서 오늘날의 카카오
가 출현할 수 있었다. 카카오는 리더의 비전의 크기가 조직을 성장시킨
대표적인 사례다. 그는 비전을 만들기 위해 자기와의 끊임없는 질문을
했다.

4차 산업혁명은 우리가 상상하는 것 이상의 어떤 것들을 가져다줄 것
이다. 리더에게는 상상의 힘이 필요한데 이것이 바로 비전의 크기다. 리
더는 비전의 언어를 통해 원하는 미래를 창조한다. 비전의 언어에는 강
력한 힘이 있다. 어떤 조직의 미래가 궁금하다면 그 조직의 리더가 자주
쓰는 비전의 언어를 보면 된다. 한 조직의 오늘은 어제 리더가 쓴 비전
의 언어의 열매다. 오늘 리더가 쓰는 비전의 언어는 내일의 조직의 크기
를 결정한다. 4차 산업혁명 시대에 리더는 비전의 언어를 통해 원하는
미래의 조직을 만드는 사람이다.

비전 그리고
'소통'

리더의 등급에는 3종류 삼류, 이류, 일류가 있다. 삼류 리더는 구성원을 적절히 활용하지 못하고 오직 자기 능력만을 발휘하는 리더다. 이류 리더는 구성원의 힘을 사용할 줄 아는 리더지만 이것만으로 탁월한 성과를 내는 데 한계가 있다. 일류 리더는 구성원의 지혜를 사용하는 리더다. 다시 말해 구성원의 지혜를 통해 지속 가능한 시스템과 프로세스를 구축하는 리더를 말한다. 누구나 일류 리더가 되어 조직을 잘 이끌어가고 싶어 한다. 그러나 일류 리더가 되는 것은 쉽지 않다. 성공하는 리더들은 비전을 제시하고 구성원들과 소통을 잘한다. 리더십이 없는 사람의 공통점은 소통이 부재한다는 것이다.

흔히 조직에 새 리더가 오거나 새 조직이 만들어지면 리더들은 조직의 비전과 전략을 만들고 그것을 액자나 현수막으로 제작해 구성원들의 눈에 잘 보이는 곳에 설치한다. 리더는 그렇게 하는 것이 자신의 비전을 구성원들과 공유하는 거라고 착각하고 있는 게 현실이다. 그러나 그 효과는 크지 않다.

단지 벽에 걸려 있는 비전 문구는 고서화와 같은 것에 지나지 않기 때문이다. 리더는 자신의 비전을 구성원들과 끊임없이 소통을 통해 전달해야 하는 임무를 가지고 있다. 지금은 정보기술의 발달로 전자메일, 소셜미디어 등 소통의 방식에 많은 변화가 있다. 소통이 비전인 시대다. 리더는 소통이 잘되는 조직을 만들어가야 한다. 소통하는 조직이 화합하고 발전하고 성장한다. 조직은 통해야 한다. 소통이 안 되는 조직은 열정이 사라지고 생명력을 잃은 조직이 된다. 구성원과 구성원, 부서와 부서, 조직과 구성원, 리더와 구성원 간 상하좌우 막힘 없이 소통하는 조직이 비전을 공유하고 성과를 달성한다.

리더는 어떻게 소통을 할 것인가?

소통의 중심에는 리더가 있다. 리더가 소통의 주인공이 되어야 한다. 솔선수범해서 소통의 문화를 만들어야 하는 게 리더다. 그러면 리더는 어떻게 소통을 할 것인가?

첫째, 목적에 충실해야 한다. 리더는 구성원과 소통할 때 목적을 세우고 목적에 맞는 언어를 사용해서 구성원과 소통해야 한다.

둘째, 소통은 쉽고 짧게 해라. 마법의 숫자 '3'을 활용하라. 전체적인 이야기 구조를 만들 때, 키 메시지를 만들 때, 반복할 때도 3법칙을 활용해라. 예를 들어 'SNS마케팅 성공전략'이라는 주제를 가지고 구성원들과 소통한다고 가정해보자. 단순하게 마케팅 전략에 대해 메시지를 나열하는 방식이 아닌 3의 숫자를 쓰는 것이다. "SNS마케팅 전략 3S에 대해서 여러분과 소통하고 싶습니다. 3S는 스피치Speech, 스토리Story, 쇼셜Social 입니다"라고 키 메시지를 3개로 함축해서 설명하면 구성원들이 훨씬 이해하기 쉽다.

셋째, 공감을 얻어내라. 공감의 언어는 나 중심이 아닌 상대방 중심의 언어를 구사하는 것이다. 맞장구치고 눈빛을 맞추면 공감이 쉬워진다. 공감을 얻어야 마음이 움직인다. 즉, 상대를 보고 마음을 읽은 다음 전체 상황을 판단하고, 구성원들이 공감할 수 있는 비전을 제시하며, 이론이 아니라 마음에 호소하면 공감을 얻을 수 있다.

넷째, 재미난 스토리텔러가 돼라. 스토리는 인류가 사용해온, 그리고 영원히 사용될 가장 효과적인 소통 방법론이다. 카리스마 있는 권위적인 스피커가 아니라 할머니 같은 이야기꾼으로 구성원들과 스스럼없이 소통해야 한다. 그래야 구성원들이 마음을 열고 다가온다.

다섯째, 반복 또 반복하라. 리더는 비전을 반복적으로 말하는 사람이다. 다양한 형태의 오프라인 비즈니스 회의나 소셜미디어를 활용해 비전을 반복해서 말해야 한다.

리더는 구성원의 생각 또는 행동을 바꾸겠다는 의지가 확실하고, 그의도를 구성원에게 분명하게 전달해야 하며, 명확한 목표를 위한 소통이 해야 한다. 리더는 구성원의 비전과 조직의 비전을 일치시킬 수 있도록 소통 유인책을 잘 만들어야 한다. 리더가 중심이 된 소통을 확대해야 한다. 조직 내 구성원들의 마음을 움직이고 자율적으로 소통이 일어나도록 환경 시스템, 공간, 풍토, 문화 등을 만들어야 한다.

곽범국 예금보험공사 사장은 직원들에게 각별하게 강조하는 부분은 '소통'이라 한다. 취임하자마자 전 직원의 휴대폰 번호를 확보해 카카오톡 친구를 맺었을 정도다. 예보 업무의 특성상 사내문화도 딱딱해질 수 있다는 점에서 분위기를 편안하게 만들기 위해서였다. 곽 사장은 또 젊은 직원들의 의견을 적극적으로 수렴하기 위해 청년이사회도 구성했다. 곽 사장은 2016년 창립 20주년이었던 예보에 '청년'이라는 수식어를 달아주기도 했다. 이처럼 리더들은 '소통'을 통해 비전을 공유하고 의견을 적극적으로 수렴하고 있다. 그리고 소통을 통해 조직문화와 조직분위기를 편안하게 만들어 구성원들이 열정적으로 일에 몰두할 수 있도록 하고 있다. 리더는 소통의 언어를 설계하고 그것을 어떤 방식으로 전달할지 고민해야 한다.

리더의 유일한 무기는 '언어'다. 리더는 언어로 시작해서 언어로 끝나는 직업이다. 다음 소통의 10가지 법칙을 가슴에 새기며 언어를 사용하는 데 주의해야 한다.

① 앞에서 할 수 없는 말은 뒤에서도 하지 마라. 뒷말은 가장 나쁘다.

② 말을 독점하면 적이 많아진다.

적게 말하고 많이 들어라. 들을수록 내 편이 많아진다.

③ 목소리의 톤이 높아질수록 뜻은 왜곡된다.

흥분하지 마라. 낮은 목소리에 힘이 있다.

④ 귀를 훔치지 말고 가슴을 흔드는 말을 하라.

듣기 좋은 소리보다 가슴에 남는 말을 하라.

⑤ 내가 하고 싶은 말보다 상대방이 듣고 싶어 하는 말을 하라.

하기 쉬운 말보다 알아듣기 쉽게 이야기하라

⑥ 칭찬에 발이 달렸다면 험담에는 날개가 있다.

나의 말은 반드시 전달된다. 허물을 덮어두고 칭찬을 자주하라

⑦ 뻔한 이야기보다 펀 fun 한 이야기를 하라. 디즈니만큼 재미있게 하라

⑧ 말을 혀로만 하지 말고 눈과 표정으로 말하라.

비언어적 요소가 언어적 요소보다 힘이 있다

⑨ 입술의 30초가 마음의 30년이 된다.

나의 말 한마디가 누군가의 인생을 바꿀 수 있다.

⑩ 혀를 다스리는 것은 나지만 내뱉은 말은 나를 다스린다.

함부로 말하지 말고 한 번 말한 것은 책임져라

경청은 최고의 소통 기술

또한 경청은 최고의 소통 기술이다. 리더는 말하기 전에 구성원들의 말을 경청하는 자세를 가져야 한다. 효과적으로 경청하기 위해서는 열중해서 듣고, 구성원들이 하는 말의 내용에 귀를 기울이고 그들의 감정에

민감히 반응해야 한다. 또한 질문을 통해 내용을 정확하게 이해하고 선입견이나 편견에서 벗어나야 한다. 섣부른 판단을 하지 말고 구성원의 말을 다 듣고 난 후에 의견을 말해야 한다. 특히 사람의 마음을 읽고 감정을 헤아리는 것이 중요하다.

소통을 잘하는 리더가 구성원들에게 열정을 불어넣고 조직을 성장시킨다. 대표적인 사례로 자신의 비전과 경영철학을 소통으로 승화시킨 샤오미가 있다. 샤오미는 설립한 지 3년 만인 2013년 2분기에 중국 스마트폰 시장에서 애플을 제쳤고, 2017년 2분기에는 삼성마저 추월하고 1위를 차지했다. 하드웨어를 전혀 모르는 소프트웨어 개발자가 스마트폰으로 돌풍을 일으킬 수 있었던 비결은 무엇일까. 샤오미의 성공 요인은 인터넷 집단지성을 활용한 이른바 '팬덤 마케팅'이다. 미펀^{米紛}으로 불리는 '샤오미 팬클럽'은 제품개발 과정부터 마케팅에 이르기까지 전 과정에 참여하기 때문에 강력한 소속감을 갖고 있다. 레이쥔 회장 자신을 비롯한 모든 직원이 게시판에 글을 달며 미펀의 요구사항에 실시간으로 대응했다.

레이쥔 회장은 폐쇄주의를 지향했던 잡스와는 달리 고객의 목소리를 끌어내고 반영하는 열린 방식을 지향했다. 레이쥔은 또 스마트폰을 기존 유통채널이 아닌 인터넷으로만 판매함으로써 유통비용을 획기적으로 줄였을 뿐 아니라, 물건이 몇 분 만에 동나버리는 식의 '헝거 마케팅'에도 성공했다. 레이쥔의 이런 경영철학은 인터넷의 쌍방향성에 대한 통찰을 실제 경영에 반영한 것으로 혁명적이라고 할 만하다.

샤오미의 성공 이면에는 레이쥔 회장이 이해관계자들^{직원, 고객}과 직접

적으로 소통하고 공감하는 능력이 있었다. 광고, 마케팅 비용은 없고 충성 고객과 강력한 유대관계 채널을 확보하는 전략으로 고객과 소통하면서 비전을 공유했다. 샤오미는 구글처럼 자유로운 분위기였고, 직원 누구나 CEO와 메신저를 통해 비전을 공유했다. 이처럼 리더는 구성원들과의 소통을 제1덕목으로 삼아야 한다. 샤오미의 사례는 소통이 형식적인 대화가 아니라 열린 마음으로 뜻과 비전을 나누는 것이라는 것을 알게 해준다.

4차 산업혁명의 핵심은 융합과 연결을 통해 새로운 것을 창조하는 것이다. 리더는 이런 변화에서 살아남기 위한 역량은 창의력, 소통능력, 협업능력, 그리고 비판적 사고력을 가져야 한다. 리더는 소통능력과 협업능력을 가지고 구성원들과 끊임없는 커뮤니케이션을 해야 한다. 리더의 비전은 구성원들과의 소통을 통해 이루어진다. 소통을 잘하는 리더는 말을 많이 하는 사람이 아니다. 자신의 생각을 구성원들에게 잘 전달할 수 있는 사람이다. 기술이 진화될수록 구성원들은 생각의 단절, 철학의 단절, 언어의 단절에 빠지기 쉽다. 구성원들은 같은 시간, 같은 공간에 있지만 마음은 모래알처럼 흩어져 있다. 리더는 이런 모래알처럼 흩어진 구성원들의 마음을 하나로 묶어 망망대해를 항해하는 선장과 같다. 그 핵심에는 구성원들과의 지속적인 소통이 있다.

가슴을 뛰게 하는
비전의 언어

글로벌 리서치기업인 스웨덴의 유니버섬 Universum 이 전 세계 57개국의 젊은 직장인 20만 명을 대상으로 직장인 행복지수를 조사한 결과 2016년 12월 기준 한국은 최하위권인 49위에 머물렀다. 조사 대상 아시아 국가 중 한국 직장인보다 행복하지 못한 나라는 인도 직장인뿐이었다. 유니버섬은 "직장인들이 덜 행복한 나라에서는 직업적인 발전과 배움의 기회가 행복의 중요한 요인이지만 직장인들이 행복한 나라에서는 일과 생활의 균형이 가장 큰 요인으로 나타났다"고 밝혔다. 이 조사처럼 한국 직장인 행복지수가 낮은 이유는 무엇인가?

셀렘은 가슴을 뛰게 한다

"아침에 눈을 뜨면 설렘이 있는 사람은 학력이나 나이에 상관없이 행복도가 높다"는 말이 있다. 우리 직장인들이 행복지수가 낮은 것은 직장에 설렘이 없기 때문이다. 설렘이란 마음이 가라앉지 아니하고 들떠서 두근거리는 것을 의미한다. 설렘은 가슴을 뛰게 한다. 사람들은 설렘이 있어야 삶에 의욕과 행복감을 느낄 수 있다. 행복을 느끼는 구성원들이 많은 조직에 열정이 있고 성과도 더 높게 나온다. 구성원들은 누구나 어제보다 오늘이 나아지기를 그리고 오늘보다 내일이 더 발전하기를 바란다. 이렇게 되기 위해 리더는 구성원들이 설렘을 가질 수 있는 조직을 만들어야 한다. 다시 말해 리더는 가슴 뛰는 언어로 구성원을 이끌어야 한다.

가슴 뛰는 언어를 사용하는 리더가 되기 위해서는 첫째, 조직의 비전을 제시하고 둘째, 구성원들로부터 신뢰를 얻으며 셋째, 구성원들을 가슴 뛰게 만들어야 한다. 성공하는 리더는 구성원들의 가슴을 뛰게 만든다. 리더는 구성원들에게 설렘을 불어넣는 리더십을 발휘해야 한다. 행복한 조직을 만드는 리더의 차이는 설렘의 언어가 있느냐 없느냐에 달려 있다.

리더십이란 특정 목적을 달성하기 위해 구성원들로 하여금 목표 수행에 자발적으로 공헌할 수 있도록 리더가 구성원에게 의도적으로 영향력을 행사하는 것이다. 이런 영향력을 위해 리더는 동기부여라는 도구를 이용해 구성원들을 움직이는 것이다. 동기부여란 구성원들로 하여금 구체적이고 목표 지향적인 행위를 추구하도록 하는 과정으로 생리적·심리적 불충분 ^{결핍}이나 필요에 의해 행동을 촉진시켜 목적을 달성하게 하는 것이다. 리더는 동기부여를 통해 구성원들의 가슴에 설렘을 줄 수 있도록 부단한 노력을 해야 한다.

어떻게 하면 직장에서 구성원들이 행복할까? 〈한경비즈니스〉^{2015년11월 6일자}는 직장에서 행복을 결정하는 5가지 요인을 다음과 같이 말하고 있다.

① 비전: 비전을 찾을 수 있는 다양한 방법을 제공하라
② 관계: 수평적 관계에서 서로를 이해하고 존중해라
③ 업무: 업무를 변화시키고 직무 순환을 통해 개인의 자아실현을 도와라
④ 보상: 금전적 보상 외에도 칭찬과 격려로 사기를 북돋워라
⑤ 균형: 일하는 시간을 효율적으로 배분·관리하라

특히 리더는 구성원의 자아실현을 돕고 금전적 보상 외에도 칭찬과 격려를 하는 리더십이 행복한 조직을 이끈다는 것을 알아야 한다. 리더의 언어 기능에는 지시통제, 동기부여, 감정표현, 정보전달 등 4가지가 있다. 리더는 단순히 업무를 지시하고 통제하는 사람이 아니다. 동기를 부여하고 자신의 내면에 있는 감정을 교류해서 구성원에게 설렘을 줄 수 있어야 한다. 동기부여 Motivates 가 중요한 이유는 '사람으로 하여금 행동하게 만드는 그 무엇' 즉, 구성원들의 내면에 있는 그 무엇이 작용하여 구성원으로 하여금 앞으로 나가게 만들기 때문이다.

매슬로 Maslow 의 욕구의 5단계를 보면, 동기부여할 수 있는 욕구가 계층을 형성하며 상위 개념 자아실현 욕구 의 욕구가 내재적 동기부여의 핵심 요소다.

레벨	명칭	내용	조직에서 충족 분야
1	생리적, 기본적 욕구 basic needs	생존을 위한 의·식·주 욕구 등의 신체적 욕구	통풍, 난방장치, 최저임금
2	안전, 안정의 욕구 security needs	물질적 안정과 타인의 위협이나 재해로부터의 안전 욕구	고용보장 노동조합, 생계보장 수단 부여, 안전한 작업조건
3	사회적 소속 욕구 social needs	사랑, 우정, 모임에의 소속 욕구	인간적 리더, 화해와 친목 분위기 동료, 부서, 우호적 작업팀
4	존경 욕구 esteem needs	타인으로부터의 존경, 자아존중, 타인 지배욕구	포상, 승진, 타인 인정, 책임감 부여, 중요 업무 부여
5	자아실현 욕구 self actualization needs	자아발전과 이상적 자아를 실현하고픈 욕구	도전적 과업, 창의성 개발, 잠재능력 발휘

Maslow의 욕구의 5단계

가슴 뛰는 조직을 만들기 위한 3가지 질문

리더는 구성원들에게 가슴 뛰는 삶을 제공하기 위해 어떻게 해야 하는가? 리더는 가슴 뛰는 조직을 만들기 위해 다음 3가지 질문을 끊임없이 할 수 있어야 한다.

① 우리 조직은 왜 존재하는가? 구성원이 존재하는 이유는 무엇인가? → 미션 Mission

② 우리 조직은 어떤 방식으로 생존할 것인가? 구성원의 삶에서 무엇이 중요한가? → 핵심 가치 Core Value

③ 우리 조직이 가진 꿈은 무엇인가? 구성원의 미래 모습은? → 비전 Vision

이를 기반으로 구성원들의 자아발전과 이상적 자아를 실현하고픈 욕구를 자극할 수 있어야 한다. 구성원은 자신의 가치관에 따라 마음을 움직인다. 성공하는 리더는 구성원의 가치관과 조직의 가치관을 연계시킨다. 성공하는 리더는 조직의 꿈과 구성원의 꿈을 연계시킨다. 더 중요한 것은 리더는 구성원이 일을 통해 자아실현을 할 수 있는 기회를 제공하고, 구성원 개개인으로 하여금 과업 수행에 대한 자긍심과 자신감을 갖게끔 독려할 줄 알아야 한다. 리더는 구성원들이 삶의 목표와 일, 자아발전을 동일 선상에 두고 즐거움과 보람을 업무에서 찾을 수 있도록 동기부여의 언어를 사용해야 한다.

기업 정보 사이트인 잡플래닛은 2014년 4월부터 11월까지 작성된 기업 리뷰를 바탕으로 〈포춘코리아〉와 함께 '2014년 일하기 좋은 기업 50'을 선정해 시상했다. 중견·중소기업 중 만족도가 가장 높은 기업은 '에이스프로젝트'였다. 에이스프로젝트는 스마트폰 야구게임 '컴투스 프로야구 for 매니저'를 만든 게임회사다. 복지제도가 다양하고 무엇보다 자유롭고 수평적인 문화가 직원들로부터 좋은 평가를 받았다. 이 회사는 사내문화 부문에서 만점에 가까운 4.9점을 기록했다.

에이스프로젝트가 행복한 이유는 무엇일까? 에이스프로젝트는 그 비결로 직원이 원하는 것이 무엇인지 듣고 피드백한다는 점을 꼽았다. 사내에 새로운 제도를 도입할 때는 직원들의 피드백이 자연스레 이어진다. 에이스프로젝트의 지난해 매출은 약 100억 원이며 '좋은 사람과 일하는 것이 행복'이라는 가치관을 공유하고 있다. 2014년 1월 컴투스, 11월 KB인베스트먼트와 투자 계약을 맺었다. 새로 출시한 'MLB 9이닝스 GM'은 영어·일본어·한국어·중국어 등 4개 언어로 출시돼 글로벌 마켓 진출에 집중하고 있다. 이 회사는 '게임으로 즐기는 야구의 재미'를 추구한다. 야구게임은 물론 야구 콘텐츠 전문기업으로 성장하는 것이 목표다. 전문성을 갖춘 인재들이 즐거운 마음으로 업무에 임해야 한다고 대표는 생각한다.

'좋은 환경과 문화를 잘 갖춰 좋은 사람과 일하는 것'이 대표의 경영철학으로, 회사의 성장에 직원 모두 함께하기 위해 '왜'라는 질문을 중요하게 생각한다. 그래서 에이스프로젝트는 하루에도 수없이 회의를 진행한다. 상하 지위를 막론하고 서로 질문한다. 필요하다면 경영진은 물론이고, 누구에게든 답변을 들을 수 있는 것이 이들의 기업문화다.

에이스프로젝트가 2015년 상반기 '직장인 만족도' 1위 기업 즉, 직장인이 꼽은 '가장 행복한 기업' 1위가 된 것은, 리더의 언어에 가슴 뛰게 하는 철학이 담겨 있기 때문이다. 이 회사의 대표는 '좋은 사람과 일하는 것이 행복'이라는 가치관을 가지고 조직의 비전^꿈과 구성원 개인들의 비전^꿈을 연결하고 있다. 리더는 회사의 성장과 직원의 성장이 같이 간다는 모토로 구성원들과 꾸준히 소통한 결과 가장 행복한 기업 1위로 올라선 것이다. 이처럼 리더의 언어에는 가슴 뛰게 하는 무엇이 있어야 한다. 리더가 무심코 내뱉은 언어는 살아 움직인다. 구성원들의 가슴에 박혀 영향력을 행사한다. 리더의 언어는 인격체처럼 움직인다. 리더의 언어는 리더 자신을 움직이고 구성원을 움직이고 조직을 움직인다.

"동기부여의 본질은 돈을 버는 데 있지 않다. 진정한 본질은 의미를 창출하는 데 있다"라고 《최고의 리더는 사람에게 집중한다》의 저자 수전 파울러가 말했다. 의미는 가치를 말한다. 전통 리더는 구성원들에게 동기부여를 하기 위해 채찍과 당근을 사용했다. 즉, 직원들에게 보상^{권력, 지위, 금전}을 주면 리더가 원하는 행위를 할 수 있으며 원하는 성과를 낼 수 있다고 생각한다.

그러나 4차 산업혁명의 시대, 모든 경계가 무너지는 초연결 사회에서는 전통 리더십의 동기부여 방식으로는 한계가 있다. 사람들의 가치가 변했다. 리더의 언어는 당근과 채찍을 사용하지 않는다. 비전, 가치, 목표, 기쁨, 열정, 사랑 등 자아실현을 할 수 있는 동기를 부여한다. 리더는 구성원들이 일을 좋아하게 만들어주고, 그 일 속에서 문제를 해결해 나가며, 그로 인해 변화되는 모습을 통해 만족을 느끼도록 해주면 된다. 4차 산업혁명 시대에 구성원의 희생을 강요하도록 동기부여를 하는 리더에게는 경쟁력이 없다.

구성원이 조직을 떠나는 이유:
조직이 아니라 리더를 떠난다

한국경영자총협의회의 조사에 따르면 직장인 4명 중 1명 27.7%이 입사 1년도 안 돼 직장을 그만둔다고 한다. 또한 직장인 10명 중 9명이 근무 중 수시로 퇴사 충동을 느낀다는 조사 결과도 있다. 구성원이 조직을 떠나는 이유가 '상사가 맘에 들지 않는다'가 1위를 차지했다. 유능한 직원이 회사를 떠나는 이유 7가지는 다음과 같다.

① 상사가 맘에 들지 않는다.
② 맡은 일에 흥미를 느끼지 못한다.
③ 성과를 인정받지 못한다.
④ 월급이 터무니없이 적다.

⑤ 승진할 기회가 없다.

⑥ 업무가 과중하다.

⑦ 회사의 조직문화가 싫다.

한국경영자총협의회 조사 자료, 2016

칭찬에 인색하고 혼만 내는 리더, 내가 제안한 아이디어를 마치 자신의 것인 양 상사에게 보고하는 리더, 능력은 없지만 탁월한 아부 실력으로 자리를 꿰찬 리더, 이런 리더들은 우리 주위에서 흔히 볼 수 있다. 이런 리더의 구조적 문제는 구성원들의 업무 의욕을 떨어뜨리고 직장을 떠나게 만드는 원인을 제공하고 있다는 것이다.

4차 산업혁명 시대에는 사람 중심의 유연한 리더십이 필요하다. 4차 산업혁명에서는 반복적이거나 힘든 일은 대부분 로봇이나 인공지능이 하게 되고 사람은 창의적인 일을 하면서 좀 더 여유롭고 풍요로우며 행복한 삶을 추구하게 될 것이다. 과거의 리더십으로는 한계가 있다. 사람의 가치를 중시하는 리더십을 발휘해야 한다.

리더가 구성원들에게 미치는 영향력에는 다섯 단계가 있다. 리더십의 핵심은 영향력이다. 리더의 말과 행동이 사람들에게 영향력을 미치지 않는다면 리더가 아니다.

1단계: 지위 Position

○ 리더가 지위를 가지고 있어서 구성원들이 의무감으로 따르는 단계

2단계: 허용 Permission

○ 구성원들은 리더의 지위 때문이 아니라 자신들이 원해서 리더를 따르는 단계

3단계: 성과 Production

○ 구성원들은 리더가 가시적인 성과를 낼 때 그것을 보고 따르는 단계

4단계: 인물계발 People

○ 다른 구성원들이 성장할 수 있도록 도와주는 단계

5단계: 인격 Person-hood

○ 구성원들은 리더의 인격과 대변하는 일을 통해 리더를 존경하는 단계

실패하는 리더는 자신이 가진 지위나 업무성과로 구성원들에게 영향력을 미치지만, 성공하는 리더는 구성원들이 성장할 수 있도록 도와주고 한 사람의 인격체로 대하면서 존경을 받는다. 실패하는 리더는 전지전능하여 모든 일을 자기중심적으로 생각하고 처리한다. 그러나 성공하는 리더는 구성원 입장에서 생각하고 좋은 업무환경을 제공한다. 실패하는 리더는 권위주의에 집착하지만 성공하는 리더는 권한 위임을 통해 조직에 열정을 불어넣고 구성원들이 주인공이 되도록 한다.

구성원이 조직을 떠나는 것은 리더십 문제다

구성원이 조직을 떠나는 것은 전적으로 리더십 문제다. 지금은 리더가 사용하는 언어가 리더십이다. 구성원들은 리더의 언어 때문에 상처 받고 스트레스 받고 좌절한다. 지금은 언어경영 시대다. 리더가 사용하는 언어에 따라 조직의 경쟁력이 좌우되는 시대다. 구성원들의 업무만족도나 스트레스는 리더의 잘못된 언어에서 오는 경우가 많다. 잘못된 언어의 출발점은 리더십인 만큼 조직 내에서 상처 주는 언어를 쓰지 않도록 내부적인 훈련을 해야 한다.

리더는 좋은 언어 습관을 가져야 한다. 말 잘하는 스킬보다 구성원의 말을 잘 들어주는 스킬이 중요하다. 리더는 말을 많이 하면 안 된다. 말은 구성원이 하게 하고 리더는 결론을 내려주면 된다. 리더는 언어적 행위보다 비언어적 행위가 더 중요하다. 리더는 말은 줄이고 구성원들이 일하기 좋은 업무환경을 만드는 데 집중하면 된다. 그러면 조직의 성과는 저절로 올라간다는 것을 명심하기 바란다.

2016년 미국의 기업평가 전문기관인 '일하기좋은기업연구소' 조사에 따르면, 직원들에게 '일하기 좋다'는 평가를 받은 기업의 매출액 성장률은 36%로 그렇지 않은 기업 12% 보다 훨씬 높았다고 조사됐다. 기업들이 기술 혁신 못지않게 '일하기 좋은 환경' 만들기에 집중하고 있다. 이는 단순히 직원복지를 향상시키는 차원이 아니다. 좋은 업무환경을 만들어 직원만족도가 높아질수록 기업의 성과도 좋아진다는 것이 실제 증명되고 있다. 일하기 좋은 기업의 5가지 요소는 다음과 같다.

① 건강한 작업 환경

② 직원들이 기업의 가치를 공유하고 서로 신뢰하는 것

③ 업무에서 매일같이 긍정적인 경험을 하게 하는 것

④ 활동적이고 책임감 있는 리더십

⑤ 업무 관계가 아닌 인간적 관계를 맺는 것

미국 일하기좋은기업연구소, 2016년

공짜로 머리 손질을 하며 와자지껄 떠들고, 사무실에는 언제나 최고급 초콜릿이 준비돼 있다. 직원들은 카페 같은 구내식당에서 공짜 식사를 즐기며 자유롭게 이야기한다. 미국 경제지 〈포춘〉이 6년 연속 세계에서 가장 '일하기 좋은 기업 Great Place to Work'으로 선정한 미국 IT 기업 구글의 모습이다. 구글 관계자는 〈뉴욕타임스〉 인터뷰에서 "우리의 철학은 간단하다. 구글의 성공 요인은 혁신과 협동에 있다. 우리의 목표는 직원들이 서로 이야기하기에 가장 편한 환경을 만드는 것"이라고 말했다.

순위	기업 업종	직원이 만족하는 이유
1	구글 IT	특별하고 차별화된 보상
2	SAS IT	일하기 좋은 업무환경
3	고어&어소시에이츠 섬유	안전한 근무환경
4	델 EMC IT	업무 관련 자율성과 유연성 보장
5	다임러 파이낸셜 서비스 금융	정직하고 소통하는 기업문화

6	넷앱^{IT}	가족처럼 편안한 분위기
7	아데코 ^{종합인력서비스}	개별 직원의 의견 존중
8	오토데스크^{IT}	회사와 개인생활의 균형
9	벨콥^{유통}	직원 간 활발한 소통, 직원 존중
10	팔라벨라^{유통}	인간적 대우, 차별이 없음

2016년 미국 경제지 〈포춘〉이 선정한 일하기 좋은 기업

구성원들이 웃어야 조직도 웃는다. 다시 말해 좋은 업무환경에서 직원만족도가 높을수록 조직의 성과도 좋게 나온다. 좋은 업무환경은 조직 리더의 영향력에 크게 좌우한다. 4차 산업혁명 시대의 리더는 혼자 잘났다거나 누군가 자리를 준다고 해서 될 수 있는 게 아니다. 우리는 유능한 구성원들이 조직을 떠나는 이유가 '리더가 맘에 안 들어서'인 시대에 살고 있다. 구성원들은 좋은 업무환경을 만들어주는 리더에게 감동한다. 구성원들이 조직의 가치를 공유하고 서로 신뢰하고 한 인격체로 대우받을 때 감동한다. 그 감동은 마음을 열고 대상을 받아들이는 진정한 소통에 기초한다. 4차 산업혁명 시대에는 인간의 가치를 중시하는 리더십으로 자신이 속한 조직에 대해 가장 많이 생각하고 좋은 업무환경을 만드는 사람만이 리더가 될 수 있다.

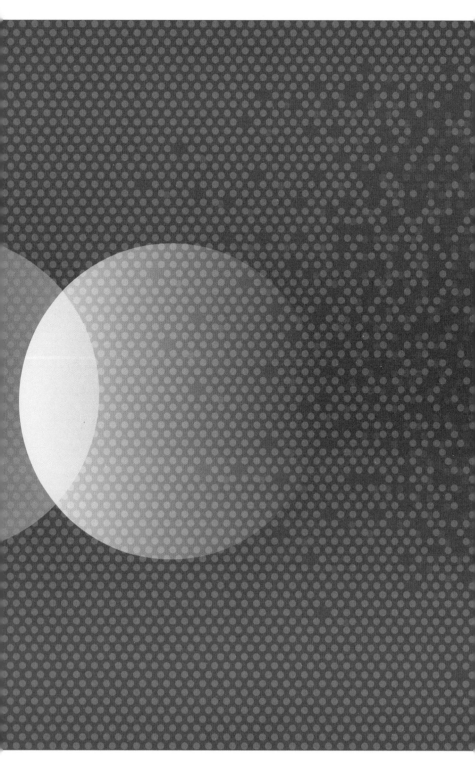

4

4차 산업혁명 시대, 신뢰의 언어
— 감동 없이 사람을 움직일 수 없다

THE LANGUAGE OF THE
4TH INDUSTRIAL
REVOLUTION

능력을 넘어
인격과 품성으로

세계에서 가장 영향력 있는 경영의 대가, 피터 드러커 교수는 리더십의 본질은 '일, 책임, 신뢰'라고 이야기하고 있다. 리더는 다음 세 가지를 가지고 있는지 수시로 체크를 해야 한다.

① 일: 리더는 조직성과에 기여하는 올바른 목표를 설정했는가?
② 책임감: 리더는 목표달성에 필요한 책임감을 가지고 있는가?
③ 신뢰: 리더는 구성원들에게 신뢰를 받고 있는가?

특히 피터 드러커는 리더의 신뢰에 대해 강조한다. 리더십에서 신뢰가 중요하다는 말이다.

사람은 신뢰를 먹고 자란다. 신뢰가 없는 사람은 사회에서 성공하지 못한다. 사람의 말이 곧 신뢰다. 信신뢰, 믿음 = 사람ㅅ의 말言, 信 자는 믿음이라는 의미를 가지고 있다. 신뢰는 사람의 말이 행동으로 이루어져 형성되는 것이다. 리더도 마찬가지다. 신뢰가 없는 리더는 구성원들로부터 외면을 당한다. 우리 주변에는 말로만 일하는 사람들이 너무도 많다. 현란한 미사여구와 논리 정연한 말솜씨는 한순간 사람들을 현혹시킬 수는 있겠지만, 행동이 따르지 못하는 말은 오래가지 못한다. 말만 앞선 조직은 구성원을 피곤하게 만들 뿐이다.

그러면 리더에게 신뢰란 어디서 오는가? 조직생활을 하다보면 특별하지도 않은데 사람들이 잘 따르는 사람이 있다. 똑똑한 사람과 인격이 있는 사람 중 누구를 더 따를까? 대부분의 리더는 목표 지향적으로 구성원들에게 관심을 두지 않고 오직 실적만 바라보며 조직을 이끌어가려 한다. 업무성과를 지나치게 강조하여 원하는 결과를 얻어내기 위해 구성원들을 압박한다. 리더 스스로 실적의 압박에 스트레스를 받고 심지어 구성원들에게 화를 내며 언어적 폭력을 가하기도 한다. 이처럼 사람보다 일에 집중하는 리더는 신뢰를 얻을 수 없다. 신뢰를 잃으면 업무성과는 당연히 떨어지게 되어 있다.

사무엘 스마일스samuel smiles는 "성공하는 사람들의 공통점은 천재성이 아니라 훌륭한 인격이다. 천재성은 감탄을 자아낼 뿐이지만 인격은 끊임없는 존경심을 불러일으키기 때문이다"라고 말했다. 성공의 핵심은 천재성이 아니라 인격이다. 구성원들은 리더의 천재성에 감동하는 것이 아니라 인격에 감동한다. 리더의 말은 소통의 수단인 동시에 인격의 표현이다. 말 한마디로 천 냥 빚을 갚는다는 이야기가 있다. 리더는 말 한마디 실수로 큰 손해를 보거나 망신을 당하기도 한다. 최근 우리 사회는 갈수록 말이 거칠어지고 소통에 애를 먹고 있다. 특히 높은 자리에 오른 리더들의 말이 거칠다. 이로 인해 리더의 품격은 떨어지고 조직의 갈등은 더욱 심해지고 불신의 늪에 빠지고 있다.

특히 4차 산업혁명 시대에는 사람 중심의 유연한 리더십이 필요한다. 사람 중심의 리더십이란 구성원을 인격적으로 대하며, 그들의 의견과 아이디어를 존중한다. 또한 수평적인 소통으로 혁신적인 아이디어를 자유롭게 이야기할 수 있는 조직 분위기를 통해 활력을 불어넣는다. 사람들은 자신이 인격적으로 인정을 받았다고 느꼈을 때 마음을 열고 새로운 것을 창조할 수 있다.

• 언어가 그 사람의 인격과 품성을 결정한다

4차 산업혁명 시대에 리더의 언어는 인격이다. 때로는 리더의 능력보다 인격과 품성이 더 중요하다. 언어가 그 사람의 인격과 품성을 결정한다. 사람의 인격과 품성은 쉽게 변하지 않는다. 리더의 실패는 능력이 아니라 인격의 부족함 때문이다. 리더가 신뢰를 얻기 위해서는 좋은 인격과 품성을 갖추는 데 많은 노력을 기울여야 한다.

생각을 조심하라, 그것이 너의 말이 된다.

말을 조심하라, 그것이 너의 행동이 된다.

행동을 조심하라, 그것이 너의 습관이 된다.

습관을 조심하라, 그것이 너의 인격이 된다.

인격을 조심하라, 그것이 너의 운명이 된다.

이런 속담이 있듯 평소 하는 언어가 행동이 되고, 행동이 습관이 되고, 습관이 인격이 되기에 리더는 언어 사용에 신중해야 한다. 우리 주위에 능력을 갖춘 리더는 많은 반면 인격을 갖춘 리더를 찾기가 쉽지 않다.

고대 그리스의 아리스토텔레스는 설득과 커뮤니케이션 상황에서 모범적인 전형 3가지를 제시하고 있다. 첫째, 로고스^{logos}는 이성적 도구로 설득을 위해 논리적이고 합리적으로 말하는 것이다. 연역적, 귀납적, 삼단논법, 이단논법 등을 활용해 이성적으로 접근하여 설득하는 기술이다. 둘째, 파토스^{phatos}는 감성적 도구로 설득을 위해 인간이 가지고 있는 감정에 호소하는 방법이다. 일상생활에서 가장 쉽게 설득당하는 영역이다. 마지막으로 에토스^{ethos}는 인격적 도구다. 실천적 지혜, 선의성, 덕망 등을 포함하여 우리가 살아온 모습과 인격이 다른 사람에게 좋은 이미지로 다가가 설득하는 것이라 한다. 인간관계에서 설득과 커뮤니케이션을 할 때 인격의 중요성을 강조할 수 있다. 리더의 언어에는 인격이 묻어 있어야 한다. 인격이 결여된 언어에는 진실성이 없다. 진실성이 없이 신뢰를 얻는 것은 불가능하다.

리더의 언어에는 위세가 있어야 한다. 위세^{威勢}는 다른 사람을 통솔하거나 이끄는 힘이나 기세를 말한다. 리더의 위세에는 허세와 위엄의 두 가지 형태가 있다. 첫째, 허세는 자신의 능력을 뽐내면서 타인과 구별 짓기에 몰두하는 것을 말한다. 허세형 리더는 말과 행동이 다르다. 구성원보다는 일을 중시하고 자신의 능력을 맹신하는 리더다. 둘째, 위엄은 외형적인 힘에 의존하지 않고 스스로 품위를 갖추고 안으로부터 우러나오는 기세다. 위엄형 리더는 자신의 인격과 품성으로 타인의 모자란 것들을 메워주고 남몰래 베풀어주는 너그러움이 있는 리더다.

너그러움이 있는 리더는 지지자를 부르게 되어 있다. 일반적으로 구성원들은 자신을 인격체로 인정해주고 어떤 잘못도 따뜻하게 이해하며 관용을 베푸는 리더에게 끌리게 되어 있다. 인격을 가진 리더가 만들어내는 훈훈한 분위기는 구성원들이 무한한 능력을 펼칠 수 있도록 해주는 원동력이 된다.

연매출 270억 원, 직원 수 280명, 대전 지역 대학생들이 꼽은 취직하고 싶은 기업 순위 3위, 대전의 '동네빵집 성심당'이 있다. 임영진 성심당 대표는 동네빵집 성공 스토리를 만들어낸 2대 빵집 사장이다. 1956년 선친이 연 대전역 앞 찐빵집으로 시작해, 58년간 대전 시민의 사랑을 받으면서 중견기업 수준으로 동네빵집을 성장시킨 주인공이다. 성심당은 2011년 세계적인 맛집 가이드 《미슐랭 가이드》에 국내 빵집으로는 처음으로 등재되어 유명세를 타기도 했다.

이처럼 동네빵집을 중견기업 수준으로 성공시킨 비결은 무엇인가? 비결은 임영진 대표의 직원을 사랑하는 '마음'이다. 직원을 우선시하는 임영진 대표의 인격의 언어가 오늘날 성심당을 성공하게 만든 것이다.

2016년 1월 4일 페이스북에서는 대전에 있는 빵집 성심당의 '60주년 비전 선포식' 풍경이 화제가 됐다. "부서장이든 대표든 매출 얘기는 한마디도 안 하고 위생, 똑같은 맛, 따뜻한 빵 공급, 그리고 사랑의 근무환경을 위한 다짐만" 있었다고 한다. 비전 선포의 언어에는 '매출' 대신 '사랑'이라는 말이 담겨 있었다.

○ 빵집이 어려웠을 때도 직원 월급 한 번 밀린 적 없다.
○ 여기 대표는 맨날 '사랑사랑' 한다. 일을 잘하는 것보다 화목하고 웃는 걸 좋아한다. 〈문화일보〉의 9월 30일 보도에 따르면 "300여 명의 임직원이 근무하는 성심당은 직원 인사고과 평가에 '사랑'이란 항목을 40%나 포함시켰다"고 한다.
○ 직원들이 요구하기 전에 회사에서 다 알아서 해준다.
○ 직원들 먹이는 식사 재료를 아끼지 말라고 한다.
○ 주변에 포장마차 하는 사람들도 다 여기 수돗물을 가져다가 장사한다.

리더의 언어가 인격임을 잘 나타내는 성공 사례다. 성심당 직원들은 '사랑'이라는 리더의 언어 때문에 무한 신뢰를 하고 있는 것이다. 인격으로 감동시키고 있다. 회사가 잘될 수밖에 없다.

국가, 사회, 기업 등 모든 영역은 조직으로 구성되어 움직이고 있고 이를 이끌어갈 리더가 필요하다. 조직의 성공은 좋은 리더에게 달려 있다. 그러나 좋은 리더는 생각보다 그리 많지 않다. 리더십을 발휘해야 할 리더들^{대통령, 정치가, 정부기관의 장, CEO, 교육가 등}조차 좋은 리더십을 발휘하기 어려운 시대다. 리더가 되고 싶어 하는 사람은 많다. 시대가 급박하게 변하고 혼란스러울수록 좋은 리더는 더욱더 절실해진다.

4차 산업혁명 시대에 리더십에서는 인격과 품성의 영역이 핵심으로 자리 잡을 것이다. 리더십은 경영 기술^{Skill} 영역이 아니다. 리더십은 어떠한 상황^{성공, 실패, 위기, 어려움, 혼돈 등}에서도 구성원을 인격적으로 대하고, 마지막까지 구성원을 사랑할 수 있는 품성의 영역이다. 4차 산업혁명 시대를 이끌고 싶은 리더여, 구성원을 인격의 언어로 감동시켜라.

영혼의 진동이
가져다주는 신뢰

"진정한 만남은 상호 간의 눈뜸이며 영혼의 진동이 없으면 그건 만남이 아니라 한때의 마주침이고 그런 만남을 위해서는 자기 자신을 끝없이 가꾸고 다스려야 한다. 좋은 친구를 만나려면 먼저 나 자신이 좋은 친구감이 되어야 한다." 법정 스님의 말이다. 리더와 구성원도 인생을 살아가면서 이루어진 만남이다. 단순히 마주치는 관계가 아니라 무언가 목적을 달성하기 위해 필연적으로 만난 관계다. 그래서 리더에게는 신뢰가 중요하다.

4차 산업혁명 시대에 리더에게 신뢰는 가장 가치 있는 자산이다. 리더가 구성원들과 신뢰를 어떻게 만들어갈 것인가? 신뢰는 구성원을 압박하거나 교육을 통해 만들어지는 것이 아니다. 리더가 금전적으로 보상을 한다고 해서 만들어지는 것도 아니다. 어떤 지위를 준다고 해서, 밥을 사고 술을 사준다고 해서 형성되는 것도 아니다.

• 신뢰는 감성의 언어에서 나온다?

신뢰받는 리더는 구성원의 마음을 흔들어 일하게 한다. 리더가 가진 직위, 금전적 보상, 권위, 두려움으로 구성원을 다스리는 게 아니라 구성원들이 자발적으로 일을 하게 만든다. 구성원들이 자발적으로 일하게 하는 핵심은 무엇인가? 리더가 구성원을 사랑하는 마음이다. 리더가 구성원을 대하는 태도다. 그 기반에는 신뢰라는 가치가 있다. 신뢰받는 리더는 구성원들이 밖에 나가서 리더를 자랑스럽게 이야기하지만 신뢰받지 못하는 리더는 구성원들의 입을 통해 리더의 문제점이 밖으로 유출된다.

리더는 혼자 일하는 사람이 아니다. 구성원들이 주어진 목표를 효과적으로 달성하게끔 이끄는 사람이다. 만약 리더와 구성원 사이에 신뢰가 없다면 목표달성은 어렵다. 리더가 신뢰를 얻기 위해서는 감성의 언어로 구성원들과 소통해야 한다. 리더의 언어에는 이성적 언어와 감성적 언어가 있다. 이성적 언어를 사용하는 리더는 업무와 조직 이슈 외에 구성원에게 아무런 관심이 없다. 구성원을 리더와 조직의 목표달성을 위한 도구로서만 생각한다. 이들은 목표를 달성하면 지위나 금전적으로 보상하면 된다고 생각한다. 대기업 같은 큰 조직일수록 리더들이 이성적 언어로 구성원을 장악하려 한다. 그러나 감성적 언어를 사용하는 리더는 업무 외에 구성원의 고민거리가 뭔지, 결혼은 했는지, 가족은 어떻게 되는지, 구성원들이 무엇을 생각하고 있는지 등에 관심을 가진다. 감성적 언어를 사용하는 리더십의 핵심은 '관심'과 '사랑하는 마음'에 있다.

제4차 산업혁명 시대의 구성원은 단순히 조직에서 활용되는 하나의 부품이 되어 일만 하는 것을 원하지 않는다. 이제 한 개인은 조직이 원하는 것만을 위해 존재하지 않는다. 리더가 이성적 언어만 사용한다면 구성원들은 내면의 문을 닫아버린다. 피동적으로 움직이게 되고, 좋은 아이디어는 나오지 않는다. 하고 싶은 말도 하지 않게 되고 솔직함도 점점 사라지게 된다. 동료를 경쟁자로만 인식해 협업이 어렵게 된다. 구성원들은 그저 리더가 시키는 일만 할 뿐이다. 열정과 자발성으로 마음을 움직이는 일이 없어진다. 이렇게 되면 리더는 신뢰를, 조직은 경쟁력을 잃게 된다.

이제 리더는 감성의 언어 즉, 감성리더십을 키우는 데 노력해야 한다. 그래야 신뢰를 얻을 수 있다. 감성리더십이란 무엇인가? 《감성의 리더십》의 저자 다니엘 골먼은 감성리더십은 "리더가 자신의 내면을 파악하고, 성찰하고, 타인의 감성을 파악-이해-배려함으로써 자연스러운 관계를 형성하고, 감성역량을 높여 감성적인 관계를 만들어가는 것이다"라고 말했다.

4차 산업혁명 시대에는 모든 것이 디지털화하고 지능화하면서 사람들의 성향이 다양화되고 급변하는 시대에 살게 될 것이다. 조직문화에서도 집단 우선주의에서 자기 삶이 우선되는 가치관으로 변해가고 있다. 4차 산업혁명은 조직보다는 자신의 삶이 우선인 시대가 될 것이다. 이제 리더가 신뢰받기 위해서는 이성적인 언어로는 한계가 있다. 일상 생활에서 구성원이 느끼는 감성을 이해하고 표현하고 소통하려면 감성적 언어를 사용해야 한다.

• 조직에 감성리더십을 적용하기 위해 어떻게 해야 하는가?

그러면 리더는 조직에 감성리더십을 적용하기 위해 어떻게 해야 하는가? 다니엘 골먼은 조직에 감성리더십을 확산하기 위한 4단계를 제안하고 있다.

첫 번째 단계는 '자기통제'다. 감성리더십을 제대로 발휘하기 위해서는 리더 스스로가 자신의 감정상태를 정확히 알고 통제할 수 있어야 한다.

두 번째 단계는 '조직 내 신뢰구축'이다. 구성원들을 진심으로 존중하고 대우하는 진정성을 표현함으로써 전 조직원과 신뢰관계를 구축하는 단계다.

세 번째 단계는 '개별적 관심과 배려'를 보이는 것이다. 리더가 개별적인 관심을 표현하면, 구성원들은 구성원 중 하나가 아닌 남과 다른 특별한 존재로 대우받는다는 느낌을 갖게 되는 단계다. 특히 리더의 개인적인 칭찬, 격려와 배려는 구성원들의 열정을 높인다는 점에서 매우 중요하다.

네 번째 단계는 '긍정적 집단감성 형성'이다. 감성리더십은 조직 전체가 긍정적인 감성을 공유할 때 완성된다. 리더 혼자만 직원들의 감성을 이해하고 공감하는 것이 아니라 구성원 간에도 서로 관심을 보이고, 배려하도록 하는 것이 중요하다.

이제 리더는 조직의 목적달성을 위해 일방적 희생만을 강요하지 않고 구성원들의 고충이 무엇인지, 그들이 가지고 있는 가치는 무엇인지, 그리고 그들이 원하는 것이 무엇인지 잘 파악하여 공감하고 배려하는 감성리더십을 발휘할 때 신뢰받는다. 리더는 실적이 떨어지는 것을 두려워할 것이 아니라 감성이 마모되는 것을 두려워해야 한다.

리더는 말이 앞서면 안 된다. 말이 없다고 아무 말도 하지 않는 게 아니다. 리더는 '어떻게 하면 내 생각을 좀 더 논리적으로 잘 표현할 수 있을까?'가 아니라 '어떻게 하면 감성에 더 호소할 수 있을까?'를 고민해야 한다. 리더는 자신의 이야기를 들어달라고 외치는 사람이 아니라 구성원의 이야기를 들어주겠다는 사람이어야 한다.

리더는 감성적인 콘텐츠 즉, 감정적으로 동조하게 만드는 내용으로 이야기를 꾸며가야 한다. 서울 대치동에 본사를 둔 '총각네 야채가게' 이영석 사장은 오징어 행상으로 시작해 연 500억 원 매출의 프렌차이즈 회사 CEO까지 오른 인물이다. 이 사장은 최고의 제품과 아울러 고객과의 친밀감, 그리고 가게 안의 역동적이고 즐거운 분위기를 함께 팔아 장사에 관한 정상급의 전문가라는 평을 받고 있다. 현재 대치동 본점을 비롯해 11개의 체인점을 갖고 있다. 단순 야채 가게가 중견기업 수준의 서비스와 매출을 올리고 있다.

이렇게 성공하게 된 이면에는 이영석 사장의 감성리더십이 있다. 그는 감성의 언어를 사용했다. 그의 가게 운영을 살펴보면 0%의 상품 재고율, 대기업 못지않은 직원 급여 수준, 입사 2년 후 해외연수 프로그램 등을 제공하여 직원들의 감성을 자극했다. 더 중요한 것은 직원들이 독립된 점포를 가질 수 있도록 이 사장이 직접 목 좋은 가게 터를 봐주고 개설 지원까지 아끼지 않아 직원들은 '나도 언젠가는 독립할 수 있다'는 기대를 품고 일한다는 것이다. 이렇게 직원에게 가게를 위해 희생만을 강조한 것이 아니라 꿈을 심어줌으로써 일에 대한 직원들의 뜨거운 열정을 이끌어낼 수 있었다.

이영석 사장의 성공 비결은 '최고의 상품과 친밀함 그리고 즐거움을 함께 판 것'이다. 즐거움을 함께 판다는 것은 리더가 직원들의 감성을 읽어 감성리더십으로 감성적 언어를 사용했기 때문에 가능한 일이다. 리더가 감성을 통해 구성원들로부터 신뢰를 얻었고 그 신뢰를 기반으로 구성원들은 열정을 가지고 즐겁게 일하게 된 것이다.

리더의 이성적 언어는 위계, 공식성, 규칙, 규정에 중심을 두지만 감성적 언어는 신뢰, 용기, 충성, 열정 등 가치를 중시한다. 권위주의 리더들은 이성적 언어인 논리, 분석, 데이터, 프레임워크 등에 가치를 둔다. 공식적인 업무 절차와 시스템을 통해 구성원을 관리하고 보상 시스템으로 구성원의 마음을 잡으려고 한다. 권위적인 리더들은 변화를 꾀할 때 대부분 공식적인 것에 의존하려 한다. 그러나 구성원들의 강한 감성적 지원 없이는 어떠한 변화도 불가능하다는 것을 깨달아야 한다.

제4차 산업혁명 시대에 승자가 되려면 감성의 리더가 되어야 한다. 신뢰받는 리더는 이성과 감성이 함께 발달된 사람이며, 신뢰받는 리더가 되기 위해서는 이성보다 감성을 발전시켜 마음으로 다가가야 한다. 신뢰의 핵심 가치는 '인간존중'이다. 돈이 많건, 높은 자리에 오르건 구성원을 존중해야 그들이 따른다. 리더의 권위주의는 신뢰에서 멀어지게 한다. 하수일수록 권위주의에 의존해 조직을 이끌려고 한다. 신뢰받는 리더의 핵심은 '감성의 언어로 구성원을 바라보는 눈'이다.

예측할 수 있는
일관성의 언어

10년의 법칙, 1만 시간의 법칙이 있다. 이 이론을 발표한 스톡홀름대학교의 에릭슨 박사는 베를린음악아카데미의 바이올린 전공 학생을 대상으로 세계적인 솔리스트가 될 가능성이 있는 최상급과 다음 단계인 상급, 음악교사 정도를 꿈꾸는 보통의 차이를 연구했다. 그 결과 4,000시간 연습한 학생은 음악교사 수준, 8,000시간 연습한 학생은 훌륭한 연주자 수준, 1만 시간 연습한 학생은 유명 연주자가 되었다는 것을 발견한다. 에릭슨 박사는 "어떤 분야에서 최고 수준의 성과와 성취에 도달하려면 최소 10년 정도는 집중적인 사전 준비를 해야 한다"고 말했다. 큰일을 하기 위해서는 일관성이 중요하다는 이야기다.

4차 산업혁명은 진행속도와 범위 외에도 수많은 분야에서 끊임없이 융합하고 조화를 이뤄가야 하는 숙명적인 변화가 일어날 것이다. 한편으로 일관성을 가지고 치밀하고 끈질기게 노력한 리더가 신뢰를 얻고 성과를 내는 시대가 될 것이다. 리더가 신뢰를 얻는다는 것은 열심히 일한다는 뜻이 아니라 더욱 일관성 있게 일하는 능력이 있다는 것을 뜻한다.

《설득의 심리학》의 저자 로버트 치알디니는 사람의 마음을 사로잡는 6가지 불변의 법칙을 '일관성의 원칙'을 포함해 다음과 같이 이야기하고 있다.

① 상호성의 원칙
② 일관성의 원칙
③ 사회적 증거의 원칙
④ 호감의 원칙
⑤ 권위의 원칙
⑥ 희귀성의 원칙

일관성의 원칙이란 일단 어떤 입장을 취하게 되면, 그 결정에 대한 일관성이라는 심리적 압박에 따라, 사람들은 자신의 감정이나 행동들을 결정된 입장에 정당화하는 방향으로 나아가게 된다는 것이다.

일관성 있는 리더를 따른다

일관성은 처음과 끝이 같다는 뜻이다. 일관성은 언言과 행行이 일치하는 것이다. 서로 신뢰하는 조직을 만들기 위해 리더에게는 일관성 있는 태도를 가지는 게 중요하다. 일관성이란 예측 가능하며, 신뢰의 근거가 되는 중요한 요소다. 만약 리더가 어떤 일을 추진할 때 일관성이 없이 수시로 바꾼다면 구성원들은 혼란에 빠질 것이다. 실제 조직생활을 하다보면 일관성을 가진 리더를 발견하기 쉽지 않다. 일관성은 리더의 철학과 강한 신념에서 나오는 것이다. 미래는 예측할 수 없다. 가보지 않은 길이기 때문에 구성원들은 두렵고 자신감이 없다. 이럴 때일수록 리더는 일관성의 언어로 구성원을 이끌어가야 한다.

리더의 잘못된 고집이 아니어야 한다. 리더의 불통이 아니어야 한다. 리더의 잘못된 일관성은 조직을 망가뜨리는 원인이 될 수 있다. 일관성이란 긍정적이고 조직에 유익한 방향을 의미하며 반복적으로 철학과 신념의 모습을 보여주는 것을 의미한다. 조직을 이끌어감에 따른 어떤 원칙에 대해 바꾸지 않는 태도를 의미한다. 구성원들은 일관성 있는 리더를 신뢰하고 따르게 된다.

2017년 우리나라에서는 대통령을 탄핵하는 초유의 사건이 벌어졌다. 많은 국민이 촛불을 들고 거리로 나왔다. 촛불민심은 박근혜 대통령 최순실 게이트의 일련의 사태를 보고 "이게 나라냐"하며 국민이 주인이 되어 대한민국을 새롭게 만들자는 것이었다. 정의롭고 공정한 사회를 이루고 민주주의를 회복시키는 것, 국민의 힘으로 정권을 교체하고 오랜 세월 동안 쌓여온 적폐를 청산해야 한다는 것이었다.

이때 성남이라는 기초단체 시장에 불과한 이재명이라는 정치 리더가 열광적 환호를 받으며 등장한다. 당시 행한 연설 내용이 온라인으로 퍼지면서 폭발적 관심을 모았다. 한때 '최순실 게이트' 이후 박근혜 대통령의 퇴진을 가장 먼저 주장하며 촛불민심에 적극 대응해온 그는 한때 차기 대선후보 지지율 여론조사에서 반기문을 제치고 2위까지 올라서기도 했다.

이유는 무엇인가? 그것은 이재명의 일관성 있는 행동 때문이었다. 정치권이 거국중립, 2선 후퇴, 명예퇴진 등을 주장하고 있을 때 그는 일관성 있게 퇴진과 탄핵을 주장했다. 그의 말이 촛불민심을 정확히 파악하고 있었던 것이다. 그는 "정치에서는 지도자의 철학과 신념이 정말 중요하다"고 이야기했다. "국민이 예측할 수 있도록 일관성을 가져야 한다"고도 했다. 그는 "정치 리더에게 제일 중요한 것은 일관성"이라며 "특히 당적을 오락가락하는 것은 근본 뿌리가 없다는 뜻"이라 밝혔다. 이처럼 한 리더의 일관성이 국민으로부터 신뢰를 받고 국민을 열광하게 만드는 것이다. 리더의 언어에는 일관성이 있어야 리더가 구성원들로부터 신뢰를 얻는다.

리더는 언행의 일관성을 가져야 한다. 일관성은 무조건 결정된 것을 고집하는 것이 아니라 솔깃한 언어에 휩쓸려 결정을 번복하거나 우왕좌왕해서는 안 된다. 일관성 없이 우왕좌왕하는 리더의 모습은 구성원들에게 신뢰를 주는 것이 아니라 불안을 가져다줄 뿐이다. 일관성의 언어는 리더의 주요 덕목으로 인식되어왔다. 일관성은 정체성을 유지시켜주는 힘이었고, 구성원들에게 예측을 가능하게 해주는 신뢰의 기본이었다. 사람들은 앞뒤가 맞지 않거나 말과 행동이 다른 사람을 믿지 않는다.

• 일관성 있는 리더가 되기 위해서는 무엇을 해야 하는가?

조직에서 '구성원들이 신뢰한다'는 것은 리더 자신과 조직에 대해 긍정적인 영향을 미치리라는 확신과 같다. 그러면 일관성 있는 리더가 되기 위해서는 무엇을 해야 하는가? 리더는 자기 조직의 업무가치Work Value를 파악하고 구성원들과 이것을 공유하고 실천해야 한다. 업무가치란 구성원이 지켜야 할 규칙을 명확하게 규정해 그것을 따르도록 돕는 것이다. 조직에는 다양한 구성원이 있고 일할 때 중시하는 가치가 다르면 서로 충돌할 수밖에 없다. '매출 vs 이익, 개발 vs 구매, 도전 vs 포기' 등과 같이 대립하게 된다. 조직이 중시하는 업무가치를 명확히 하지 않은 상황에서 서로 다른 업무가치를 가진 구성원끼리 함께 일한다면 어느 것을 먼저 하느냐, 어느 것이 맞느냐 등으로 시간을 낭비하게 된다. 특히 리더는 이런 업무가치를 구성원들에게 명확히 알리고 예측 가능하게 구성원을 이끌어야 한다. 업무가치는 갈등과 논란을 줄이고 의사결정을 신속하게 할 수 있으며 행동의 일관성이 생기도록 만든다.

나일론을 개발한 글로벌 화학기업 듀폰은 "회의 시작 전 비상 탈출 경로를 확인한다. 복도 모퉁이에 충돌방지 거울을 설치한다. 계단 이용 시

안전 손잡이를 잡는다"와 같은 규칙을 만들어 모든 구성원이 철저히 지키도록 했다. 듀폰은 왜 이런 규칙을 만들었을까? 업무의 특성 때문이다. 듀폰은 화학물질을 다루는 기업의 특성상 사고위험이 높다. 사업 초기 큰 폭발사고로 인명 피해를 입기도 했다. 수없이 강조했지만 순간의 방심이 사고를 불렀다. 이에 듀폰은 사고 예방을 위해 '안전'을 최우선 가치로 삼고 이를 위한 업무규칙을 세웠다.

한국 여론조사의 대부 격인 박무익 한국갤럽 회장이 2017년 4월 19일 별세했다. 그는 제일기획 창립 멤버였다가 지난 1974년 국내 최초로 전문 조사회사 'KSP'Korea Survey Polls를 설립했다. KSP는 1979년 갤럽국제조사기구Gallup International Association 회원사가 되면서 사명을 한국갤럽조사연구소Gallup Korea로 개칭했다. 갤럽은 조지 갤럽이 세운 미국의 유명 여론조사 기관이다. 박 회장은 갤럽 회장의 책을 번역하고 그를 직접 만나 갤럽 브랜드를 쓰는 일을 성사시켰다. 1980년대 여론조사 업계의 성장은 곧 한국갤럽의 성장이었다. 한국갤럽은 1987년 대선 당일 노태우 후보의 당선이라는 예측 조사를 발표하고 적중시켜 화제를 모으기도 했다. 이로 인해 마케팅 여론조사를 등한시하던 경제계가 충격을 받기도 했다. 조사업계 후배인 이상일 아젠다센터 대표는 "한국 여론조사 1세대로 여론조사라는 영역을 개척하고 조사업계를 견인해온 족적이 뚜렷한 분"이라고 말했다.

특히 박무익 회장은 여론조사의 불모지인 우리나라에 한 우물을 파왔으며 여론조사의 새로운 역사를 만든 사람이다. 그는 "여론조사는 시대의 기록"이라는 신념으로 살아왔다. 한 평생 여론조사라는 현장에서 시대의 기록을 만든 사람이었다. 그의 언어에는 여론조사는 시대의 기록이라는 업무가치, 즉 '일관성'이 있었다. 이 언어가 한국의 여론조사라는 산업을 이끈 것이다. 이처럼 리더의 일관성이 큰 업적과 역사를 만드는 것이다. 그는 언과 행이 일치하는 일관성의 삶을 살았다.

이 두 사례처럼 리더는 철학과 신념의 기반에서 업무가치를 파악하여 일관성의 언어를 만들고 구성원들과 공유하고 실천해야 한다. 특히 리더가 일관성의 언어로 모범을 보여야 한다.

4차 산업혁명 시대에는 주어진 문제에서 정답을 찾는 것이 아니라 정답이 없는 곳에서 문제를 만들어가는 리더가 각광받을 것이다. 이런 시대에 살아남기 위해서는 '일관성'의 언어로 무장해야 한다. 성숙한 인격을 가지고 성공하는 리더들의 특징은 다름 아닌 '일관성'이다. 뛰어난 리더십을 가졌어도, 탁월한 전문성이 있어도, 다양한 경험을 갖추었어도 '일관성'이 부족하면 신뢰를 얻을 수 없으며 아무것도 이룰 수 없다. 일관성은 '꾸준함', '성실', '인내' 등의 단어와 유사하다. '일관성'은 처음과 끝이 같다는 뜻이다. 어떠한 어려운 상황에서도 흔들리지 않는다는 뜻이다. '일관성'은 구성원들에게 예측 가능성과 안정감을 주며 신뢰를 가져다주는 리더의 중요한 언어다. 신뢰받는 리더가 되기 위해서는 언과 행이 일치하는 일관성과 공정성을 유지하여 실력을 발휘해야 한다. 일관성의 언어를 가진 리더는 모진 풍파에도 중심을 잃지 않고 앞으로 나간다.

피, 땀, 눈물이
주는 감동

취업포털 인크루트가 직장인 회원 470명을 대상으로 2016년 11월 '직장 상사의 리더십 만족도' 설문조사를 실시한 결과, 직장인 61%는 10점 만점에 '5점 이하'라고 답해 상사에 대해 만족하지 못하는 것으로 조사되었다.

직장인들에게 직장 상사가 갖췄으면 좋겠다고 생각하는 리더십 역량이 무엇인지 물었다. 조사 결과, '부하 직원에 대한 배려 및 관심'이 응답률 21%로 가장 많았다. '업무의 정비능력 및 체계화 15%', '주도성과 결단력 13%', '정직성과 도덕성 12%', '팀원 촉진 11%' 순으로 나타났다.

직장인들은 직장 상사의 리더십 개선을 가로막는 주요한 원인이 무엇이라고 생각하고 있을까? 직장인 34%는 '사내정치, 상명하복에 길들

여진 리더의 습성'을 1위로 꼽았다. '임명 단계에서 리더 자질에 대한 적절한 평가 및 검증의 결여'¹³%라는 응답이 그 뒤를 이었으며, '리더십에 대한 적절한 평가 및 측정의 부족', '리더가 정직할 수 없는 경영문화'가 각각 11%를 차지했다.

주목할 점은 직장상사에게 바라는 리더십 역량 중 '업무의 정비능력 및 체계화'¹⁵%가 2위로 나타났고, 리더십 개선을 가로막는 원인 중 '임명 단계에서 리더 자질에 대한 적절한 평가 및 검증의 결여'¹³%가 2위로 나타났다는 것이다. 이것은 리더의 업무역량에 문제가 있음을 보여준다. 다시 말해 업무장악력에 문제가 있다는 것이다.

리더란 다수의 구성원들이 속한 집단이나 조직을 이끄는 사람이다. 만약 업무장악력이 없는 리더가 조직을 이끌 경우 반드시 문제가 생기고, 문제가 발생했을 경우 해결할 역량이 없다. 리더가 조직을 새롭게 맡게 될 때 얼마나 빨리 업무를 파악하고 장악하느냐가 리더의 실력이다. 조직의 복잡도와 규모에 따라 다르겠지만 리더들은 업무를 제대로 파악했느냐 그 여부에 따라 성공한 리더로 갈 수 있고 그렇지 않을 수도 있다.

어떻게 업무를 장악해야 하는가?

그러면 리더는 어떻게 업무를 장악해야 하는가? 조직에서 구성원이 리더를 따르게 하는 리더십의 원천은 크게 세 가지로 분류된다. 첫째, 조직리더십이다. 조직리더십은 리더의 지위에 오르면 기본적으로 주어지는 리더십으로, 리더가 보상 고과, 인센티브을 통제하는 데서 오는 보상권력과 리더가 주는 불이익 기회부여, 업무배정, 경고을 피하기 위해 복종하는 강제권력이 있다. 조직리더십은 구성원을 이끄는 데 기본적으로만 사용하는 것이 좋다. 좋은 리더일수록 조직리더십의 의존도가 낮다. 둘째, 전문성권력이다. 전문성은 리더의 전문성으로부터 생긴다. 전문성이란 보이기 위한 것보단 오랜 시간 업무와 경험을 통해 스스로 터득한 것이다. 생각이나 이론보단 실전을 통해 만들어진 것이 진정한 전문성이다. 구성원들은 이런 전문성을 보고 리더를 신뢰하게 된다. 셋째, 관계성권력이다. 리더의 품성, 카리스마 등 존경해서 생기는 권력이다. 한 리더가이 3가지 리더십을 가지는 것은 어려운 일이다. 물론 조직의 특성에 따라 리더십의 적용도 달라질 것이다.

4차 산업혁명의 시대에는 전문가의 시대가 될 것이다. 전문성이 없는 리더는 제 역량을 발휘하지 못할 것이다. 최소한 한 분야의 전문성을 갖추지 못한 리더는 구성원들의 장단에 춤을 추거나 업무를 장악하는 데 한계가 있다. 이제 리더는 고도의 전문성을 위해 지속적인 학습과 훈련이 필요한 시대다. 4차 산업혁명 시대에는 전문성이 없는 리더는 저급한 업무만 하는 데 한정될 것이다. 전문성이 없다면 구성원들로부터 외면을 받을 것이다.

• 전문성이 결여된 리더는 관료주의로 흐른다

전문성이 결여된 조직은 실력보다는 관료주의로 흘러갈 가능성이 크다. 특히 조직이 큰 대기업들의 문제점이기도 하다. 한국의 대기업의 리더십을 보자. 의사결정권 위치에 있는 사람들 CEO, 임원 또는 보직자은 무엇을 하고 있나? 그들은 전문성이 없다. 아니, 전문성을 요구하지 않는다. 전문성을 개발하려 하지 않는다. 전문성을 개발할 시간이 없다. 평일에는 술 마시고 사람을 만나며, 주말에는 골프를 치니 전문성을 경험할 기회가 없다. 그들은 정치문화에 익숙하고 관료주의에 빠져 있다. 그러다 보니 보고문화에 취해 있다. 생산적이지도 합리적이지도 실용적이지도 않은 보고서에 목숨을 건다. 바쁘기 때문에 리더는 보고를 통해 공부하려고 한다. 이해하지 못하면 화를 내고, 짜증을 내고, 보고자를 바꾸고, 편견을 가지고 평가한다. 이렇게 해서 언제 글로벌 기업으로 가고, 혁신하고, 뒤쫓아오는 제3세계 국가 기업을 따돌릴 수 있겠는가?

지금의 리더십 구조로는 조직이 희망을 잃어간다. 이제 우리 기업은 본질에서 다시 생각하고 행동패턴을 바꿀 때다. 치밀한 고민이 필요한 때다. 리더가 전문성을 가지고 리더십을 발휘하도록 해야 한다. 이런 관료주의가 판을 치는 조직은 인재를 키우지 못한다. 어떤 리더는 업무 추진 시 인력을 선별할 때 능력을 보지 않는다. 단지 말 잘 듣는 '예스맨'을 자리에 앉힐 뿐이다. 왜냐하면 자신이 전문성이 없기 때문에 자기보다 전문성을 가진 사람을 앉힐 경우 불안하고 불편하다. 그리고 머리가 아프다. 또한 자신의 위치를 보전하기가 힘들다고 생각한다. 그래서 '예스맨'을 근거리에 두고 자신들만의 잔치를 한다. 밖의 세상은 빠르게 변하고 있는데, 이런 조직은 정글의 세계에서 곧 먹잇감이 되어 잡아먹히게 된다. 이런 리더십으로는 미래가 없다.

• 좋은 인맥은 전문성에서 나온다

4차 산업혁명 시대에는 전문성이 먼저다. 전문성이 있는 리더가 구성원들로부터 신뢰를 받는 시대다. 전문성이 있는 리더십이 조직을 장악하고 혁신하고 미래로 나갈 수 있다. 조직에서 성공하기 위해서는 업무 능력과 인간관계 능력이 뛰어나야 한다. 리더가 업무능력만 뛰어나다고 일을 잘하는 것이 아니다. 그렇다고 인간관계 능력만 뛰어나고 전문성이 없다면 리더로서 한계가 있다. 성공하는 리더가 되기 위해서는 인간관계가 중요하다. 특히 좋은 사람들과 좋은 인맥을 형성하는 게 더 중요하다. 어떻게 좋은 인맥을 형성할 것인가? 좋은 인맥을 형성하는 기본은 '전문성'을 갖는 것이다. 자신이 다른 사람에게 줄 수 있는 '이익'은 바로 자신의 전문성에서 나오기 때문이다.

일 잘하는 리더는 전문성을 기반으로 사람에 대한 이해가 있어 구성원들이 최고의 성과를 낼 수 있도록 구조화하고, 독려하고, 동기부여하고, 환경을 조성하는 일에 능해야 한다. 이렇게 하기 위해서는 업무장악력이 뛰어나야 한다. 업무장악력이 뛰어난 리더의 3가지 자질은 다음과 같다.

① 조직 전체를 책임 짐 _{일은 구성원이 하도록 함}

② 조직의 큰 그림, 일의 우선순위, 일에 미치는 주요 변수 파악함

③ 일의 특성을 파악하고 구성원들의 강점에 맞게 역할과 책임을 명확하게 부여함

평범한 리더는 창조자^{Creator}를 일반 관리자^{Manager}로 만들어버리지만 성공하는 리더는 구성원들의 전문성을 키워준다. 성장하는 조직은 경험과 전문성이 있는 사람을 해당 부서의 리더에 배치한다.

리더는 전문성을 발휘해 효과적으로 조직의 업무를 장악하기 위해서는 업무추진 시 다음과 같은 질문을 지속적으로 해야 한다. 리더의 전문성은 질문에서 나오기 때문이다. 리더의 질문이 전문성의 언어다.

○ 이 일은 왜 중요한가?

○ 이 일의 목적은 무엇인가?

○ 이 일의 최종 결과물은 무엇인가?

○ 무엇을 우선순위로 해야 하는가?

○ 언제 이 일을 시작해야 하는가?

○ 이 일을 언제까지 끝내야 하는가?

○ 누가 이 일의 적임자인가?

○ 누가 이 일의 의사결정권자와 해당 당사자인가?

○ 업무수행 중 활용할 수 있는 자원과 정보는 어디에 있는가?

○ 어디서 이 일을 해야 하는가?

○ 이 일을 꼭 달성해야 하는가? 하지 않아도 되는가?

○ 이 일을 수행하지 못했을 경우 예상되는 결과는 무엇인가?

HSG 휴먼솔루션 그룹 , 김한솔

4차 산업혁명 시대에 리더의 힘은 전문성이다. 리더는 자신만의 힘을 가지고 있어야 한다. 자신의 분야에서 전문성을 높이고 지속적으로 자기계발을 하며 전문가의 자리를 유지함으로써 구성원들로부터 신뢰를 얻을 수 있다. 현장 경험에 기반을 둔 전문성이 필요하고, 이런 사람들이 리더가 되는 조직이 되어야 한다. 피, 땀, 눈물을 흘려보지 않으면 감동을 줄 수 없다. 감동을 못 시키면 조직을 관리할 수 없다.

"이제 리더로서 군림하는 시대는 지났다. 인간적인 매력과 영향력으로 추종자를 만들어내야 한다. 정보, 지식 시대에는 단순히 명령을 내리고 직원들이 순순히 복종하는 것을 기대할 수 없는 시대가 되었다. 오늘날 필요한 것은 지식과 정보뿐만 아니라 인간적인 매력을 지닌 리더십이다." 피터 드러커의 말이다.

성공하는 리더와
실패하는 리더

아들아

약속 시간에 늦는 사람하고는 동업하지 말거라.

시간 약속을 지키지 않는 사람은

모든 약속을 지키지 않는다.

약속을 지키는 리더,

우리는 카네기人이다.

데일 카네기의 《인간관계론》에 나오는 이야기다. 리더에게는 약속을
지키는 것이 중요하다는 말이다.

4차 산업혁명은 모든 경계가 무너지는 사회를 만들 것이다. 회사와 회사 간 경계도 무너지고, 회사와 직원 간 경계도 무너지고, 리더와 구성원 간 경계도 무너진다. 핵심은 회사와 직원의 규정 문제다. 전통 경영에서는 직원은 주인공이 아닌 조직의 생각과 규칙에 맞추는 자원에 불과했다. 4차 산업혁명에서는 직원이 주인공이며, 회사는 직원들의 활동 터전이고 무대가 된다. 무대가 주인공이 되려고 해서는 안 된다. 무대는 주인공을 위해 존재하면 된다. 무대가 주인공이 되려고 하면 퇴보할 것이며, 무대가 주인공을 위해 존재하면 전진할 것이다.

이렇게 모든 경계가 무너지는 4차 산업혁명 시대에 조직이 전진하느냐 퇴보하느냐의 분기점에 리더와 구성원 간에 맺어진 규칙인 '약속'이라는 핵심가치가 자리하고 있다. 리더란 자신 그리고 구성원과 약속을 지키며 매일매일 한 가지씩 발전하고 노력하는 사람이다. 리더에게 약속은 리더십의 중요한 덕목 중에 하나다. 리더는 구성원들과 많은 약속을 하며 조직을 이끌어간다. 목표를 정하기도 하고, 사업계획을 말하기도 하고, 미래방향을 이야기도 하고, 개인적 신념을 표현하기도 한다. 이런 것들을 통틀어 약속이라고 해도 무방하다. 리더는 자신이 한 약속을 잘 지켜갈 때 신뢰를 얻게 된다. 그러나 약속을 어기는 리더는 구성원들로부터 신뢰를 잃게 된다.

약속이란 무엇인가? 약속이란 말은 우리나라에 들어와서 쓰인 일본식 말로 원래 한자어 약속約束은 '통제하고 구속한다'의 의미다. 일본의 영향을 받기 전에는 약정約定 또는 약조約條란 말을 많이 썼다. 약속은 눈빛이나 손가락으로 하는 수도 있으나 대부분은 언어로 한다. 조직에서 언어란 리더의 인격을 가늠하는 잣대다. 언어가 곧 리더의 힘이자 책임이다. 리더에게 약속이 중요한 것은 언어로 자신을 표현하기 때문이다. 언어로 자신을 '표현'하는 것은, 자신을 내세우고 싶은 마음, 다른 이들에게 인정받음으로써 힘을 얻고 그 힘을 행사하려는 인간의 인정욕구와 맞물려 있다.

리더는 누구나 약속을 하지만 그것을 지키는 것은 쉽지 않다. 리더는 혼자 일하는 사람이 아니라 많은 구성원과 관계를 맺으며 살아갈 수밖에 없기 때문에 약속은 조직을 이끌어가는 데 중요한 수단이 된다. 조직은 리더가 약속하는 대로 흘러간다. 리더의 약속에는 강력한 힘이 있다. 약속은 리더의 입이 주는 열매다. 꿈을 이루는 리더는 믿음으로 약속한다. 약속은 조직의 방향을 결정하는 핸들이기 때문에 리더는 보이는 것의 약속보다는 바라는 것을 약속해야 한다.

일반적으로 약속에는 자신과의 약속, 타인과의 약속 그리고 불특정 다수와의 약속 등 세 가지 종류가 있다. 자신과의 약속을 지키는 것은 자신을 강하게 하고 자신감을 갖게 한다. 또한 자신의 삶을 아름답게 만든다. 타인과의 약속을 지키는 것은 세상과 더불어 잘 살고 있다는 것이다. 불특정 다수와 약속을 지키는 것은 사회공동체를 위한 정치사회적 삶을 잘 살고 있음을 뜻한다. 작은 조직을 이끄는 리더든, 기업체를 이끄는 CEO든, 국가를 이끄는 국가지도자든, 종교계를 이끄는 종교지도자든 간에 리더에게 약속은 목숨과 같은 것이다. 따라서 크든 작든 사람과 조직을 이끄는 리더라면, 어떤 약속을 하기 전에 그 약속을 반드시 실행할 수 있는지 그 여부를 거듭 검토해야만 한다. 그리고 일단 내뱉은 말과 해버린 약속은 어떤 일이 있더라도 지켜내는 모습을 보여주어야만 한다.

업계의 리더들은 경영자들이 가져야 할 제1덕목으로 '약속'을 꼽았다. 즉, '약속 잘 지키는 경영자가 성공한다'는 말이다. A사의 한 경영자는 "국내 기업의 경영자는 약속을 하기는 많이 하는데 지키지 못하는 경우가 많다"면서 "반면에 글로벌 기업의 경우에는 약속을 많이 하지는 않지만 한 번 한 약속에 대해서는 일관성을 유지한다는 게 가장 큰 차이"라면서 "국내 기업의 경영자들이 본받을 점"이라고 강조했다. N사의 경영자 또한 약속과 도덕성을 경영자의 제1덕목으로 꼽았다. S사 경영자는 성공하는 경영자로 사업을 이해하면서 약속을 반드시 지키는 사람을 꼽았다.

자기를 점검하는 10가지 방법

성공하는 리더가 되기 위해서는 다른 사람과의 약속이 아닌, 자신과의 약속을 지키는 사람이 되어야 한다. 《성공하려면 상승기류를 타라》의 저자 용혜원은 성공하는 사람의 자기를 점검하는 10가지 방법을 다음과 같이 이야기하고 있다.

① 시간계획을 세워 하루를 잘 보내는가?
② 나쁜 습관에 빠지지 않았는가?

③ 강점을 계발하기 위해 노력하였는가?

④ 목표를 달성하기 위해 일보 전진하였는가?

⑤ 체력을 낭비하지 않았는가?

⑥ 일을 처리함에 있어서 신속하고 명확한 결정을 내렸는가?

⑦ 주변의 동료들, 친구들과 원만하게 지냈는가?

⑧ 맡고 있는 일을 소홀히 처리한 것은 없는가?

⑨ 다른 사람들과 약속은 잘 지켰는가?

⑩ 양심의 가책을 받을 만한 행동을 한 일은 없는가?

그는 성공하는 삶을 살기 위해 "다른 사람들과 약속은 잘 지켰는가?" 를 중요한 점검항목으로 보고 있다.

목표로 하는 일을 성공적으로 마무리하는 사람의 특징은 매사에 철저하고, 신용을 잘 지키며, 약속을 분명하게 지킨다는 것이다. 이런 사람이 일을 제대로 끝낸다. 약속을 앞세우고 조직을 올바른 방향으로 이끌어가는 것이 리더다. 타고난 리더는 없다. 자신감을 높이면 된다. 자신감을 높이는 방법은 구성원들에게 실현 가능한 약속을 하고 그것을 실행해서 성과를 올리는 경험을 보여주는 것이 중요하다. 리더는 작은 약속이라도 구성원들에게 결과를 보여주면 할 수 있다는 확신을 가질 수 있게 해주기 때문이다.

"약속도 습관이다." 리더는 아주 작은 약속, 지킬 가능성이 높은 약속부터 해보면서 스스로 자기와의 약속을 지켜내는 힘을 가지는 것이 중요하다. 리더에게는 구성원과의 약속은 바로 신뢰나 신용으로 연결되기 때문이다.

약속도 습관이다.
자신과의 약속을 자주 어기게 되면
나중에는 별로 속상하지도 않게 된다.

아주 작은 약속,
지킬 가능성이 높은 약속부터 해보면서
스스로와의 약속을 지켜내도록 해보자.

자신을 이길 때
적을 이길 수 있다는
흔한 말처럼,

약속 역시 자신과의 약속을
제대로 지킬 줄 알게 될 때
남에게도 신뢰가 쌓인다.

나 자신이 가장 소중하고 귀한 존재이듯이
자신과의 약속 역시 가장 중요할 것이다.

가장 중요한 것을

항상 마음에 새기며 지내는 사람에게는

외적 이미지를 굳이 신경 쓰지 않아도

신뢰의 기운 덕에 이미 최고의 이미지가

상대에게 전해질 것이다.

《따뜻한 카리스마》 중에서

약속은 신뢰로 연결된다. 성공하는 리더와 실패하는 리더의 차이는 약속을 잘 지키느냐 그 여부에 달려 있다. 또한 사회적으로 성공한 사람과 그렇지 않은 사람의 차이는 약속을 잘 지키는 삶을 살았느냐 그 여부에서 난다. 약속은 신뢰이고, 신뢰를 받는 리더가 성공의 길을 간다. 리더는 구성원들에게 많은 약속을 하는 위치에 있는 사람이다. 리더의 약속에는 두 종류가 있다. 하나는 자신과의 약속이고 다른 하나는 구성원과의 약속이다. 자신과의 약속을 잘 안 지키는 리더는 리더십이 약한 사람이다. 구성원과의 약속을 잘 안 지키는 사람은 신뢰가 약한 사람이다. 리더는 약속은 신중하게 그리고 이행은 철저하게 해야 한다. 리더가 습관적으로 약속을 지키지 않는다면 그것은 자신의 목을 베는 것보다 더 위험한 결과를 초래할 것이다.

리더는
조직의 거울

《왜 리더는 거짓말을 하는가?》의 저자 존 미어샤이머는 리더의 거짓말에는 거짓말, 정보의 조작, 은폐 등 세 가지가 있다고 했다. 거짓말은 사실이 아니라는 것을 알고 있으면서 다른 사람이 그것을 사실로 믿게 하려는 의도를 갖고 하는 발언이고, 정보의 조작은 어떤 목적을 위해 특정 사실을 강조하거나 축소하는 것이며, 은폐는 어느 입장을 뒤집거나 약화시킬 수 있는 정보를 숨기는 행위를 뜻한다. 흔히 "정치가는 국가의 이익을 위해 거짓말을 한다"라고들 말한다. 리더는 거짓말쟁이들인가? 아니면 거짓말을 잘해야 리더가 되는가?

• 정치가는 국가의 이익을 위해 거짓말을 한다?

우리 주위의 리더들을 보면 선의든 악의든 거짓말을 하는 사람들이 많다. 아니 거짓말을 잘하는 사람이 능력 있는 사람이라고 믿는지도 모른다. 거짓말 잘하는 사람이 사업도 잘하고 정치도 잘하는 것처럼 느끼고 있다. 정직하면 손해를 보는 사회가 되어버렸다. 특히 관료주의에 빠져 있는 큰 조직일수록 거짓으로 포장을 하는 경우가 많다. 기업에서 상사에게 보고할 때 리더들은 거짓말을 밥 먹듯이 한다. 보스를 즐겁게 하려는 의도도 있고, 상사가 두렵고 질책을 피하려 거짓 계획을 세우고 보고를 한다. 포장된 거짓은 순간적으로 상사를 속일 수 있을지 모르나 한번 거짓말은 더 큰 거짓말로 되돌아오고 또 거짓말로 상황을 대응해야 하는 악순환이 되어 나중에는 조직에 엄청난 손실을 입힌다.

리더들은 조직의 이익을 위해 거짓말을 한다. 구성원들은 리더의 거짓말에 속아 따르게 된다. 어쩌면 조직을 이끌어가는 리더에게는 거짓말이 필수요소일지도 모른다. 가보지 않은 길을 가기 위해서는 어떻게든 포장을 해서 구성원과 상사를 설득해야 하기 때문에 거짓말이 습관화되어 있을 수 있다. 2016년 미국 대통령 선거에서 트럼프가 클린턴을 누르고 대통령에 당선되었다. 모든 언론은 클린턴이 대통령이 될 확률이 90%라고 예측했는데, 예상을 뒤엎고 막말과 거짓말의 대명사였던 트럼프가 당선되었다.

트럼프는 "정치가는 국가의 이익을 위해 거짓말을 한다"는 사례를 리얼하게 보여주고 있다. 분석에 의하면 트럼프는 선거 기간 중에 다음 세

가지 목적으로 거짓말을 했다고 한다.

① 말 그대로 불특정 다수의 시민을 속이고자 하는 의도
② 자신을 지지하는 세력의 결속을 다지고 충성심을 확인하려는 장치
③ 자신의 거짓말을 통제하지 못하는 반대세력의 좌절감을 이끌어내기 위한 것

그리고 그는 대통령에 당선되었다. 그는 대통령이 되기 위해 불특정 다수의 시민을 속이고, 자신을 지지하는 세력을 모으고 반대하는 세력을 끌어내리기 위해 거짓말을 했다. 트럼프는 목적을 달성하기 위해 전략적 은폐와 전략적 거짓말을 한 것이다.

• 리더에게는 거짓말이 필요하다는 이야기인가?

그렇다면 리더에게는 거짓말이 필요하다는 이야기인가? 리더가 되려는 사람이나 리더 자리에 오른 사람은 거짓의 유혹에 빠지기 쉽다. 그래야 그 자리를 유지할 수 있다고 생각하기 때문이다. 거짓말을 잘하는 리더가 유능한 리더로 인정을 받아왔기에 그 유혹을 쉽게 물리치지 못하는 것이 우리의 현실이다. 정직하고 솔직하면 불이익을 당하거나 불리한 위치에 놓일 수도 있다는 생각이 지배적이다. 그러나 정직하고 솔직하라.

정직과 성실을 그대의 벗으로 삼으라!

아무리 누가 그대와 친하다 하더라도

그대의 몸에서 나온 정직성과 성실만큼 그대를 돕지 못하리라.

남의 믿음을 잃었을 때 사람은 가장 비참한 것이다.

백 권의 책보다 하나의 성실한 마음이

사람을 움직이는 힘이 더 클 것이다.

벤자민 프랭클린의 말이다.

따르는 조직이나 이끄는 리더나 핵심은 정직이다. 리더는 정직해야한다. 그리고 겸손해야 한다. 자존감 높은 리더는 정직으로 구성원들의 신뢰를 받는 사람이다. 그래서 뛰어난 부하들에게 위협이나 두려움을 느끼지 않는다. 그렇기 때문에 그들은 변화와 혁신을 두려워하지 않고 우직하게 큰일을 해낸다. 어리석은 리더는 목적달성을 위해 거짓의 언어를 사용하지만 현명한 리더는 정직의 언어를 사용한다. 어리석은 리더는 성과 지향적인 도구로 구성원을 보지만 현명한 리더는 가치 지향적으로 구성원을 바라본다. 거짓의 언어로 조직을 이끄는 리더가 손쉽게 가시적인 성과를 낼 수 있을지라도 그것은 오래 지속되지 못한다.

두산그룹은 우리나라 재계 순위 13위 ^{자산 30조 원. 2017년 5월 기준 공정거래위원회 발표}인 거대 기업이다. 두산그룹은 1997~2000년에는 코카콜라, 오비맥주를 매각하고 한국중공업을 인수하면서 소비재 기업에서 인프라 전문 기업으로 전환했다. 두산그룹 고위 관계자는 "상당수 대기업이 외환

위기를 극복하는 과정에서 정부의 직·간접 지원을 받아 사업 구조를 재편했지만 두산그룹은 정부 도움 없이 스스로 사전 구조조정에 성공한 유일한 기업"이라고 했다. 이렇게 된 이면에는 두산그룹의 7가지 성공 기질이 있었다.

① 기업이 추구하는 열망의 수준을 굉장히 높게 잡음
② '남들이 안 하는 짓'만 골라서 함
③ 팩트에 기반을 둔 의사결정
④ 절체절명의 시간을 통해 우선순위 결정
⑤ 운영의 탁월성
⑥ 사람을 장기적인 자원으로 보고 사람의 이슈에 집중
⑦ 사고의 선진성 즉, '정직과 투명성' 강조

특히 두산은 7번째 기질인 '사고의 선진성' 즉, '정직과 투명성'을 강조하는 리더십으로 기업을 이끌어왔다. 다시 말해 두산그룹을 이끌고 있는 리더에게는 정직의 언어가 있었다. 미래에는 정직하지 못한 기업은 설 자리가 없을 것이다.

정직을 외치는 또 한 사람이 있다. 그는 바로 국민의당 대선후보였던 안철수다.

"함께 잘사는 정의로운 대한민국, 평화로운 한반도."

안철수가 내건 캐치프레이즈다. '정의'라는 언어가 들어가 있다. 안철수는 의사 출신으로 바이러스 백신을 개발해 국민들에게 무료로 배포

했고, 안랩이라는 벤처기업을 성공적으로 키운 사람이다. 대학교수를 거쳐 지금은 정치인의 삶을 살고 있다.

"제가 삶에서 가장 중요하게 여기는 것은 정직, 성실 그리고 끊임없이 공부하는 자세, 이렇게 세 가지입니다. 단어로만 봤을 때 얼핏 구태의연해 보이기까지 하는 이 세 가지를 일일이 설명할 필요는 없겠죠? 분명한 것은 이러한 개인적인 가치관들이 CEO로서의 행동기준과 경영철학의 근간이 되고 있다는 사실입니다. 그리고 이 가치관은 우리 회사의 핵심가치 속에도 녹아들어 있습니다. 즉, 정직은 고객과의 약속을 반드시 지키는 것에, 성실은 세 가지 핵심 가치 모두에, 공부하는 자세는 자신의 발전을 위해서 노력한다는 것에 스며들어 있습니다." 2011년 〈경향신문〉과의 인터뷰 기사다. 여기에 정직, 성실 그리고 끊임없이 공부하는 자세라는 언어가 들어가 있다. 정직을 제일 우선한다는 그의 삶을 느낄 수 있다.

그러나 청춘들의 고민을 해결하기 위해 정치를 시작했다는 정치인 안철수는 많은 상처를 입었다. 정직과 성실성은 정치 세계에서 많은 손해를 보고 상처를 받을 수밖에 없다. 그런 손해에도 불구하고 대통령이 되어 대한민국을 새롭게 만들겠다고 외롭게 싸웠다. 정치적 자산도 조직도 없이 '정직' 하나로 길을 가고 있다. 정치의 언어인 거짓말과 포장지를 거부하고 말이다. 그는 정치기술이나 정치공학의 사용도 거부하고 자신의 길을 가고 있다.

우리나라를 구하는 심정으로 나왔습니다.

70년 구태정치, 이제는 바뀌어야 합니다.

미래로 나가야 합니다. 과거에 머물러 있으면 우리나라는 망합니다.

절박한 심정으로 임하고 있습니다.

이대로 가면 다 죽습니다. 좋은 변화든 나쁜 변화든 변해야 합니다.

미래로 가야 합니다.

안철수 후보의 대통령 선거 언어다.

현실정치는 목적을 달성하기 위해 네거티브나 정보의 조작이나 전략적 은폐가 항상 존재한다. 그는 진실과 정의만을 추구하는 도덕성이 역사의 발전을 보장하지 않지만 정의가 없는 유능함 역시 오래 지속되지 못한다는 진실을 알고 있는 것 같다.

"리더는 조직의 거울이다"라는 말이 있다. 성공하는 리더는 정직하다. 리더의 정직은 원칙을 잘 지키고 그에 따른 규칙^{Rule}을 잘 지키는 데서 나온다. 정직은 리더의 최고의 덕목이다. 리더의 됨됨이를 숨김없이 그대로 보여주는 것이 리더의 정직한 언어다. 리더의 언어가 정직한 만큼 신뢰가 피어나고 리더의 행동이 옳고 곧으면 감동을 주고 구성원들이 따른다. 리더는 어떠한 경우에도 거짓말을 하면 안 된다. 정직의 언어가 리더를 살리지만 거짓의 언어는 리더를 죽인다. 옳은 말만 하고 살아도 시간이 부족한 세상이다. 거짓은 또 다른 거짓을 만들며 시간을 낭비한다는 것을 명심해야 한다.

성과를 찾는 리더,
섬김을 주는 리더

중소병원은 간호사를 뽑기도 어렵고 뽑아놓아도 일할 만하면 그만둔다고 한다. 간호사를 채용하기가 어렵다는 것이다. 어느 의과대학 교수의 말이다. 동네 미용실 원장도 미용실 직원을 채용해서 함께 일하는 게 어렵다고 한다. 이런 중소업체뿐만 아니라 대형 기업들도 직원을 제대로 관리하기 어려운 시대에 살고 있다. 과거 상명하복식 조직문화가 사라진 지 오래됐다. 부하직원들이 단순히 상사가 시키는 일을 그대로 한다고 생각하면 큰 오산이다. 개인주의가 팽배하고 점점 수평적 조직문화가 도입되고 있다. 과거 권위주의 시대의 강압적인 리더십은 이제 한계에 도달했다.

존중과 배려의 리더십이 필요하다

전통 리더십은 개인의 인성이나 삶에 대한 권리, 존중보다는 조직의 생산성 향상, 즉 성과평가에 초점이 맞추어져 있다. 그러나 다가올 4차 산업혁명 시대에는 인간 중심의 소프트한 제품, 문화, 교육, 리더십으로 흘러가게 될 것이다. 따라서 인간존중의 문화가 뿌리 깊은 기업만이 살아남을 것이다. 인간존중의 기업문화에서는 많은 기회를 창출하거나 잡아낼 수 있다. 문명의 진보는 기회를 통해 만들어졌다. 종이의 발견이 그랬고, 바퀴의 발명이 그랬다.

기업도 마찬가지다. 구성원들이 기회를 발견하고 그 기회를 현실로 만들 때 발전해왔고, 세계시장을 지배해왔다. 우리는 어떤 기회가 올지, 누가 그것을 발견할지 알 수가 없다. 중요한 것은 인간이 존중되는 문화에서 많은 기회가 만들어진다는 것이다. 이런 기회를 잘 포착하는 기업만이 살아남을 것이다. 기존 리더십이 인간의 통제를 통해 생산성 향상, 성과평가에 초점이 맞추어져 있다면, 4차 산업혁명 시대의 리더십에서는 인간존중을 통한 새로운 기회창출에 초점이 맞춰질 것이다.

심리학자들은 "사람이 행복해지려면 자기 삶을 주도하고 존중받고 있다는 느낌을 받아야 한다"라고 말하고 있다. 사람들은 다른 사람으로부터 존중받을 때 마음을 움직이게 된다. 리더가 구성원들을 섬기는 마음으로 조직을 이끈다면 그 리더는 좋은 성과를 낼 뿐만 아니라 존경을 받게 된다. 그러나 사람들은 리더 자리에 오르는 순간 이런 사실을 잃어버린다. 주위에서 흔히 보는 일이다. 리더가 되기 전에 그렇게 서로를 배려하며 마음이 좋던 사람도 리더가 되면 완전히 사람이 변해버린다. 리더라는 완장이 주는 마약일 것이다.

리더십의 종류에는 다음과 같은 4가지 유형이 있다.

① 권력형 리더십: 사회를 이끄는 강력한 카리스마를 뿜어내는 리더십

② 변혁의 리더십: 조직사회 구성원들의 신념과 가치에 새로운 변화를 주면서 혁신을 일으키도록 영향력을 행사하는 리더십

③ 섬김의 리더십: 앞에서 조직의 구성원을 이끌기보다는 개개인의 의견을 존중하고 수용하면서 영향력을 행사하는 리더십

④ 원칙주의 리더십: 자기 소신과 철학이 있고 조직사회와 조화로운 통합을 이뤄내는 리더십

물론 어떤 유형의 리더십이 더 효과적인지 시대상황이나 조직의 여건에 따라 다를 것이다. 그러나 대부분의 리더들은 권력형 리더십의 유혹에 빠진다. 변혁, 섬김, 원칙주의 리더십은 발휘되는 것이 쉽지 않기 때문이다. 한때는 조직을 이끄는 리더에게 필요한 덕목으로 '강력한 추진력과 카리스마'가 필수인 시대가 있었다. 물론 지금도 이런 리더십이 필요한 경우도 있을 것이다. 왜냐하면 조직을 맡고 있는 리더의 추진력과 카리스마는 조직을 일사분란하게 만드는 원동력이 되기 때문이다.

그러나 이런 권력형 리더십에는 몇 가지 문제점이 있다.

첫째, 권력형 리더십은 제왕적 구조로 1인의 카리스마에 의존한다. 우리나라에서는 오래도록 1인 체제의 절대적 리더십이 자리를 잡았다. 한 사람이 어떤 자리에 오르면 그가 잡은 권력^{권한}으로 모든 것을 독식

해버린다. 그렇다보니 주위에는 실력 있는 사람보다 말을 잘 듣는 '예스맨'만 모여들어 결국 조직은 혁신·발전하지 못하고 붕괴하기 시작한다.

둘째, 권력형 리더십은 결과 중심의 보여주기식 성과에만 집착한다. 리더는 오직 자신의 상사와 결과물에만 관심이 있다. 그러다보니 구성원을 인격체로 대하는 것이 아니라 리더의 목표를 달성하는 도구로만 본다. 이럴 경우 리더와 구성원은 서로를 믿지 못하고 개인주의, 이기주의로 빠지게 된다. 이런 조직은 창의성이나 열정이 사라지고 리더가 시키는 일만 하는 수동형 조직으로 변한다. 일부 구성원들은 조직을 떠나게 된다.

셋째, 권력형 리더십은 소통을 가로막는다. 요즘 조직에서 발생하는 대부분의 문제는 소통의 부재에서 발생한다. 상명하복 조직문화로 정보는 철저히 통제된다. 리더는 정보 자체가 비밀이라고 생각하기에 선택된 소수의 측근들만 정보에 접근하고 그 나머지 구성원들은 접근하기 어렵다. 리더는 아이디어보다는 효율에 집중하고 마치 군대처럼 신속하게 움직이는 것을 원하게 된다.

권력형 리더십은 상명하복의 군대식 조직에서 쉽게 성과를 거둘 수가 있었다. 하지만 현재 우리가 살고 있는 세계는 정보의 개방화 그리고 모든 것이 연결되는 초연결 시대로 접어들고 있다. 인공지능, 로봇 등 다변화되고 변화의 양상을 예측할 수 없는 시대에 과거의 리더십으로는 조직을 이끌어갈 수 없다.

이제는 리더와 구성원의 힘이 수평적 관계로 변했다. 리더에게는 공감하고 존중해야 하고 명령이 아닌 협력을 하는 리더십이 필요한 시대다. 구성원에 대한 존중과 배려의 리더십이 필요하다. 일방적으로 지시하지 말고 모두의 의견을 존중해야 한다. 세계적인 경제학자인 미국의 로버트 그린리프 Robert K. Greenleaf가 1977년 저술한 책《리더는 머슴이다》Servant Leadership에서 섬김의 리더십을 강조하고 있다.

• 내가 낮아지며 남을 배려하고 봉사하는 것

섬김의 리더십은 말 그대로 내가 낮아지며 남을 배려하고 봉사하는 것이다. 섬김이란 윗사람이 아랫사람을, 높은 자가 낮은 자를, 힘 있는 자가 힘없는 자를, 많은 자가 그렇지 못한 자를 배려하는 것이다. 섬김의 리더는 권위보다는 수평적 합의, 분권적 구조, 적응을 중시하며 구성원과 파트너 관계를 형성해간다. 제4차 산업혁명의 시대는 조직 내의 상사, 부하의 구분이 없어지고 지시와 감독은 통하지 않게 될 것이다.

때로는 리더의 능력보다 구성원을 섬기는 정신이 더 중요하다. 리더가 섬김의 리더십을 발휘하려면 구성원들에게 진심 어린 관심을 보여야 한다. 그리고 구성원을 존중하고, 구성원의 입장에서 경청하고 생각하며, 사소한 것이라도 칭찬을 아끼지 않는 리더가 되어야 한다. 섬김의 언어는 리더의 성품을 만든다. 리더의 성품은 구성원들에게 열정과 희망을 심어주고 조직의 성공 여부를 결정한다.

직원 30%를 박사로 키운 강소기업 대호테크라는 회사가 있다. 대호테크는 세계에서 처음으로 스마트폰용 곡면유리 제조장비를 개발한 회사다. '갤럭시 엣지', '갤럭시 기어' 등 곡면으로 휘어진 스마트폰의 앞면 유리와 카메라 덮개를 생산한다. 회사는 빠르게 성장하고 있다. 2013년 234억 원이었던 매출이 작년엔 1,023억 원으로 뛰었다. 2015년엔 제품을 납품하던 코스닥 상장 컴퓨터수치제어 CNC 장비 업체인 넥스턴을 인수하기도 했다.

정영화 대표는 '3일4석6십' 약속을 실천하고 있다. "30세까지 1억 원을 모으고 40세까지 석사학위를 따고 60세까지 10억 원을 벌게 해주겠다"는 것이다. 이 회사는 직원 수 60여 명의 중소기업이다. 이 회사에 근무 중인 A씨는 최근 박사 학위를 땄다. 19세에 고졸로 입사한 지 20여 년 만이다. 이처럼 고졸 출신 박사만 18명이다. 정 대표는 "일곱 살 때부터 지게를 지고 일해야 했던 '흙수저' 출신"이라며 "평생 먹고 살아갈 기술을 닦아야 할 20대가 특히 중요하기 때문에 이런 약속을 했다"고 설명했다.

회사 발전을 이끈 건 정 대표의 '동반성장' 노력이다. 창업 초기 매출이 30억 원 정도에 불과하던 대호테크에는 중하위권 성적으로 실업계 고교를 졸업한 직원이 대부분이었다. 정 대표는 직원 역량을 높여야 회사도 성장한다고 생각했다. 자신이 '직원들을 성장으로 이끄는 사람'이 되겠다고 생각해 회사와 직원을 가이드한다는 의미로 사업 초기부터 '대표', '사장'이라는 직함 대신 '운전자'라는 직함을 명함에 파고 다녔다.

이처럼 대호테크의 성공 이면에는 섬김의 리더십이 있다. '대표', '사장'이라는 명함 대신에 '운전자'라는 직함을 들고 직원들을 섬긴 것이다. 자신이 고졸 출신으로 직원의 중요성을 인식하고 특히 직원들이 평생 먹고 살아갈 수 있도록 섬김의 정신으로 기업을 경영해온 것이다. 직원의 성장이 최우선이라는, 그래서 고졸 출신이 박사 학위까지 받을 수 있게 지원하는 섬김의 언어가 묻어나는 대목이다. 직원들이 원하는 것이 무엇인지 경청하고 소통하고 존중하고 배려하는 리더다.

목표가 분명한 리더가 구성원들과 소통을 잘하고 배려할 줄 알고 섬길 줄 안다. 사회심리학자 에리히 프롬의 연구에 따르면 "인간 사회에서 실패한 자, 이기주의자, 정신병자들의 공통점은 모든 것을 비난하고 비판한다거나 다른 사람의 인격에 대한 배려도 없고 이해도 없이 교만했다"는 것이다. 말씨가 곱지 않은 사람들의 말로가 불행하게 나타났다는 걸 알 수 있다. 이제 4차 산업혁명 시대의 리더는 업무능력보다 대인관계 능력인 '소통', '경청', '배려', '섬김'이 중요한 시대다. 구성원을 섬기지 않는 리더는 더 이상 리더 자리에 있을 수 없다. 성공하고 싶은 리더는 존중과 섬김의 언어를 체질화해야 한다.

이끄는 리더,
끌리는 리더

"사람의 성공 여부를 좌우하는 것은 능력이나 성실한 자세, 운이 아니라 호감 즉, 끌림 ^{매력}에 있다"라고 노벨경제학상 수상자 대니얼 카너먼 교수는 말했다. 능력 있는 리더는 많지만 매력적인 리더는 많지 않다. 주위를 둘러보면 그다지 능력이 없는데도 사람이 많이 따르는 사람이 있다. 사람의 좋고 싫음이 능력이 아닌 어떤 매력 ^{끌림}에 있는 것이다. 구성원들은 리더의 능력보다 매력에 끌린다.

우리는 어떤 사람에게 끌리는가? 잘 나가는 사람은 부럽지만 신뢰 있는 사람에겐 운명적으로 끌린다. 끌림이 능력을 이긴다. 끌림은 신뢰감에서 온다. 리더에게 매력은 경쟁력이다. 오늘날 리더에게 최고의 경쟁력은 학벌도, 인맥도, 잘난 것도 아닌 매력이다. 리더가 되고 싶은 사람은 매력을 키우는 데 힘을 써야 한다. 매력적인 리더는 인간적으로 구성원의 마음을 끄는 철학과 스토리가 있다. 그 기반에 신뢰감이 자리하고 있다. 4차 산업혁명 시대에는 매력이 리더십인 시대가 될 것이다. 매력 있는 리더에게 사람이 몰리고 일이 몰린다. 매력은 리더를 살리고 조직을 살리는 중요한 덕목이다. 마음을 끌어당기는 힘이 없으면 조직을 제대로 이끌 수 없다.

• 매력적인 리더가 되기 위해서는 어떻게 해야 하는가?

성공한 리더의 공통점은 '매력적인 사람', '끌림이 있는 사람'이다. 구성원들이 나를 따르고 도와주게 만들려면 무엇보다도 매력적인 사람이 되어야 한다. 매력은 외모에서 나오지 않는다. 매력은 권력에서 나오지 않는다. 매력적인 리더가 되기 위해서는 어떻게 해야 하는가?

첫째, 구성원으로부터 신뢰를 얻어라. 리더가 신뢰를 얻는 기본적인 마음은 있는 그대로 행동하면서 구성원을 기분 좋게 해주는 것이다. 리더 자신의 아이디어와 성과물을 사유재산으로 여기지 말고 구성원에게 공을 돌려라. 구성원에게 잘해주어라.

둘째, 품격 있는 언어를 사용하는 리더가 되어라. 리더의 언어는 한 개인, 조직 그리고 세상을 변화시킬 수도 있다. 아니 수많은 사람의 마음을 움직일 수도 있는 힘을 가지고 있다. 구성원들은 리더의 언어를 보고 '리더의 능력'을 평가한다. 리더가 가장 영향력을 미치는 순간은 신뢰감 있는 품격의 언어를 사용할 때다. 욕설, 폭언, 인격비하 등 리더가 순간적으로 공포감을 불러오게 쓰는 말은 구성원을 제압할 수 있을지 모르지만 리더의 품격을 떨어뜨린다.

셋째, 인문적 사유를 해라. 매력적인 리더가 되기 위해서는 인간의 본성을 이해해야 한다. 만날수록, 같이 일할수록 깊이가 느껴지는 리더가 있는가 하면, 만난 지 얼마 안 되어 바닥이 훤히 들여다보이는 리더가 있다. 구성원들은 깊이가 있는 리더에게 매력을 느낀다. 리더의 깊이를 좌우하는 것은 인문적 사유 능력에 있다.

리더는 조직을 이끄는 사람이지 실무를 하는 사람이 아니다. 리더가 가장 매력적으로 보이는 것은 구성원에게 '호감'을 느낄 때다. 리더에게 호감이란 저 사람과 같이 일하고 싶은 마음, 저 사람과 밥 먹고 싶은 마음, 저 사람과 있으면 힘이 생기는 마음, 저 사람에게 나의 고민을 털어놓고 싶은 마음이 생기게 하는 감정이다. 리더여, 매력을 키워라! 매력은 구성원을 권위로 압도하는 것이 아니라 마음을 사로잡아 뿌리칠 수 없게 하는 것이다.

"이제는 리더로서 군림하던 시대는 지나갔다. 인간적인 매력과 영향력으로써 추종자를 만들어내야 한다. 안정적으로 경영을 하던 시대는 지났다. 정보, 지식 시대에는 단순히 명령을 내리고 직원들이 순순히 복종하는 것을 기대할 수 없는 시대가 되었다. 오늘날 필요한 것은 지식과 정보뿐만 아니라 인간적인 매력을 지닌 리더십이다. 직원들의 잠재력과 가능성을 발굴해주고 미래에 대한 비전을 제시하고 북돋아주면서 그들과 성공적인 인간관계를 유지해주는 리더십이다." 피터 드러커의 말이다.

• 인간적인 매력을 가진 리더십이 필요한 시기

인간적인 매력을 가진 리더십이 필요한 시기다. 그러나 아직도 우리 사회는 과거의 권위적 리더십으로 구성원을 이끌고 가려는 리더들이 도처에 깔려 있다. 권위적 리더십은 조직을 과거로 가게 만들지만 매력적 리더십은 조직을 미래로 끌고 간다. 매력적인 리더에게는 3가지 특징이 있다.

① 일보다 사람을 우선한다.
② 끊임없이 '왜'라는 질문을 던지고 이로부터 답을 찾아낸다.
③ 인문학적 사유를 한다.

4차 산업혁명의 시대는 인공지능이 인간의 사고 영역을, 로봇이 인간의 육체 영역을 담당할 것이다. 그러나 대체하지 못할 영역이 있다. 그것은 창의력, 논리력, 사고력 그리고 리더십 영역이다. 특히 인간적인 매력을 가진 리더십 영역이다. 이제 리더는 우리는 어디에 있고, 어디로 가야 하는가 하는 본원적 질문에 답해야 하는 중대한 소명의식을 가져야 한다. 소명의식이 없이 업적만 따지고 결과만 중시하는 리더십에는 매력이 없다. 매력이 없는 리더는 더 이상 조직을 발전시키지 못한다. 이제는 호감형 리더가 조직을 살린다.

이미지메이킹센터 송은영 원장은 조직을 살리는 호감형 프로의 3가지 이미지 소통에 대해 다음과 같이 이야기하고 있다.

① 호감 가는 인상印象

얼굴은 '영혼이 통하는 곳'으로 내면이 가장 많이 반영되는 거울이어서 '영혼의 꽃'이라 할 수 있다.

② 호감 가는 언상言象

한 사람의 말은 그 사람의 사상이나 사고수준, 성향, 의도, 전문성, 배려, 열정, 자신감 등이 담겨 있다. 따라서 언상을 관리한다는 것은 자기가치와 품격을 관리하는 일이다.

④ 호감 가는 체상體象

한 사람의 자세와 몸가짐을 보면 삶의 태도와 마음가짐, 자기관리 능력과 감각을 느낄 수 있다.

이제 조직을 리드하기 위해서는 구성원들에게 호감을 사야 한다. 호감은 끌림을 만들고 매력을 이끌어낸다. '호감'을 얻는다는 것은 단지 다른 사람에게 잘 보이기 위해 필요한 것이 아니다. 일에서 성공하고 구성원을 행복하게 만들고 싶은 리더에게 호감은 뛰어난 능력이나 화려한 이력보다도 가장 먼저 갖추어야 할 중요한 요소다.

공손恭則不侮 : 공손해야 업신여김을 당하지 않는다.

관대寬則得衆 : 관대해야 사람을 모을 수 있다.

신의信則人任 : 신뢰와 의리가 있어야 남이 일을 맡기게 된다.

민첩敏則有功 : 맡은 일을 민첩하게 처리해야 공적을 세우게 된다.

은혜惠則足以使人 : 은혜를 베풀어야 자연스럽게 따른다.

《논어》에 나오는 리더의 5가지 덕목에 관한 공자孔子와 제자인 자장子
張의 대화다. 자장이 공자에게 인仁에 대해 질문한 것에 대한 답변이다.
즉 공자는 다섯 가지 덕목 공손, 관대, 신의, 민첩, 은혜 을 실천하면 어진 사람이
될 수 있다고 했다. 여기서 어진 사람이란 리더를 말한다.

리더십이란 사람을 이끌어 목적을 달성하게 하는 것이다.《논어》의
'공관신민혜'는 리더가 어떻게 해야 구성원들이 자기를 따르는지를 논
리적으로 설명한 것이다. 핵심은 매력적인 리더가 되어야 한다는 것과
맥이 통해 있다는 점이다. 어진 리더는 인간적인 끌림이 있어야 한다는
것이다.

리더는 이끌지 않고 따르게 한다. 리더에게는 끌림이 있어야 한다. 끌
림은 매력에서 나온다. 매력은 신뢰의 결과물이다. 구성원들은 끌림이
있는 리더를 따른다. 끌림은 현상을 바라보는 시각을 미래 지향적이고
긍정적으로 바꿀 때 일어난다. 끌림의 리더는 구성원들이 잠재력과 가
능성을 확장하고 긍정적인 마인드로 현재와 미래를 새롭게 열어가도록
한다. 구성원들은 리더가 신뢰감을 줄 때 그를 따른다. 4차 산업혁명 시
대에 리더에게는 지식과 역량뿐만 아니라 인간적인 매력을 지닌 리더
십이 필요하다. 끌림이 있는 사람이 리더가 되는 시대다. 끌림은 매력에
서 나오고 매력의 핵심에는 신뢰의 언어가 있다.

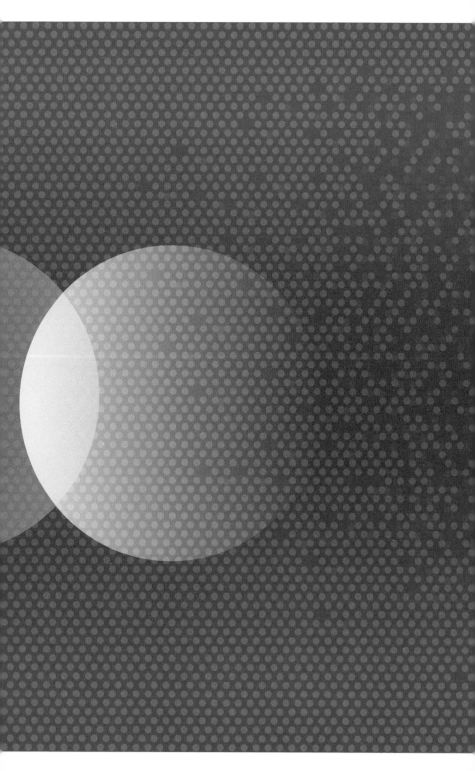

5

4차 산업혁명 시대, 실행의 언어
― 이끌지 않고 따르게 한다

THE LANGUAGE OF THE
4TH INDUSTRIAL
REVOLUTION

탁월한 리더,
탁월한 결단력

미국 GE의 잭 웰치 회장은 GE의 리더가 갖추어야 할 4E's 열정Energy, 활력 Energize, 결단력 Edge, 실행 Execute 를 다음과 같이 제시했다. GE는 실행력의 차이가 바로 경쟁력의 차이라고 인식했다. 특히 리더가 신속한 결단력을 기반으로 실행해야 조직의 체질을 바꾸고 혁신할 수 있다는 것이다. 단호한 결단력은 리더의 기본 자질이다. 결단의 순간이 리더를 리더이게 하는 바로 그 순간이다. 급변하는 환경에서 조직의 생사를 좌우하는 것이 리더의 결단력이다. 4차 산업혁명 시대에 성공하는 조직의 리더의 제1덕목은 '결단력'이다. 그러면 리더의 결단력은 어디에서 오는가?

• 리더의 제1덕목은 결단력이다

4차 산업혁명으로 인해 리더들에게 당면한 가장 시급한 과제는 자신을 둘러싼 환경을 객관적으로 바라볼 수 있는 판단력과 결단력을 겸비하는 것이다. 미래에는 인터넷만 연결되면 누구나 기회를 얻을 수 있고 전문인력을 활용할 수 있는 휴먼 클라우드 시대가 도래할 것이다. 노동의 정체성이 혁신적으로 변한다는 것이다.

이미 여러 분야에서 기계적인 단순반복 업무나 위험하고 정밀성이 필요한 육체적인 노동은 로봇으로 대체되었다. 인공지능이 발전함에 따라 변호사, 의사, 기자, 회계사, 재무분석가, 작곡가 등과 같은 전문적인 업무 영역에서도 인공지능이 사람을 대체하게 될 것이다. 이렇게 인간과 사물이 융합되는 새로운 환경을 이끄는 데는 리더의 결단하는 능력이 중요할 것이다.

어떤 결정을 해야 할 때 대부분의 리더들은 망설이게 된다. 망설인다는 것은 결단력이 부족하다는 이야기다. 결단력이 부족한 사람은 다른 사람의 말에 쉽게 이끌리거나 잘못된 판단을 하기 쉽다. 또한 구성원들을 힘들게 만든다. 결단력이 없는 사람들의 특징은 목표가 불명확하거나 의존심이 강한 사람들이다. 또한 지나치게 완벽주의자이거나 실패를 두려워하는 성향이 있다. 결단력이 없는 리더는 조직을 망하게 할 뿐이다.

'결단력'의 사전적 의미는 '결정적인 판단을 하거나 단정을 내릴 수 있는 능력'이다. '결단'이라는 말의 이면에는 불확실성이 깔려 있다. 의사결정을 해야 할 상황이 명확하지 않기 때문에 리더의 결단이 필요한 것이다. 구성원들이 일을 추진할 때 그 일의 결과가 모호하거나 불확실할 때 리더의 결단을 기다린다. 좋은 리더는 이런 명확하지 않은 상태에서 분명하게 선을 그어주는 역할을 한다.

리더가 조직을 이끌다보면 중요한 결단의 순간이 빈번하게 발생한다. 특히 리더들에게 결단의 순간은 조직의 사활을 결정할 정도로 중요하다. 조직을 이끈다는 것은 결정의 연속이다. 특히 리더는 중요한 순간에 결단해야 할 때가 많이 온다. 이런 결단이 조직을 흥하게 할 수도 있고 망하게 할 수도 있다. 리더의 결단에 따라 조직이 열정적일 수도 있고 그 반대일 수도 있다. 이처럼 리더의 '결단'은 중요하다.

그러면 리더는 이런 상황이 왔을 때 중요한 결단을 어떻게 하는가? 물론 자기 스스로 할 수도 있고, 주위 사람의 의견을 들을 수도 있고, 아니면 과거의 통계나 경험을 기반으로 할 수도 있고, 주위의 여론이나 경쟁자를 살필 수도 있다. 그러나 최종적으로 결단은 리더 자신이 하는 것이다. 이런 한순간의 결단의 결과로 영웅이 될 수도 있고 패배자가 될 수도 있다. 좋은 리더는 옳은 결단을 하는 사람이다. 옳은 결단을 위해 리더에게 중요한 것은 무엇인가? 그것은 본질을 바라보는 시선에 달려 있다. 정치면 정치의 본질, 기업이면 기업의 본질, 선생님이면 선생님의 본질로 들어가 사고하는 것이다.

고[故] 이병철 전 삼성 회장은 73세에 반도체 사업 추진을 결단한다. 우리나라는 반도체 생산 1등 국가다. 시장조사 업체 D 램익스체인지에 따르면, 삼성전자는 2016년 4분기에 낸드 시장 점유율 37.1%를 차지하면서 2위인 도시바^{18.3%}와의 격차를 두 배 이상으로 벌렸다. D램 점유율은 2014년 39.6%서 2016년 48%로 세계시장을 석권하고 있다. 세계 반도체 시장에서 한국의 위상이 이렇게 높은 것은 이병철 회장의 결단력의 결과다.

삼성은 새 사업을 선택할 때 항상 그 기준이 명확했다. 국가적 필요성이 무엇인가, 국민의 이해가 어떻게 되는가, 세계시장에서 경쟁할 수 있는가 등이다. 이 기준에 견주어 현 단계의 국가적 과제는 '산업의 쌀'이며 21세기를 개척할 산업혁신의 핵인 반도체를 개발하는 것이라고 그는 판단했다.

그러나 난제가 워낙 크고 많았다. 과연 한국이 미·일의 기술 수준을 추격할 수 있을까? 막대한 투자 재원을 마련할 수 있을까? 혁신의 속도가 워낙 빨라 제품 사이클인 2~3년 리스크를 감당해낼 수 있을까? 미·일 양국이 점유하고 있는 세계시장에 뒤늦게 뛰어들어 경쟁에 이길 수 있을까? 고도의 기술두뇌와 기술인력 확보, 훈련은 가능할까? 입지조건도 까다롭지만 무엇보다도 서울에서 한 시간 거리 이내에 공장을 세울 수 있을까? 공장의 구조도 아주 특수할 텐데 필요시설과 전문건설용역은 확보할 수 있을까 등등. 이런 열악한 여건에서 그는 결심했다. "누군가가 만난 萬難을 무릅쓰고 반드시 성취해야 하는 프로젝트다. 내 나이 73세, 비록 인생의 만기^{晩期}이지만 이 나라의 백년대계를 위해서 어렵더라도 전력투구를 해야 할 때가 왔다."

1982년 5월경 "수많은 미·일 전문가를 비롯하여 국내전문가들의 의견을 거의 다 들었다. 관계자료는 손 닿는 대로 섭렵했고, 반도체와 컴퓨터에 관한 최고의 자료도 얻었다. 그 결과 전혀 가능성이 없는 것은 아니라는 것을 알았다. 정부의 적극적인 뒷받침만 있으면 성공의 가능성이 있다"《삼성전자 30년사》에서고 그는 결론을 내렸다. 본격적으로 반도체 사업에 뛰어들었다.

결단력이 강한 리더의 특징

이처럼 리더의 결단력이 오늘의 글로벌 삼성을 만들었다. 리더의 결단력이 기업을 살리고 국가를 살리게 되었다. 리더에게 가장 필요한 능력은 결단력이다. 리더의 실력이란 결단력이다. 결단력이 강한 리더에게는 다음과 같은 몇 가지 특징이 있다.

① 본질을 바라보는 눈이 있다.
② 소리를 듣는 눈이 있다.
③ 문제를 제대로 파악하는 눈이 있다.
④ 신념과 용기로 가득 찬 눈이 있다.

첫째, 결단력이 강한 리더는 자신이 하고 있는 업의 본질에 대한 식견을 가지고 있다. 그리고 업의 본질을 최고의 수준으로 끌어올리기 위해 실천해야 할 일들을 파악한다. 예를 들어 스마트폰을 만드는 리더라면 단지 매출을 올리는 데 초점을 맞추는 게 아니라 본질에 초점을 맞춘다.

본질에 초점을 맞추면 평소 보이지 않았던 요소들이 눈에 들어오기 시작한다. 고객이나 구성원들에게 줄 수 있는 '가치' 같은 것 말이다.

둘째, 결단력이 강한 리더는 소리를 듣는 눈이 있다. 리더의 주위에는 수많은 소리가 있다. 충언하는 소리도 있고 아부하는 소리도 있다. 쓰러뜨리기 위해 헐뜯는 소리도 있고 일으켜 세우기 위해 격려하는 소리도 있다. 고통에 시달려 신음하는 소리도 있고 무언가 얻기 위해 호소하는 소리도 있다. 전문가의 소리, 경험자의 소리, 고객의 소리, 경쟁자의 소리, 구성원의 소리, 규제 당국자의 소리, 각 국가의 소리 등 많은 소리가 존재한다. 리더는 이런 모든 소리를 듣는 것을 좋아해야 한다. 불교에 관세음觀世音이라는 말이 있다. '세상의 소리를 본다'는 말이다. 원래 소리는 귀로 듣는 것인데 눈으로 본다는 것이다. 이류 리더는 소리를 귀로 듣지만 일류의 리더는 소리를 눈으로 본다. 귀로는 소리를 제대로 들을 수 없다. 귀로 소리를 들으면 감정이 흔들려 공감하기 어렵다. 그러나 소리를 눈으로 보면 들리지 않던 소리가 들린다. 모든 사람과 공감이 쉬워진다. 소리를 보는 눈이 있어야 결단력이 강한 리더가 된다.

셋째, 결단력이 강한 리더는 문제를 제대로 파악하는 눈이 있다. 이류 리더는 보통 어떤 문제를 접하면 답을 찾으려고 한다. 그런데 정작 문제가 무엇인지 모르는 경우가 많다. 답을 만들기보다 먼저 문제를 명확히 정의하는 것이 중요하다. 일류 리더는 문제를 명확히 하는 일에 집중한다. 그리고 구성원들이 문제의 해결방법을 찾도록 지원한다. 결단력은 문제를 명확히 파악하는 데서 나오기 때문이다.

넷째, 결단력이 강한 리더는 신념과 용기로 가득 찬 눈이 있다. 결단에 특별히 능력이 필요한 것은 아니다. 신념과 용기가 결단을 만들어낸다. 신념이란 어떤 사상이나 생각을 굳게 믿으며 그것을 실현하려는 의지를 말한다. 신념이 있는 리더는 스스로 믿는 대로 되고, 스스로 그리는 대로 되고, 스스로 말하는 대로 행동으로 옮기는 사람이다. 신념이 약한 리더는 자기가 보고 싶은 것만 본다. 더 정확히 말하면 자신이 볼 수 있는 것, 자신이 믿고 싶은 것만 보고 믿는다. 자신이 볼 수 없는 것은 보지 않으며, 믿고 싶지 않은 것, 자신의 신념에 위배되거나 자신이 믿고 있다는 사실을 불편하게 만드는 것은 봐도 못 본 척해버린다. 신념이 강한 사람은 자기 내면이 아닌 타인의 눈으로 세상을 바라보기 때문에 결단력이 강하다.

　4차 산업혁명 시대에는 리더의 결단력의 언어가 역사를 만든다. 결단력의 언어에는 본질을 바라보는 눈, 소리를 보는 눈, 문제를 제대로 파악하는 눈, 신념과 용기로 가득 찬 눈이 있다. 결단력은 관세음^{관세음}처럼 눈으로 세상의 소리를 읽는 것이다. 4차 산업혁명에 필요한 리더는 용기와 결단력이 있는 사람이다.

• 리더는 결단을 내리는 일을 한다

리더는 결론을 내리는 사람이다. 리더는 말하는 사람이 아니다. 리더는 귀를 크게 하고 구성원들의 이야기를 듣고 또 들어야 한다. 듣기 위해서는 강한 인내심이 필요하다. 듣기 위해서는 내면의 깊은 성찰이 필요하다. 이류 리더는 말을 많이 한다. 일류 리더는 듣기를 좋아한다. 이류 리더는 처음부터 말을 한다. 일류 리더는 마지막에 말을 한다. 리더는 말을 많이 하면 안 된다. 왜냐하면 리더가 하는 말이 곧 결론이기 때문이다.

리더는 결단을 내리는 일을 한다. 리더는 결정하는 사람이다. 리더는 비전과 통찰력을 갖고 결단을 내리는 일을 해야 한다. 리더에게 가장 필요한 능력은 결단력이다. 리더의 실력이란 의사결정 능력이다. 단호한 결단력은 리더의 기본 자질이다. 탁월한 리더의 2가지 자질은 판단력과 결단력이다. 결단에 특별히 능력이 필요한 것은 아니다. 신념과 용기가 결단을 만들어낸다.

리더의 첫 번째 덕목은
성과 창출

리더의 역할은 일반적으로 조직의 미션과 비전과 달성해야 할 목표를 수립한다. 동기부여를 통해 목표와 비전을 달성할 수 있도록 구성원을 독려하는 일을 한다. 이뿐만 아니라 열정이 넘치고 행복한 조직을 만들기 위해 적절한 조직문화도 만들고, 구성원들과 끊임없는 소통을 통해 그들이 원하는 것이 무엇인지 파악하며 문제도 해결해주어야 한다. 리더로서는 당연히 해야 할 일들이고 또 잘 해야만 한다. 그러나 리더가 해야 할 첫 번째 덕목은 성과를 창출하는 것이다. 리더에게 성과 창출 없는 비전은 무의미한 일이다. 리더라면 성과를 내는 데 무엇을 해야 하고 어떻게 해야 하는지, 이에 대해 집중해야 한다.

　대부분의 리더는 조직이 앞으로 나아가야 할 명확한 방향을 제시하고, 가장 중요한 목표를 세운 뒤에 최적의 실행을 통해 탁월한 성과를 내기를 원한다. 그리고 이런 목표를 달성하기 위해 모든 자원을 동원해 노력한다. 그러나 생각대로 성과를 창출하기는 쉽지 않다. 리더가 아무리 좋은 비전과 목표를 수립했다고 해도 성과로 이어지지 못하면 실패한 리더가 될 것이다. 구성원들은 성과를 내지 못하는 리더를 따르지 않을 것이다.

• 리더는 성과로 말한다

리더는 성과로 말해야 한다. 아무리 학력, 학벌이 우수하고 경력이 화려하고 휴먼 네트워크가 좋더라도 성과를 만들지 못하면 의미가 없다. 우리 주위에는 포장에만 능숙한 리더들이 도처에 있다. 포장에 능숙한 리더란 실행력이 없어 성과를 내지 못하는 사람들이다. 다시 말해 화장 기술이 뛰어난 사람들이다. 보고서를 잘 만들거나, 보고를 잘하거나, 파워포인트의 달인들이다. 이런 리더들은 보고서 만드는 데 목숨을 걸어 자신의 상사에게 잘 보이려는 속성이 있다. 그러나 실제 실행력은 떨어져 성과를 창출하지 못한다.

성과를 내지 못하는 이류 리더는 포장지만 만들지만 성과를 창출하는 일류 리더는 콘텐츠에 집중한다. 이류 리더의 시선은 자신의 상사에게 가 있지만 일류 리더는 성과 지향적인 사람과 어울리고, 가치 지향적인 곳에 시선이 가 있다. 이류 리더는 실행을 통한 성과 창출에 관심을 두지 않고 오직 보고서만 바라본다. 어떻게 보고할지 보고서 형식만 강조하다 보니 진정 필요한 성과 창출에 소홀하다.

실행력을 높여 탁월한 성과를 창출하는 리더가 되려면 어떻게 해야 하는가?

그러면 실행력을 높여 탁월한 성과를 창출하는 리더가 되려면 어떻게 해야 하는가?

첫째, 리더는 비전과 가치에 대한 방향성을 구성원들과 공유해야 한다. 먼저 리더는 방향 설정을 명확히 해야 한다. 리더로서 조직의 방향성을 이해하고 이를 구성원들과 공유할 수 있는 조직의 미션Mission, 비전Vision, 가치Value에 대한 방향성을 제시해야 한다. 이러한 방향 설정의 요소들은 리더의 생각을 구체적으로 표현하는 것이고, 이것들은 조직 구성원들과 한 방향으로 공유되어야 한다.

둘째, 리더는 승부근성 있는 조직문화를 만들어야 한다. 구성원들의 승부근성을 키워줘야 한다. 요즘같이 경쟁이 치열하고 기술 발전이 빠른 시대에 중시되는 리더의 덕목은 '승부근성'이다. 승부근성이 있는 리더는 업무 완성도가 높고 실행력과 돌파력이 있다. 승부근성이 있는 조직이 탁월한 성과를 만들어낸다. 모 그룹이 만년 2등인 원인을 분석했다고 한다. 결론은 사람에 문제가 있었다고 한다. 그래서 직원을 뽑을 때 승부근성이 있는 사람을 최우선 순위로 두고 뽑았다고 한다. 승부근성은 지식에서 나오는 것이 아니라 인성 즉, 마음가짐에서 나온다. 우선적으로 리더가 승부근성을 가져야 하고, 조직 구성원을 승부근성이 있는 사람으로 만드는 것이 중요하다. 리더에게는 인성이 아니라 목표를 달성하는 능력이 중요하다. 조직원을 이끌고 있다고 해서 성과를 내는 리더가 되는 것이 아니다. 실행을 통해 성과를 내지 못하면 아무리 지능과 성품이 우수해도 쓸모가 없다.

셋째, 리더는 독하게 몰입해야 한다. 성과를 창출하는 리더는 그저 남들보다 오랫동안 일해서 그렇게 된 것이 아니다. 그는 자신에게 주어진 시간 내에 더 많은 일을 독하게 했기 때문이다. 그는 목표를 설정하고 독하게 그것을 판 것이다. 리더는 목표달성을 위해 자기만의 방식으로 몰두하게 되면 언젠가 놀라운 성과를 내게 된다. 남다른 성과를 내려면 하나를 파고 들어가야 한다. 몰입이 행동을 변화시키고 그 행동이 성과를 만들어낸다. 리더가 몰입할 때 구성원들도 몰입할 수 있다.

넷째, 리더는 가치 있는 일에 우선한다. 리더십을 갖춘 진정한 리더의 본질에는 다음 세 가지가 있다.

① 구성원이 해야 할 업무를 명확하게 한다.
② 코칭과 피드백을 통해 위임받은 구성원이 성과를 낼 수 있도록 한다.
③ 급한 일보다 중요한 가치 있는 일이 무엇인지 알고 실천한다.

• 가치 있는 일을 해야 성과를 낸다

성과를 내는 리더는 급한 일에 매달려 있는 사람이 아니라 가치 있는 일을 하는 사람이다. 리더 앞에는 급한 일과 중요한 일^{가치 있는 일}이 항상 상존하고 있다. 보고서 작성, 긴급현안 보고, 이슈 보고, 마감 작업 등 급한 일이 쏟아진다. 성과를 내기 위해 중요한 일을 정해놓고 시간을 투자하는 리더와 급한 일 처리에만 시간을 낭비하는 리더의 성과는 같을 수가 없다. 피터 드러커는 '나는 가치 있는 일을 하고 있는가?'라는 성과 창출 원리인 '체계적 폐기'에서 다음과 같은 질문을 던지고 있다.

○ 나는 과연 가치 있는 일을 하고 있는가?

○ 나는 강점이 있는 일을 하고 있는가?

　하고 싶은 일이 아니라 잘할 수 있는 일을 해야 한다.

○ 해서는 안 될 일을 하고 있지 않은가?

　성과 창출에 쓸모없는 일, 나의 강점이 없는 일, 가치 없는 일의 폐기한다.

○ 자리가 달라지면 일하는 방식이 달라지는가?

　자신의 강점을 발휘할 수 없는 일을 맡으면 안 된다는 것이다.

가치 있는 일을 해야 성과를 창출할 수 있다는 것이다. 성과를 내는 리더는 구성원들이 중요한 일^{가치 있는 일}에 우선할 수 있도록 배려하는 것이 매우 중요한 업무다.

다섯째, 리더는 행동할 수 있는 조직문화를 만든다.

리더는 성과를 창출하기 위해서 무엇을 변화시켜야 할지 인식하고, 리더로서 조직에서 어떻게 역량을 발휘할 수 있는지 알며, 탁월한 역량을 발휘하기 위해서는 무엇을 해야 할지에 대해 깊이 있는 고민을 해야 한다. 리더는 구성원들이 행동할 수 있는 조직문화를 만드는 데 고민할 필요가 있다. 실행력은 의지의 문제가 아니라 환경에 의해 좌우되는 경우가 많다. 사람은 환경에 적응하면서 살아가는 동물이다. 예를 들어 직장인들은 사무실에서 매일 종이컵을 사용해 커피를 마신다.

그런데 종이컵이 환경오염의 주범이라고 하여 정책적으로 종이컵 대신 컵을 하나씩 나눠주고 그걸 사용하라고 한다. 처음에는 커피를 마시고 난 다음 컵을 물로 씻는 일이 불편하다. 그러나 종이컵이 없기 때문에 컵을 사용해 커피를 마시게 된다. 결국 컵 사용에 적응을 하게 된다. 리더가 조직생활에서도 마찬가지로 행동으로 옮길 수밖에 없는 환경을 만들어준다면 구성원들은 행동하게 되어 있다. 리더의 역할은 구성원들이 행동하게 문화를 바꾸는 일을 해주면 된다.

리더십이 경쟁력인 시대다. 리더십은 성과 창출의 언어에서 나온다. 4차 산업혁명 시대에는 성과를 창출하는 리더가 주도할 것이다. 성과 창출 능력을 가진 리더만이 조직을 이끌어갈 수 있다. 성과 창출의 언어는 급변하는 경쟁환경에서 살아남는 유일한 무기가 될 것이다. 리더가 되고 싶은 사람은 성과를 내는 언어를 구사해야 한다.

리더는 성과를 내는 사람이다. 진정한 리더에게는 성과 창출 능력이 있어야 한다. 리더의 첫 번째 덕목은 성과를 내는 것이다. 두 번째 덕목

또한 성과를 내는 것이다. 마지막으로 해야 할 리더의 덕목도 성과를 내는 것이다. 리더의 최고 덕목은 조직 생존을 위한 성과를 지속적으로 창출하는 것이다. 성과를 창출하는 리더가 되고 싶은가? 그렇다면 효율성 efficiency 보다는 효과성 effectiveness 에 포커스를 맞추어라. 리더가 효율적으로 조직을 이끈다는 것은 성과보다는 조직을 경제적으로 이끈다는 것을 말한다. 그러나 효과적으로 조직을 이끈다는 것은 성과를 높이도록 일을 한다는 것이고 가치 있는 일에 자원을 투입한다는 말이다. 성과를 내는 리더는 더 적게 일하면서 더 많은 것을 만들어내는 사람이다. 4차 산업혁명의 리더라면 먼저 효과성에 시선을 두고 생각하라.

1%가 다른
실행하는 리더

글로벌 경영컨설팅 업체인 타워스왓슨Towers Watson에 의하면, 우리나라의 직장인들 중 몰입 수준이 높은 사람은 전체의 17%에 불과했다. 즉 10명 중 8명은 일에 충분히 몰입하지 못하고 있는 것이다. 글로벌 평균은 35%이다. 우리나라 직장인들이 열정을 가지고 스스로 일하는 문화가 부족하다는 것을 보여준다. 그 이면에는 권위주의적이고 위계적인 조직관리가 있다. 특히 공공조직이나 규모가 큰 기업들이 그렇다.

• 권한 위임으로 열정을 불어넣어라

사람들은 왜 일하는가? 사람들은 단순히 먹고살기 위해 월급을 받으러 회사를 다니지 않는다. 회사라는 무대를 통해 자신이 가지고 있는 아이디어와 지식 그리고 기술을 세상에 알리고, 자신의 존재가치를 인정받고 싶은 것이다. 그러나 현실은 그렇지 않다. 개인은 조직의 한 부품이 되어가고 있고, 회사는 성과평가라는 명목으로 '사람'보다는 '돈' 중심으로 끊임없이 직원을 채찍질하려고 한다. 이런 채찍질이 강해질수록 개인들은 '열정'과 '꿈'을 잃어간다. 또한 '감동'도 '설렘'도 희미해져간다.

'열정이 사라진 직장인들 그리고 미련 없이 떠나는 젊은이들', 이것이 현재 우리 직장인의 현주소다. 우리나라의 많은 기업들이 정부기관 못지않게 관료적이고 권위주의적이라는 뜻이다. 여전히 상명하복에 의해 상사는 시키고 부하는 시키는 일만 하는 노동자일 뿐이다. 남들이 부러워할 만한 좋은 직장에 들어온 신입사원들이 2~3년 버티다 과감히 떠나는 것을 종종 본다. 기존 직장인들도 꿈과 열정이 사라진 지 오래다. 그러다보니 직무 몰입도도 떨어지고 언젠가는 떠날 준비를 하느라 바쁘다. 조직에 대한 충성도가 낮아졌고, 구성원 간 친밀도선배가 이끌고 후배가 따르면서 서로 키워주는 문화도 많이 낮아졌다.

지금 직장인들의 가치관은 과거에 비해 많이 변했다. 4차 산업혁명 시대에는 우리가 지금까지 알고 있던 일하는 방식과는 전혀 다른 새로운 방식의 일터가 만들어질 것이다. 일에 대한 가치가 변한다는 이야기다. 이들은 봉급이 줄더라도 자리를 옮겨 좀 더 자유롭게 살기를 원한다. 좀 더 주도성을 가지고 자유롭게 일할 수 있는 곳으로 발걸음을 옮기고 있다. 어떻게 해야 구성원들이 신나게 일할 수 있는 일터를 만들수 있을까.

구성원들에게 열정을 심어주는 것은 리더의 행동에 달려 있다. 구성원들에게 열정을 불러일으키려면 어떤 일을 위임할지 결정하고 원칙과기준을 제시해야 한다. 보통의 리더는 하나에서 열까지 구성원들의 모든 일에 관여하는 경우가 많다. 일하는 과정에서 독선과 독단으로 흐르기도 하고 자신의 생각대로 조직을 이끌어가려고 진을 빼는 경우가 많다. 이럴 경우 구성원들은 시키는 일만 하고 새로운 것에 도전을 하지 않는다. 스스로 일을 하려고 하지도 않고 열정도 식어버린다. 리더라는 완장이 그렇게 만들어버린다. 리더만 더 힘들어진다.

• 리더십을 갖춘 진정한 리더의 3가지 특성

리더십을 갖춘 진정한 리더는 3가지 특성이 있다.

① 구성원이 해야 할 업무를 명확히 하고 권한을 위임한다.
② 코칭과 피드백을 통해 위임받은 사람이 성과를 낼 수 있도록 한다.
③ 업무를 위임하고 관리하는 능력을 갖고 있다.

권한 위임 Empowerment 이란 단순히 리더의 권한을 구성원에게 넘겨주는 것을 뛰어넘어 위임받은 구성원이 스스로 리더의 입장에서 생각해 업무를 처리함을 의미한다. 단, 위임 대상자의 위험도가 높지 않고 권한을 위임하는 대상자가 신뢰할 만한 인물인지 이 전제조건을 충족하는 경우에만 권한 위임이 진행되어야 한다.

권한을 위임할 줄 아는 리더는 1%가 다르다. 실행력으로 성과를 내는 리더는 권한 위임을 통해 직원들을 주도적으로 일하도록 하고, 스스로 좀 더 큰 조직의 방향과 전략에 대해 고민한다. 신뢰를 기반으로 한 권한 위임은 조직과 직원을 위해 하는 것이지만, 궁극적으로 리더 자신을 위해서 하는 것이기 때문이다. 리더가 권한을 위임한다는 것은 구성원들이 주도성을 갖고 창의적으로 일하라는 것이다. 구성원들이 창의와 자율을 통해 스스로 일하는 조직을 만드는 것이다.

한라 개발사업본부는 구성원들이 스스로 파트를 만들어 운영하는 신인사제도인 'Part장 선택제'를 도입했다. 'Part장 선택제'는 본부 내 3개 팀 아래 실무 파트를 업무 특성에 따라 본부장과 팀장이 구성해주던 기존의 하향식 방식이 아닌, 구성원들이 스스로 일하고 싶은 파트를 만들어 조직을 운영하는 상향식 자율 조직 구성 시스템이다.

우선 파트장을 원하는 과장급 이상 중간관리자가 파트의 목표와 주요업무 그리고 운영계획을 제시하면, 구성원들은 자신의 비전과 스타일 등을 고려하여 원하는 파트에 지원하고, 이를 적절히 매칭을 하여 실무 파트를 구성한다. 파트장은 리더로서 항상 깨어 있는 자세로 미래를 위한 목표의식과 지속적인 혁신을 추구하며, 구성원들은 자율적 선택을 통한 성과도출에 대한 의욕과 선택에 수반된 의무감을 스스로 높여,

조직 전체에 활기찬 업무 분위기를 조성하고 실질적인 업무 효율을 증진하는 데 목적이 있다.

'Part장 선택제'로 구성원들은 할 일에 대한 목표를 공유하고 같은 꿈을 스스로 만들어간다는 것, 부여된 목표에 대한 조직원 능력의 단순한 합이 아니라 '개개인의 의지와 목표가 반영된 방향성이 합'이라는 협력의 가치를 극대화하는 조직을 구성하는 것에 큰 의의와 자부심을 느끼고 있다고 한다.

한라의 사례는 리더가 구성원에게 권한 위임을 한 성공 사례다. 권한위임이라는 것을 통해 1%가 다른 리더가 된 사례다. 리더는 스스로 일하는 조직을 만들기 위해 '일하고 싶은 분위기를 조성', '출근하고 싶은 조직', '구성원의 자발적 동기부여와 적극적인 업무 몰입을 유도하기 위한 방안'등 권한 위임의 언어를 사용하고 있다. 4차 산업혁명 시대에는 권한 위임의 언어를 사용하는 리더만이 차별화가 가능하고 1%가 다른 리더의 반열에 오를 것이다.

조직심리학 박사인 로버트 서튼Robert Sutton 교수는 "부하들이 일을 못하게 하는 사람"은 나쁜 리더인 반면 "부하들이 제대로 일을 할 수 있게 해주는 사람"이 훌륭한 리더라고 했다. 리더의 성공 여부는 얼마나 효율적으로 권한을 위임해 구성원들이 스스로 일할 수 있게 해주느냐에 달려 있다.

업무 환경이 급변하는 시대, 그리고 사람의 가치관이 변하는 4차 산업혁명 시대에 리더 한 사람에게 의존하여 일한다는 것은 리스크가 매우 높다. 4차 산업혁명 시대는 영웅적인 리더 한 사람이 일하는 시대가 아니다. 이제 구성원들은 리더의 일방적인 지시만 따르는 가치 없는 일을 원치 않는다. 자신이 하는 일이 가치 있고 그런 일을 통해 스스로 생각하고 주도한 업무를 통해 성장하고 있다는 느낌을 받을 때 열정을 가지게 된다. 리더는 조직 차원에서 이를 뒷받침할 수 있는 권한 위임을 해야 하고 수시로 권한 위임의 언어를 구성원들에게 이야기해야 한다.

축구 감독은 직접 운동장에서 뛰지 않는다. 그는 각 선수들에게 포지션을 주고 그에 따른 미션과 역할을 줄 뿐이다. 자기가 직접 뛰지 않는 대신에 각 포지션별로 권한을 위임하고 선수들이 잘 뛰게 하여 목표를 달성하게 한다. 권한 위임이 잘된 팀이 좋은 성적을 가져온다. 비즈니스 세계도 마찬가지다. 리더가 직접 현장에서 일을 하려고 해서는 안 된다. 각 구성원에게 맞는 미션과 역할을 주고 열심히 일할 수 있도록 지원과 피드백을 하면 된다. 보통의 리더는 오직 자기 능력만을 발휘하지만 1%가 다른 리더는 타인의 힘과 지혜를 사용할 줄 안다.

스스로 일하는 조직을 만드는 것이 리더의 책무

4차 산업혁명 시대에는 지시에 의해 움직이는 조직보다 스스로 일하는 조직을 만드는 것이 리더의 책무다. 조직을 활력과 열정으로 넘치게 만드는 일이 리더가 해야 할 중요한 임무다. 업무 몰입도를 높이고 열정을 불어넣기 위해 리더는 자기가 가진 권한을 구성원에게 적절하게 위임해 성과를 만들어가야 한다. '지시·보고' 체계에 익숙한 리더의 경직된 사고로는 4차 산업혁명 시대에 조직을 이끌어갈 수 없다.

심리학자 다니엘 골면 Daniel Goleman 은 "지시형 리더십이 필요한 경우도 있지만, 과도하면 구성원들의 사기와 자부심, 일에 대한 보람을 저해할 수 있기 때문에 반드시 경계해야 한다"라고 말했다. 자율과 창의성에 의해 스스로 움직이는 조직은 리더가 구성원을 믿고 권한을 위임하는 데서 나오는 것이지 당근과 채찍을 가지고 밀어붙이는 데서 나오는 것이 아니다. 실행하는 1%가 다른 리더는 구성원들이 스스로 일하게 하는 조직을 만드는 사람이다.

실패하는 리더의 공통점은
실행력이 부족하다는 것

"실패하는 리더의 공통점은 실행력이 부족하다는 것이다."

"실패하는 리더의 70%는 단 하나의 치명적인 약점을 가지고 있다. 그 것은 바로 실행력의 부족이다. 오늘날 미국 경영자의 95%가 옳은 말을 하고 5%만이 옳은 일을 실행에 옮긴다." 미국 경제지 〈포춘〉의 내용이 다. 포기하지 않고 끝까지 결심을 실천하는 리더들, 그래서 성공적으로 조직을 이끌어가는 리더들, 그들의 공통점은 구성원들이 할 수 없다는 수많은 핑계를 이야기할 때 해야만 하는 한 가지의 절실한 이유를 찾고 실행에 옮긴다는 것이다. 즉, 실행력이 뛰어난 사람들이었다.

리더에게 실행력이란 무엇인가? 실행 Execution 이란 조직이 추구하는 목표를 가시적 성과로 이끌어내는 연결 고리 Linkage 라 할 수 있다. 즉, 조직이 추구하는 목표를 실천해나가는 체계화된 프로세스다. 흔히 실행이라 함은 전략을 수립한 후 세부적인 행동계획을 수립하는 것으로, 하위 차원의 전술 Tactic 개념으로 생각하는 사람들이 많이 있다. 그러나 실행은 그 자체가 전략이다. 아무리 좋은 목표를 세웠더라도 제대로 실행하지 않으면 가시적인 성과를 얻을 수 없기 때문이다.

리더가 실행력은 갖는다는 것은 중요한 일이다. 실행력이 곧 조직을 생존하고 발전하게 만드는 중요한 요소이기 때문이다. 아무리 리더가 좋은 생각을 가지고 있고 전략이 뛰어나도 실행하지 않으면 그것들은 쓰레기에 불과하다. 리더는 복잡한 일을 간단하게 만드는 능력을 갖추어야 한다. 그래야 실행력이 생긴다. 복잡하게 생각하면 할수록 실행에 옮길 수 없는 게 인지상정이다. 구성원들은 리더의 실행력에 따라 움직인다. 리더는 복잡한 것을 구성원들이 실행할 수 있도록 구체적으로 업무를 나눠 역할을 줌으로써 목표를 향해 움직일 수 있도록 해야 한다.

똑같은 비전과 전략을 수립했음에도 어떤 조직은 성공하나 어떤 조직은 실패한다.《실행에 집중하라》의 저자 래리 보디시는 "기업의 성패를 좌우하는 가장 중요한 요인은 전략적 계획을 '실행'에 옮기는 역량이며 실행력이 뛰어난 기업에서는 사람을 실수의 희생양으로 삼지 않는다. 실행은 오늘날의 비즈니스 환경에서 재론의 여지가 없는 덕목이다. 실행력은 기업이 경쟁력을 확보하기 위해 반드시 터득해야 하는 구체적인 행동체계이자 기술체계를 말한다. 실행력은 모든 것과 연관된다. 실행력이 뛰어난 리더는 업계에서 발생 가능한 일들을 예측할 수 있다. 비즈니스 리더는 실행의 체계부터 터득해야 한다"라고 실행의 개념을 말하고 있다. 성공하는 조직과 실패하는 조직의 차이는 실행력에서 난다는 것이다.

4차 산업혁명 시대에 진정한 리더가 되기 위해서는 비전을 제시하고, 구성원과 소통하며, 이를 실행으로 옮길 수 있어야 한다. 평범한 리더는 시도하기도 전에 너무 많은 생각을 한다. 그러다 수립한 목표를 포기한다. 우리나라 기업이든 국가든 과감한 실행력을 가진 리더를 만나기 힘든 시기이다. 주위의 환경이 복잡해지고 불확실한 것들이 많아졌기 때문에 리더들은 더욱 왜소해지고 있다. 미래 예측이 어려워 자신감도 떨어지고 있다. 손에 피를 묻히는 일도 하지 않으려고 한다. 생각이 깊어지기만 한다. 하지만 소수의 성공한 리더들은 다르다. 그들은 아무리 어려운 환경에서도 실행할 수 있는 실마리를 찾아낸다. 그리하여 보통의 리더들이 엄두도 내지 못하던 큰일을 해낸다.

• 세계 최고의 실행력을 갖추라

4차 산업혁명 시대에 리더는 '실행의 언어'로 구성원을 이끌어야 조직을 발전시킬 수 있다. 2012년 GS건설은 이란 파스석유가스공사 POGC가 발주한 12억 4,000만 유로 약 2조 1,000억 원 규모의 이란 사우스파스 6~8단계 가스탈황설비 공사를 이란 현지 업체인 IGC와 공동으로 수주했다. 이로써 GS건설의 한 해 동안 해외건설 공사 수주액이 3조 7,200억 원을 기록했다. 이런 실적은 어떻게 만들어졌는가? 그 이면에는 GS그룹 허

창수 회장의 '실행의 언어'에 있었다. "세계 최고 실행력 갖추라"는 허 회장의 언어가 의미하는 바가 컸다.

그는 "쉽지 않은 여건에서도 변함없이 성과를 내는 저력 있는 기업들은 예외 없이 강력한 실행력을 지니고 있다"며 "실행의 완성도와 스피드를 확보할 것"과 "실행은 개인이 아니라 팀이 하는 것"임을 강조하면서 실행 방안의 끊임없는 개선을 당부했다. 특히 그는 "목표수준을 높게 잡고 과감하게 도전해야 한다"며 "큰 방향이 결정되면 타이밍을 놓치지 말고 이를 구현하기 위한 다양한 시도를 해야 한다"고 말했다. 그는 "다소 미흡한 점은 현장에서 부딪히면서 조정하고 보완해나가는 것도 때로는 좋은 방법"이라며 "실행의 완성도를 제대로 확보하려면 보통의 성실성을 훨씬 뛰어넘는 최고의 장인정신을 발휘해야 한다"고 말했다.

GS건설이 이처럼 실적을 내는 데는 그룹 리더의 실행 언어가 자리하고 있다는 것을 알 수 있다. 그는 "현장에서 실행력의 우위를 확보해나가는 과정은 마치 물방울을 모아서 큰 호수를 만드는 것과 같다"는 명언을 남겼다. 이처럼 리더의 실행 언어가 조직을 성장시키는 원동력이 되는 것이다.

실행력이 약한 리더의 특징

실행력이 약한 리더에게는 몇 가지 특징이 있다. 첫째, 실행력이 약한 리더는 실행보다는 문서를 중시하는 습성이 있다. 이들은 비전과 전략

목표를 수립하는 데 비중을 더 둔다. 비전과 목표의 실질적 달성에 역량과 시간을 보내기보다 문서를 만드는 데 많은 에너지와 시간을 낭비한다. 즉, 어떻게 하면 문서를 잘 만들고 멋있게 보일지 이에 정신이 팔려 있다. 그리고 문서를 잘 만드는 구성원에게 좋은 평가를 준다. 이것은 실행력을 떨어뜨리는 것으로 진정한 역량의 왜곡을 불러일으킬 수 있다. 이런 리더가 우리 주위에는 의외로 많다. 문서로만 일하는 것이 가장 쉽기 때문에 그렇다.

둘째, 실행력이 약한 리더는 과거 자신이 이룩한 실적에 의존하곤 한다. 리더의 경우라면 어느 정도 과거에 자기가 쌓은 실적이나 경험을 가지고 있다. 실행력이 약한 리더들은 이런 자신이 경험한 실적을 믿고 그 습성에서 벗어나지 못한다. 이런 과거의 습성에 빠져 있는 한 새로운 것을 실행하는 데 한계가 있다.

셋째, 실행력이 약한 리더는 실패에 대한 두려움이 있다. 아직도 우리 조직문화는 리더가 어떤 일을 추진하다 실패하게 되면 그 책임을 리더에게 묻는다. 리더는 실패에 따른 두려움을 가질 수밖에 없다. 실패에 대한 두려움은 리더로 하여금 실행보다는 한 번 더 생각을 하게 한다. 이런 조직문화로는 리더에게 절실한 실행의 에너지를 뺏어갈 뿐이다.

실패하는 리더는 실행력이 부족한 리더다. 성공한 리더와 실패한 리더의 차이는 실행력의 차이다. 리더의 경쟁력은 실행력에 따라 결정된다. 실행력은 리더가 반드시 갖추어야 할 행동 습관이다. 실행력이 뛰어난 리더만이 조직을 이끄는 과정에서 발생 가능한 일들을 예측할 수 있다. 리더의 실행력이란 자기의 생각을 구성원들에게 전달하여 실제로

행하게 하는 능력을 말한다. 연구 결과에 의하면 실행력에 영향을 주는 요인으로 확고한 의지55%, 즉시 실천하는 습관39%, 주변의 도움3%, 치밀한 전략1%을 꼽았다. 결국 실행력은 리더의 확고한 의지와 즉시 실천하는 습관에 의해 좌우된다.

실행력이 강한 리더는 제대로 된 조직의 목표를 수립할 수 있는 능력을 가지고 있다. 리더는 목표 수립 시 합리적으로 짚어보고 목표를 결정한다. 그리고 목표가 결정되면 즉각적으로 실행한다. 결정된 바를 미루지 않고 바로 시작하고 마무리하는 습성을 가지고 있다. 목표를 수립하는 것보다 이를 실행하는 것이 훨씬 어렵다. 어떤 것을 실행하는 데는 많은 자원사람, 자금, 시간이 필요하기 때문이다.

• 이봐, 해봤어?

"무엇인가 하고 싶은 사람은 방법方法을 찾아내고, 아무것도 하기 싫은 사람은 구실口實을 찾아낸다." '초정밀 자동차부품 국산화'로 글로벌 기업으로 우뚝 선 경남 창원시에 있는 중견기업인 경한코리아의 사훈이다. 경한코리아는 내수 중심의 경영에서 벗어나 글로벌 경영을 펼치며 변화와 혁신을 거듭하고 있는 강소 기업이다. 자동차 변속기 핵심 부품을 생산하는 1984년 경한정밀로 창업한 이래 30여 년 동안 자동차 부품 분야 기술개발에 주력하며 자동차 부품 산업 발전을 선도해왔다. 최첨단 정밀측정 장비로 전 공정 자동라인 시스템을 구축했고, 독자적인 기술과 차별화된 품질을 통해 내실 있는 강소 기업으로 성장한 경한코리아는 국내뿐 아니라 해외 유수 기업들과 협력업체 계약을 체결하여 세계적인 자동차 부품 제조사로 발전하고 있다. 이런 성과는 사훈에서 보여주듯이 이상연 대표의 강력한 실행의 언어에서 만들어졌다.

이처럼 리더의 실행 언어가 조직의 성패를 좌우한다.

"이봐, 해봤어?" 현대 그룹 정주영 회장의 실행에 관련된 유명한 어록이다. 짧지만 굉장히 많은 의미를 내포하고 있는 실행의 언어다. 이 언어 속에는 자신감, 도전, 열정 등 리더의 패기와 긍정적인 모습이 담겨 있다. 그는 박정희 대통령의 지시로 경부고속도로를 건설할 때도 가장 짧은 기간과 가장 적은 금액으로 준공했다. 또한 모두가 안 된다던 조선소도 건설해서 대형 유조선을 건조했는데 이는 "이봐, 해봤어?"라는 실행력과 실행의 언어가 만들어낸 결과다.

4차 산업혁명 시대에 리더는 단순 비전과 목표 수립이 아니라 실행으로, 성과로 보여야 한다. 리더는 결과로 책임지는 것이다. 리더는 구성원을 이끄는 사람이다. 리더가 다양한 의견을 가진 구성원을 이끌기 위해서는 실행력이 필수인 시대다. 4차 산업혁명 시대에는 실행력이 리더십의 주요 덕목이다. 생각만 하는 리더는 실행하는 리더를 이길 수 없다. 어떤 분야에서 두각을 나타낸 리더들에게는 공통점이 있다. 목표가 분명하고 그 목표를 달성하기 위해 실행의 언어로 구성원의 마음을 움직인다는 것이다. 강가에서 강물을 바라보기만 한다고 강을 건널 수 없다. 건널 수 있는 도구를 만들어 건너야 강 건너 목적지에 도달할 수 있다.

어떤 난관도
극복하게 하는 열정

"열정이 제일 중요한 것 같아요. 회사에서 보내는 시간이 매우 많지 않습니까? 신나서 일하고 목표와 주인의식을 가지고 열정적으로 일하는 게 제일 중요합니다. 공통된 비전과 목표를 공유하고 서로 신뢰를 갖게 되면, 세부적인 일을 하는 데 있어선 각자 목표를 세우고 직접 해나가도록 권한을 위임하는 편입니다."

한국화이자제약 이동수 대표가 열정의 중요성을 강조한 말이다. 열정은 이제 리더십의 키워드로 대두되고 있다. 열정이 없는 리더는 조직을 열정적으로 이끌 수 없다. 리더가 되기 위해 갖추어야 할 요소가 열정이다. 열정적으로 불타는 리더는 구성원을 리드하려 하지 않아도 스스로 강력한 에너지를 발산해 조직을 열정적으로 만든다.

• 열정이란 무엇인가?

열정이란 무엇인가? 열정이란 어떤 일에 열렬한 애정을 가지고 열중하는 마음이다. 영어에 enthusiasm이라는 단어가 있다. 이 단어의 어원은 그리스어 '엔테오스'entheous에서 온 것인데, '엔테오스'는 신theos이 자신 안en에 들어와 있게 되는 것을 의미한다. 즉, 신에게 완전히 사로잡혀 몰아지경에 빠지는 것을 열정이라고 한다.

열정이 없는 리더는 조직을 무기력하게 만들고 열정이 가득한 리더는 구성원들에게 에너지를 불어넣어 조직을 성장시킨다. 성공하는 리더와 성공하지 못하는 리더를 구분 짓는 것은 꿈의 크기와 꿈을 이루고자 하는 열정에 달려 있다. 성공하는 리더는 열정적으로 일하며 조직을 이끌어간다. 그러나 열정적이지 못한 리더가 조직을 이끌 때 열정은 사라지고 조직은 붕괴된다. 열정적이지 못한 리더가 조직을 이끌면 거짓과 아부와 포장만 난무하게 된다. 열정적이지 못한 리더가 조직을 이끌 경우 경쟁에서 살아남을 수 없다. 열정적이지 못한 리더는 남의 시선이나 이해타산에 민감하게 반응한다.

인류 역사상 리더의 열정이 없이 이루어진 위대한 일은 없다. 위대한 업적을 이루어낸 리더들은 하나같이 열정의 화신들이었다. 누구나 성공하는 리더가 되는 것을 꿈꿀 수 있지만 아무나 될 수 있는 것은 아니다. 굳은 신념과 피를 끓게 하고 가슴을 뛰게 하는 열정을 가진 자만이 세상을 이겨내고 그 자리에 오를 수 있다. 리더는 열정을 가져야 한다. 리더의 열정은 구성원의 마음을 끓어오르게 한다. 리더의 열정은 냉소적인 구성원들의 가슴을 뜨겁게 만든다. 리더의 열정이 조직과 세상을 변화시킨다.

• 리더는 열정을 어떻게 만들어가야 하나?

리더는 열정을 어떻게 만들어가야 하나? 4차 산업혁명 시대는 열정을 전파시키는 능력을 가진 리더가 조직에 필요한 시대다. 열정은 구성원에게 강요하거나 지시해서 만들어지는 것이 아니다. 관리한다고 해서 관리되는 것도 아니다. 리더의 헌신이 중요하다. 리더가 솔선수범해나가는 길에 열정이 있다. 열정은 '진정한'TRUE: Trust, Respect, Union, Enthusiasm 것에서 나온다. 즉 진실함, 진정함이 있어야 열정을 만들어낼 수 있다. 리더는 열정을 만들어내는 기계가 되어야 한다. 과연 진정한 것이란 무엇인가?

첫째, 리더와 구성원 간에 신뢰Trust 가 있어야 한다. 열정은 신뢰를 먹고사는 동물이다. 열정을 만들기 위해서는 신뢰가 기반이 되어야 한다. 리더는 구성원을 신뢰하고 구성원 또한 리더를 신뢰하는 조직문화를 만들어야 한다. 신뢰 문화를 만드는 것은 전적으로 리더에게 달려 있다.

CMS 기업설계 프로그램을 원천 기술로 개발하여 판매하고 있는 아이온커뮤니케이션즈는 업계 1위를 차지할 만큼 명성이 있는 회사다. 하지만 아이온커뮤니케이션즈의 기술력만큼 유명한 것이 하나 더 있다. 놀기 위해 다니는 회사인지, 회사로 놀러 오는 건지 모를 정도다.

아이온커뮤니케이션즈 오재철 사장은 대기업의 무리한 요구 때문에 직원들이 어려움을 겪게 되자 대기업과의 거래를 과감히 끊으며 '남들이 보기 좋은 회사보다 우리가 좋은 회사를 만들자'라는 경영철학으로 다른 회사에서 찾아볼 수 없는 '행복한 복지'를 실현하고 있다. 이 회사는 오락기, 맥주, 바베큐 등 먹을거리가 제공된다. 특히 야근하다 걸리면 부사장 연봉이 삭감된다. 아이온커뮤니케이션즈는 리더와 구성원 간에 신뢰로 뭉쳐진 성공한 기업이다. 리더의 '남들이 보기 좋은 회사보다 우리가 좋은 회사를 만들자'라는 신뢰의 언어가 구성원들의 열정을 끌어냈고, 놀이터 같은 회사를 만들어 성공했다. 이처럼 신뢰가 형성되면 구성원은 열정 속으로 빠져들게 된다.

둘째, 리더와 구성원 간에 존경심Respect 이 있어야 한다. 일반적으로 사람들은 자신을 인정해주는 리더를 신뢰하고 따른다. 그래서 리더는 조직을 이끌 때, 구성원들을 인격체로 대우하는 자세가 중요하다. 인격체로 대할 때 구성원들은 리더에게 감동하고 존경하게 된다. 그러나 대부분의 리더는 구성원을 자신의 목표달성을 위한 도구로써 대하는 경우가 현실이다. 4차 산업혁명 시대에는 이런 리더십이 먹히지 않는다. 리더가 구성원을 대할 때 인격체로서 인정을 넘어 존경을 해야 성공적으로 조직을 이끌 수 있게 된 것이다.

건축물 안전 설계 소프트웨어로 세계 점유율 업계 1위, 16년간 매출 50배 성장, 건설 공학 소프트웨어 분야 세계 1위, 공채 입사 경쟁률 500대1, 호텔식 고급 인테리어로 무장한 사옥부터 5성급 셰프들이 직접 요리해주는 맛있는 뷔페식 식사 제공 등 화려한 수식어를 가진 마이다스

아이티 이형우 대표에게는 남다른 경영철학이 있다.

마이다스아이티가 이렇게 성공할 수 있었던 원천은 무엇인가? '자연주의 인본경영'이 바로 그것이다. 그는 "인간의 궁극적인 목적은 행복"이며 "경영의 목적은 사람의 행복을 돕는 것"이라고 말한다. 그는 "인간은 잘 살고 싶어 하고, 잘하고 싶어 하고, 잘 성장하고 싶어 합니다"라고 말한다. 그래서 그런지 마이다스아이티에는 '무스펙, 무징벌, 무상대평가, 무정년'이라는 4무無 원칙이 있다. 승진심사도 없고 정년도 없다고 한다. 리더가 구성원을 존중의 대상으로 보고 있다. 리더의 인간을 존중하는 언어가 구성원을 열정으로 빠지게 한다.

셋째, 리더와 구성원 간에 합체 Union 의 마음이 있어야 한다.

합체의 마음이란 주인의식과 상통하는 개념이다. 리더와 구성원이 동등한 입장에서 생각하고 행동하는 것이다. 주인의식은 열정의 원천이다. 주인의식을 갖는다는 것은 누가 지시를 해서 일하는 것이 아니라 능동적으로 업무에 임하는 것이다. 이렇게 해야 열정이 생긴다. 주인의식이 강한 구성원이 스스로 일을 하면 업무 몰입도가 높아 좋은 성과를 내게 된다.

중소기업청이 선정한 '2016년 미래를 이끌 존경받는 기업인'에 선정된 비비테크 성열학 대표가 있다. 비비테크는 반도체 생산 공장을 만드는 데 필요한 모든 제반 시설을 설계, 제작, 설치하는 토털 솔루션 기업이다. 경기도의 작은 구글 Google 이라고도 불린다. 반도체 엔지니어 10여 명으로 출발한 비비테크는 현재 협력업체 직원 200여 명을 포함한 약 300명의 직원이 일하고 있으며 국내 점유율에서 수위를 다투는 기업으로 성장했다.

비비테크가 많은 사람들에게 주목받는 이유는 성열학 대표의 남다른 경영철학 때문이다. "회사의 주인은 직원이다", "위대한 일터에서 생산성은 덤" 등 그가 남긴 어록은 한 회사의 대표라 하기에는 믿기 어려울 정도다. 성 대표의 직원을 주인으로 모시는 합체의 언어가 구성원의 열정을 끌어내고 있는 것이다.

넷째, 리더 자신이 열정Enthusiasm을 품고 있어야 한다. 리더가 조직에 열정을 불어넣기 위해서는 리더 자신이 열정을 지니고 있어야 한다. 다시 말해 리더는 누구보다도 가장 열정적인 사람이어야 한다. 그래야 리더의 열정이 구성원들에게 불꽃을 피울 수 있도록 불씨 역할을 할 수 있다. 뜨거운 열정을 가져야 계속 갈망하고, 계속 우직하게 조직을 이끌어 갈 수 있다. 리더의 열정은 지금까지 하지 못했던 것을 하는 것이고, 지금까지 보지 못했던 것을 보이게 하는 것이다. 리더의 열정은 남과 다른 자신만의 길을 개척하고 그 길을 당당하게 걸어가는 것이다.

화이자는 업계 최대의 제품 라인을 보유하고, 매출의 17%를 R&D에 쏟아붓는 세계 1위의 글로벌 제약회사다. 화이자가 이렇게 성장하게 된 배경에는 직원들의 '열정'을 제일 중요하게 생각하고 있는 경영진이 있다. 미국 경제지 〈포브스〉는 '브랜드 가치 세계 100대 기업' 조사에서 "애플이 1,453억 달러약 159조 원로 5년 연속 1위를 차지했다"고 발표했다. 애플이 이런 성과를 낸 것은 창업주 스티브 잡스의 열정의 산물이었다. 이처럼 스티브 잡스뿐만 아니라 성공한 기업들의 리더는 열정으로 차별화했고, 열정을 가진 구성원을 만들기 위해 많은 투자를 했다.

• 열정은 목표를 이루게 하는 원천이다

리더의 열정은 난관을 극복하고 목표를 이루게 하는 원천이다. 리더는 열정으로 사명감에 불타는 조직을 만들어야 한다. 열정은 우리에게 주어진 커다란 힘의 원천이다. 열정은 어떤 명령에 의해서 만들어지고 관리되는 것이 아니다. 리더는 스스로 강한 신념을 갖고 구성원들에게 열정을 불어넣어줄 수 있어야 한다. 리더의 열정의 언어 없이 이루어지는 것은 아무것도 없다. 조직의 리더는 강한 열정을 가지고 있어야 리더십이 발휘된다. 좋은 생각을 가지고 있고, 좋은 전략을 가지는 것만으로는 조직 구성원을 움직일 수 없다. 열정을 가지고 행동으로 옮길 때 원하는 전략과 목표를 달성할 수 있다. 4차 산업혁명 시대에 리더는 끊임없이 열정의 언어로 무장해야 한다. 세상과 맞설 때는 겸손보다는 열정을 내뿜어야 한다.

1% 가능성만 있어도
도전하는 용기

당신이 할 수 있거나

할 수 있다고 꿈꾸는 그 모든 일을 시작하라.

새로운 일을 시작하는

용기 속에 당신의 천재성과 능력,

그리고 기적이 모두 숨어 있다.

괴테의 말이다. 지식과 경험이 풍부한 사람이 최고의 리더가 되지 못
할 수도 있다. 도전정신이 있어야 리더가 된다. 리더는 가보지 않은 곳
을 향해 문을 두드리고 앞으로 나가는 사람이다. 두려움에 망설이고 있
는 구성원 앞에서 용기를 가지고 도전하는 사람이다. 왜냐면 용기 속에

리더의 능력과 기적이 숨어 있기 때문이다.

• 용기를 가지고 도전하는 리더가 세상을 바꾼다

리더에게 용기란 무엇인가? 사전적 의미로 용기勇氣는 '굳세고 씩씩한 기운'을 말한다. 아널드 토인비는 "인류역사는 도전과 응전의 역사이며, 역사에서 교훈을 배우지 못하는 민족은 같은 역사의 반복을 경험한다"라고 이야기했다. 용기를 가지고 도전하는 리더만이 세상을 바꿀 수 있다. 사람들은 새로운 일에 도전을 하게 될 때 두려움을 느끼게 된다. 새로운 도전이 성공할 수 있을지? 실패한다면 나에게 어떤 불이익이 올 것인지? 도전하는 과정에서 닥칠 각종 어려움과 고통의 상황들도 두려움의 대상이다.

용기와 두려움은 서로 공존하는 관계다. 용기를 내려고 하면 두렵게 마련이다. 그래서 사람들은 신중해진다. 머뭇거리게 된다. 어려운 상황과 고통 그리고 실패할 때 닥쳐올 불이익 책임의 두려움 그 자체는 용기가 아니다. 리더가 두려워하는 것을 고통스럽게 겪어내기로 선택하는 것이 용기다. 용기란 두려움이 없는 것이 아니라 두려움 속에서도 행동으로 옮길 수 있는 능력을 말한다.

용기가 부족한 신중한 리더에게는 결단을 해야 할 시점에 결단을 하지 못하는 특징이 있다. 즉 결단의 타이밍을 놓치거나 결단을 미루어버린다. 리더는 결단하는 위치에 있는 사람이다. 물론 결단하기 전에 구성원들로부터 보고를 받거나 의견을 청취하여 결단을 내리지만 최종 결정은 리더가 하는 것이다. 구성원이 따르는 리더와 그렇지 못한 리더의 차이는 결단력이다. 결단하기 위해서는 리더의 용기가 필수적이다. 리더가 결단하는 데 머뭇거리면 구성원들에게는 불만이 쌓이고 리더를 불신하게 된다.

리더가 구성원을 데리고 어떤 일을 추진하기 위해 행동으로 옮길 때 '용기'가 필요하다. 행동에는 '변화'가 따르고, '위험'이 따르기 때문이다. 그러면 리더의 용기는 어디에서 나오는가?

첫째, 리더의 용기는 비전을 향한 강한 '신념'에서 나온다. 리더는 구성원의 발전을 위해 큰 그림^{비전, 가치, 목표}을 제시하고 그것을 향해 조직을 이끌어가는 사람이다. 그런 비전이 달성되도록 포기하지 않고 성취할 수 있다는 믿음이 있을 때 용기로 분출된다. 리더는 확고한 비전을 제시하고 구성원들과 밀접하게 소통하는 일에 힘을 써야 한다. 그래야 용기를 만들 수 있다.

둘째, 리더의 용기는 구성원에 대한 연민의 마음, 구성원을 아끼고 사랑하는 마음을 가질 때 생긴다. 아무리 좋은 비전과 신념을 가진 리더라도 구성원에 대한 사랑의 마음을 갖지 못하면 리더는 진정한 용기를 가질 수 없다. 구성원들은 리더의 성패에 따라 미래의 인생이 바뀔 수도 있다. 구성원들의 성공의 키를 쥐고 있는 리더가 구성원들의 애틋한 눈망울을 보면 용기를 가질 수밖에 없다. 리더는 구성원을 진정으로 사랑해야 진정한 용기를 가질 수 있다.

리더에게는 어떤 용기가 필요할까?

리더가 탁월한 성과를 내기 위해서는 상상 이상의 용기가 필요하다. 리더에게는 소처럼 우직한 흔들리지 않는 용기가 요구된다. 그래야 구성원의 마음을 움직일 수 있다. 리더의 용기의 크기가 자신의 성공의 크기를 결정할 것이다. 그러면 리더에게는 어떤 용기가 필요할까?

《넥스트》의 저자 앤디 스탠리는 리더의 4가지 용기를 이야기하고 있다.

첫째, 사명을 성취하기 위해 리더는 도전하는 용기가 있어야 한다. 다시 말해 리더가 성장하기 위해서는 기존 질서에 도발하고 그 질서를 깨고 날아오르는 도전의 용기가 필요하다. 꿈을 꾸거나 꿈을 가지려면 무엇보다 우선 무모하게 도전해야 한다. 도전 없이는 아무것도 할 수 없다.

둘째, 리더는 "아니오"라고 말할 수 있는 용기가 있어야 한다. 리더가 "아니오"라고 말하지 못하는 이유는 두려움 때문이다. 구성원을 실망시키거나 자신의 리더 위치를 빼앗기거나 혹은 좋은 기회를 놓칠까 봐 두려운 것이다. 그런 점에서 리더는 기회를 신중하게 선택하고 조직의 비전과 목표와는 상관없는 일에 대해서는 "아니오"라고 단호하게 말할 수 있어야 한다.

셋째, 리더는 현실과 대면하는 용기가 있어야 한다. 리더에게 중요한 것 중에 하나는 조직의 현재 상황에 대해 이해하고 그 한계를 받아들일 줄 알아야 한다. 대부분의 리더들은 자신의 조직 상황에 대해 후한 점수를 주려고 한다. 이유는 간단하다. 자신의 조직 상황이 좋다고 해야 다른 사람들로부터 인정을 받기 때문이다. 현명한 리더는 자신의 조직 상황을 제대로 인식하고 그에 따른 결단을 내린다. 성공하는 리더가 되기 위해서는 조직의 주변에서 무슨 일이 일어나고 있는지 정확하게 파악하려고 끊임없이 노력해야 한다.

넷째, 리더는 꿈을 꾸는 용기가 있어야 한다. 리더는 할 수 있는 일과 해야 할 일에 관해 꿈을 꿔야 한다. 대부분의 리더들은 자신이 가진 한계 또는 현실적인 이유로 꿈을 꾸는 것을 포기하거나 현실에 맞추어 꿈을 조정하는 경우가 많다. 두려움 때문에 꿈을 잃어버리게 되면 어떠한 새로운 일도 할 수 없다.

• 도전은 아름답고 가치 있는 일이다

도전은 결과와 상관없이 아름답고 가치 있는 일이다. 도전의 목적은 성취하는 데 있는 것이 아니라, 도전의 여정을 즐기는 데 있다. 도전은 용기를 가진 자만이 할 수 있는 행동이다. 리더는 분석과 해결책을 넘어 바로 행동하는 용기를 가지는 것이 중요하다. 위험을 감수하지 않고서는 리더가 될 수 없다. 현실이 암울하고 각박할수록 용기가 필요하다. 리더는 현실을 바꾸는 의지와 용기의 언어를 이야기하는 사람이다. 세상을 바꾸는 것은 리더의 용기의 언어에서 출발한다.

김대중 대통령은 "용기는 모든 도덕 중 최고의 미덕이다. 용기만이 유혹과 공포, 나태를 물리칠 수 있다"라고 말했다. 그는 '눈물의 정치인'이었지만, 거기에 머물지 않았다. 눈물을 흘리면서 역사와 국민 앞에서 자신이 마땅히 감당해야 할 소명을 다시 확인하고 용기를 키워갔다. 그는 두려웠지만 자기 안에 머물지 않았다. 눈물을 흘렸지만 슬퍼만 할 수 없었다. 두려움 때문에, 슬픔 때문에 자기 안에 갇혀 있었다면, 그래서 나서지 않았다면 오늘날의 김대중은 없었을 것이다. 그는《다시, 새로운 시작을 위하여》라는 책에서 이렇게 말했다.

"우리는 아무리 강해도 약합니다. 두렵다고, 겁이 난다고 주저앉아만 있으면 아무것도 변화시킬 수 없습니다. 두렵지 않기 때문에 나서는 것이 아닙니다. 두렵지만, 나서야 하기 때문에 나서는 것입니다."

그는 용기의 리더십을 가진 지도자였다. 그가 대통령이 되기까지 그리고 대통령이 되고 세상을 바꾸기까지에는 '용기'라는 언어가 있었다. 도전하지 않는 사람은 그 무엇도 얻을 수 없다. 성공은 과감하게 도전하는 사람에게 주어진다. 손자는 리더가 가져야 할 덕목으로 '용기', '지혜', '신용', '어짊' 그리고 '엄격함'의 5가지를 꼽고 있다. 리더에게는 많은 덕목이 필요하지만 무엇보다도 '용기'가 필요하다. 리더가 어떤 결단의 상황에 직면하면 용기가 필요하다. 나아갈 때와 물러설 때를 알고 필요할 때 결단을 내릴 줄 아는 것이 진정한 용기다.

필자는 모 정부기관에 긴급 소방수^{문제 해결사}로 투입된 적이 있었다. 이미 그 기관에 도입된 시스템에 많은 문제가 발생하고 있었다. 기존 팀원들과 고객 간에는 많은 불신이 쌓여 있었고, 많은 고생을 하고 있었다. 문제에 대한 해결점도 잘 안 보였고 문제해결을 위해 인력을 투입하려 해도 참여하지 않으려고 회피하는 상황이었다.

본사에서 무슨 문제가 있는지 파악하고 대응방안을 마련하라는 명령이 떨어졌다. 당시 필자는 상사에게 여러 상황을 듣고 난감했다. 필자가 들어가도 문제가 풀릴 것 같지가 않아 용기가 나지 않았다. 그러나 필자는 그 상황을 운명적으로 받아들이고 긴급하게 팀원을 구성해 작업하기로 했다. 처음 고객과 상견례를 하는 날 예상보다 더 차가운 시선이 필자를 맞이했다. 그 순간 '이거 쉽지 않겠다'고 직감했다.

한 달간 밤을 새워가면서 진단 작업을 수행했고 문제점과 대응방안을 마련해 고객사 최고위층에 솔직하게 보고했다. 그러자 그 책임자는 솔직하고 용기 있는 필자의 모습에 많은 점수를 주었고, 이후 새로운 프로젝트 사업으로 이어져 기존에 가지고 있던 문제점을 개선하고 한 단계 고도화된 시스템을 구축할 수 있게 되었다. 이처럼 리더는 남이 하기 어려워하는 일에도 과감하게 도전하는 용기가 필요하다. 그래야 새로운 기회가 찾아온다.

• 도전과 실패가 영웅과 전설을 만든다

겁 없는 도전과 실패가 영웅과 전설을 만든다. 그 근원에는 용기 있는 행동이 있다. 리더는 이성적 조직환경보다는 감성적 조직환경에 비중을 두고 행동으로 옮겨야 한다. 이성적 조직 환경이란 '위계', '공식성', '규칙', '규정' 등이 중시된다. 반면에 감성적 조직 환경이란 '신뢰', '용기', '두려움', '충성' 등이 중시된다. 세상의 판을 바꾸는 리더는 감성적

293

조직환경의 언어를 지향한다. 이런 리더가 새 판을 짤 수 있다.

　4차 산업혁명 시대의 주목받는 리더는 주어진 틀에서 1등을 하는 '모범생'보다 창의적인 생각을 가지고 새로운 변화에 도전하는 '모험가'이어야 한다. 4차 산업혁명의 모습은 좀 더 새롭고 다양한 방식으로 기술이 융합된, 우리가 상상하지 못하는 복잡한 형태로 우리에게 다가올 수 있다. 이런 변화는 모든 조직이 현재의 운영방식에서 벗어나 새로운 형태로 바뀌도록 한다. 이것을 극복하기 위해서는 4차 산업혁명 시대의 리더에게는 행동하는 용기가 있어야 한다. 용기 없이 위험을 감수할 수 없다.

　리더 앞에는 항상 위험이 도사리고 있다. 그 위험을 어떻게 돌파하느냐가 리더의 크기를 결정한다. 리더는 결단하는 사람이다. 급변하는 환경에 서 있는 리더에게 용기가 없다면 할 수 있는 일이 하나도 없다. 수많은 생각과 위험요인 때문에 결단의 순간 리더는 외롭다. 그러나 리더는 머뭇거려서도 안 되고 우유부단해서도 안 된다. 구성원들은 머뭇거리고 두려워하는 리더를 따르지 않는다. 구성원을 움직이기 위해서는 상상 이상의 용기가 필요하다. 4차 산업혁명 시대에 진정한 리더에게 절실한 것은 생각과 분석이 아니라 바로 행동하는 용기다.

실행은 외로움을
견디는 힘

리더십은 외로움과 함께 시작된다. 최고의 자리에 있다는 것 자체가 외로운 것이다. 외로움Loneliness 과 고독solitude 은 남이 가지 않는 길을 가야 하는 리더에게 숙명적인 것이다. 외로움은 자신이 강하지 못해 타인이 없으면 내 마음이 불안해서 생기는 것이고, 고독은 누가 없어도 혼자서 튼튼하게 서 있을 수 있는 상태를 말한다. 자존감이 높은 리더에게는 3가지 힘力이 있다.

① 외로움을 견디는 힘
② 용기 있는 결단의 힘
③ 철저한 자기관리의 힘

• 외로움은 리더에게 숙명이다

4차 산업혁명 시대에는 사람들이 느끼는 감정 중 가장 절절한 감정이 '외로움'일 것이다. 사람들은 왜 외로움을 느낄까? 상담학자인 칼 로저스는 그의 저서 《사람-중심 상담》에서 외로움의 원인을 두 가지로 보았다. 첫째는 '자기 자신으로부터의 소외'다. 다시 말해 "사람들은 계속되는 여러 가지 경험들 속에서 어떤 의미·감정을 느끼지만, 그것을 억압·차단하고 다른 의미를 붙잡는다"는 데서 외로움을 느낀다는 것이다. 둘째는 '진정한 우리 자신을 의사소통을 통해 다른 사람에게 전달할 수 있는 관계의 결여'다. 우리의 감정과 경험을 깊이 있게 나눌 수 있는 관계가 없음, 즉 '어느 누구와도 진정한 접촉을 할 수 없음' 또한 우리가 절망적인 혹은 절절한 외로움을 느끼게 하는 요소라는 것이다.

외로움은 누구에게나 오는 감정이다. 외로움은 자신을 성찰하게 하는 약일 수도 있다. 자신을 더 크게 성장할 수 있도록 하는 자양분일 수도 있다. 그래서 사람들은 외로움을 견디며 성장해가는 게 사실이다. 특히 리더에게는 외로움을 견디는 힘이 강해야 한다. 리더를 둘러싼 모든 것은 리더를 외롭고 고독하게 한다. 리더의 위치에 있는 사람은 남모르게 눈물을 흘린다. 그리고 그 눈물을 꿀꺽 삼키고, 다시 주먹을 쥐고 일어서는 사람이 진정한 리더다. 외로움을 달래기 위해 홀로 산을 올라가 감정을 다스리거나 단골 술집에 가서 쓰디쓴 소주잔을 기울이는 게 진정한 리더다.

리더는 조직의 구성원을 이끌어서 조직이 원하는 목표를 수행해내는 사람이다. 그 과정에서 목표를 세우고 구성원을 설득하며 동기를 부여하고 필요할 때 결단을 내린다. 또한 과감한 용기를 행동으로 옮기는 일을 한다. 이렇다보니 리더는 순간순간 외로움의 연속에서 살아가게 된다. 리더가 외로움을 느끼는 원인들은 사람마다 다르겠지만 대부분 다음과 같다.

○ 목표 달성이 어려울 것으로 느껴질 때

○ 어려운 문제가 발생하고 그 문제가 풀리지 않을 때

○ 조직 간 또는 구성원 간 알력이 심할 때

○ 구성원들이 자신의 뜻대로 움직이지 않을 때

○ 경쟁자나 부하 직원이 치고 올라올 때

○ 감당하기 어려운 과중한 업무가 부여될 때

○ 소중한 사람, 격려가 되는 사람을 잃었을 때

○ 버림받는다는 느낌이 들 때

○ 주위에 도와주는 사람들이 하나둘 떠난다고 느낄 때

○ 정신적·육체적으로 아플 때

리더는 가보지 않은 길을 가기 때문에 그 과정에서 많은 고통과 난관에 부딪히게 된다. 그러면 그럴수록 리더는 외로움을 더 느끼게 된다. 그러나 리더는 외로움과 싸워 이겨내야 한다. 야망이 큰 리더일수록 외로움의 크기도 비례해서 커진다. 외로움을 느낄 때마다 신념과 용기를 가지고 오뚝이처럼 일어나서 뚜벅뚜벅 걸어나가야 한다. 그래야 구성원들이 움직인다. 외로움을 느낀다는 것은 잠시 멈추고 뒤를 돌아보라는 신호다. 잠시 멈추고 생각을 정리하라는 신호다.

리더가 일을 하다보면 강약 조절을 하지 못하는 경우가 있다. 책임감 때문에 무쇠처럼 몰아붙이는 경우가 많다. 그러나 일을 밀어붙일 때와 관망하면서 조용히 기다릴 때가 있다. 완급 조절이 필요하다는 이야기다. 가끔씩 혼자 자신을 들여다보며 '내가 어디로 가고 있는지', '내가 하는 일이 무엇인지' 질문을 던져야 한다. 이러기 위해서 성찰의 시간이 필요하다. 그럴 때 외로움은 전체를 조망할 수 있는 지혜의 눈을 가져다 준다.

• 리더는 외로움을 어떻게 이겨내야 하는가?

그러면 리더는 외로움을 어떻게 이겨내야 하는가? 첫째, 외로움을 느낄 때 침묵하고 사색하는 시간을 가져라. 구성원들 앞에서 침묵의 언어를 사용할 필요가 있다. 외로움을 이기려면 자신의 영혼이 순수하게 깨어 활동할 수 있도록 해야 한다. 침묵 속에서 오롯이 자신의 본성의 내면과 만날 수 있어야 한다. 사색은 침묵과 더불어 영혼을 깨끗하게 할 것이다. 그래야 강해지고 멀리 볼 수 있다.

둘째, 외로움을 느낄 때 자신의 능력의 한계를 인정하는 마음 자세를 가져라. 리더는 슈퍼맨이 아니다. 그리고 세상에는 리더 한 사람이 할 수 있는 일은 하나도 없다. 모든 일이 리더의 한계를 넘어선다. 구성원들 앞에서 폼도 잡고 싶고 허풍의 언어도 사용하고 싶을 것이다. 그러면 그럴수록 더 외로움을 느끼게 된다. 솔직한 마음, 솔직한 언어로 자신의 한계를 인정하고 구성원들과 소통해야 한다. 구성원들은 솔직하게 내면에서 우러나오는 말을 하는 리더를 따르고 존경한다.

셋째, 진실을 말해주는 사람을 곁에 두어라. 진실을 말해주는 사람은 당신의 든든한 후원자일 것이다. 진실을 말해주지 않는 사람은 당신이 좋은 상황일 때 당신 곁을 지킬 것이다. 만약 당신이 어려운 상황에 빠진다면 그 사람은 당신을 외면하거나 떠나게 될 것이다. 진실을 말해주는 사람은 당신의 목소리를 듣는다. 그러나 진실을 말해주는 사람을 찾기는 쉽지 않다.

넷째, 외로움을 느낄 때 눈물을 보여라. 자신에게만 보이는 눈물이어도 좋고, 다른 사람이 보는 눈물이어도 좋다. 리더의 눈물은 간단한 게 아니다. 그 눈물에는 삶이 있기 때문이다. 눈물에는 슬픔의 언어, 기쁨의 언어, 분노의 언어가 담겨 있다. 눈물을 흘릴 줄 아는 리더가 진정한 리더다. 웃음이 머리에서 나온다면, 눈물은 마음에서 나온다. 눈물은 아무나 흘릴 수 없다. 리더의 눈물이란 단순히 흘리는 감정의 물방울이 아니라 구성원의 삶을 변화시키고자 하는 간절함과 진정성이 담겨 있기에 더욱 숭고하다.

박태준, 정몽구 회장의 눈물

박태준 포스코 명예회장이 지난 1992년 일생의 목표였던 연산 2,000만 톤 조강 체제를 25년 만에 완성한 뒤 서울 동작동 국립묘지의 박정희 전 대통령 묘소를 찾아 "분부하신 대임을 이제 성공적으로 마쳤습니다"라 고 보고하며, 감격의 눈물을 뚝뚝 흘렸다고 한다.

2010년 4월 8일 충남 당진, 현대제철 일관제철소 준공식에서 정몽구 회장은 가슴속에서부터 굵은 눈물을 흘린다. 가슴에 맺혔던 응어리와 어깨에 무겁게 눌렸던 짐이 한순간에 벗겨지는 순간, 심장이 터질 듯한 흥분과 진한 감동, "기어코 해냈다"는 안도감에 눈물을 떨굴 수밖에 없었다. 종합 제철소는 현대가(家)의 숙원이었다. 32년 전 고(故) 정주영 명예회장이 그토록 원했지만 열매를 맺지 못했던 일관제철소 사업이었기에 자식으로서 반드시 풀어야만 했던 '멍에'였다. 그래서 이날은 정 회장 개인으로선 선대의 묵은 한을 푼 감격의 날이다.

이처럼 박태준 회장이나 정몽구 회장은 25년 또는 32년이라는 긴 세월 동안 제철소 완공이라는 목표에 집념하며 인내한 결과로 눈물을 보인 것이다. 건설 과정에서 많은 외로움을 느꼈을 것이다.

과천에 있는 모 기관에서 사업 책임자로 일할 때였다. 이미 필자는 선행 사업을 여러 번 수행해서 고객으로부터 신임을 받은 상태라 자신감 있게 일을 추진하고 있었다. 그러나 문제가 발생했다. 시스템에 하자가 생겨 고객의 불만이 최고조에 달했다. 하자가 발생하면 그 하자를 찾아 해결하면 되는데, 당시에는 하자가 오래 지속되었고 고객은 필자를 불신하게 되었다. 그렇게 신뢰하던 팀원이 사고를 쳤고, 해결점을 찾지 못해 고객으로부터 신뢰를 잃어가고 있었다. 이런 상황이 본사에 보고되었고 본사에서는 책임자를 교체하는 방법까지 논의되고 있었다. 한마디로 사면초가 상태였다.

오롯이 혼자 외로움을 견뎌야 하는 순간이었다. 나중에 알고 보니 부하 직원의 단순한 실수 하나가 이렇게 일을 크게 만들어버린 것을 알았다. 너무 억울하기도 했고, 화가 나기도 했고, 힘들기도 했고, 자존감이 상하기도 했던 순간이었다. 그러나 모든 것을 마음속에 묻고 문제해결에 매달렸다. 결국 문제는 해결됐지만 마음의 상처는 깊었다. 당시 필자는 너무도 외로운 순간이었다. 모든 것이 필자를 떠나고 있다는 외로움을 느낀 것이다. 밤에 홀로 술집에 들러 소주잔을 기울이며 울기도 했다. 아무도 없는 산속에 들어가 소리도 쳐봤다. 퇴근길 차를 타지 않고 집까지 먼 길을 걸으면서 마음을 추스르기도 했다. 노래방에 혼자 가서 마음껏 노래도 불러봤다. 리더는 구성원의 실수도 모두 자기 책임으로 안고 가야 하는 운명의 존재다. 그때의 외로움이 필자를 한층 성숙하게 만들었다.

외로움이 리더를 강하게 만든다. 진정한 리더들은 외롭다고 인간의 욕망술, 도박, 색, 게임 등에 자신을 맡기지 않는다. 높은 차원의 사색을 통해 외로움을 견디는 것이 리더다. 외롭다고 누구에게 의지하려 하지 마라. 리더의 외로움은 한겨울 벌판의 나무처럼 홀로 추운 눈바람 맞으며 견뎌야 하는 것이다. 외로움은 홀로 삼키는 것이고 뚜렷한 목표에 집념을 보이면서 인내해야 하는 것이다. 마음의 수행을 통해 부정적인 생각을 물리치고 긍정적인 생각을 들여 진정한 내면의 변화를 일으키는 것이다.

리더는 남이 가지 않는 길, 힘든 길을 여는 사람이다. 리더는 외로움과 싸워 이겨야 한다. 리더십은 외로움과 함께 시작된다. 리더의 자리는 외로운 자리다. 리더는 가보지 않은 길을 가는 사람이다. 이런 길을 가기 위해 리더는 용기를 가지고 일을 밀어붙일 때가 있다. 일하는 과정에서 목표를 달성할 수 없는 위기가 오거나 무언가 결단을 내려야 할 때, 구성원 간에 갈등을 겪을 때, 결과에 대한 무한 책임을 져야 할 때 극도의 외로움을 느낀다. 리더는 그때마다 자기를 절제하면서 내적 외로움을 감내해야 한다. 특히 리더는 잘 나갈 때일수록 자신을 들여다보며 어디로 가고 있는지, 내가 하는 일이 무엇인지 되돌아봐야 한다. 4차 산업혁명 시대에 리더는 외로움을 견디는 힘을 가져야 한다.

리더의 최고가치:
균형 잡힌 삶

피터 드러커는 리더의 중요한 과제로 두 가지를 이야기했다.

① 업무상 발생하는 여러 가지 일에 대해 어떻게 균형을 잡을 것인가?
② 어떤 의사결정을 내릴 것인가?

다시 말해 리더에게는 균형감각이 매우 중요하다는 것이다.

균형감각均衡感覺이란 사물에 대해 한편으로 치우치거나 기울지 않고 고르게 바라보는 감각을 말한다. 리더의 마음이 안정되어 있어야 조직이 안정될 수 있다. 치열한 경쟁사회에서 리더의 자리에 오르기도 어렵지만 올라간 자리를 지켜내는 것은 더 어렵다. 항상 그들은 무언가를 이루어내야 한다는 압박감으로 스트레스 속에서 살아가는 경우가 많다. 특히 성과 지향적인 리더일수록 그 강도는 더욱 세다. 그 강도에 리더는 평정심을 잃기 쉽다.

최후의 승자는 균형감에서 나온다

리더도 인간이기 때문에 사적인 이익에 따라 마음이 움직일 수밖에 없다. 조직생활이라는 것이 정치세계와 비슷해서 리더가 정치를 하지 않을 수 없는 게 현실이다. 어떤 사안에 대해 찬성그룹과 반대그룹이 첨예하게 맞설 수 있다. 또한 리더의 입장에서 권한이 센 그룹을 우선시할 수 있고 상대적으로 약한 그룹은 무시할 수도 있다. 리더는 자기를 잘 따르는 '내 편' 사람을 선호하고 반대편인 사람은 다소 소홀히 할 수도 있다. 업무 측면에서도 핵심 업무와 비핵심 업무를 나누어 사람에 따라 편견을 가지고 대할 수도 있다.

리더가 자신의 이익만을 추구하다보면 구성원들에게 신뢰를 잃게 되고 결국에는 그 조직은 활력을 잃게 될 것이다. 리더는 한쪽만을 대변하거나 한쪽 면만을 보는 사람이 아니라 균형감을 가지고 전체를 보는 시야를 가지는 것이 중요하다.《원칙 중심의 리더십》의 저자 스티븐 코비Stephen R. Covey는 리더의 역할에 성공하기 위해서는 균형 잡힌 삶을 사는 것이 필요하다고 이야기했다. 균형감각은 삶에 대한 태도에 영향을 미치는데, 자제심과 중용 그리고 현명한 처신을 통해 자신의 행동과 태도를 조절할 수 있는 능력도 균형감각에서 비롯된 것이라 했다.

리더도 사람이기 때문에 균형감각을 갖는다는 것은 사실 쉽지 않은 일이다. 특히 긴급한 상황이나 큰 사건이 발생했을 때 더욱 균형감각을 유지하는 것이 어렵다. 평소 균형감각이 좋은 리더라도 이런 큰 이슈나 어려운 결단을 해야 할 때는 균형감각을 잃어버리는 경우가 많다. 균형 감각을 유지하기 위해서는 리더에게는 고도의 훈련이 필요하다.

리더가 조직에서 균형을 잡아야 하는 상황들은 다음과 같은 것들이 있다.

○ 이상적 vs 현실적

○ 자원의 집중 vs 분산

○ 일의 접근방식 신중 vs 신속성

○ 목표달성에 초점 vs 가치에 비중

○ 성장^{매출 증대} vs 수익 증대

○ 결과 중시 vs 과정 중시

물론 리더의 신념이나 비전 그리고 상황에 따라 어느 쪽에 더 비중을 두느냐는 달라질 것이다. 그러나 리더는 어느 한쪽에 치중해서는 안 된다. 자신의 기분 상태에 따라 어떤 판단이 한쪽으로 기울 수 있다. 이것은 균형감각의 부족에서 오는 문제다. 구성원을 이끄는 리더에게는 균형감각을 유지하는 것이 중요하다. 리더에게 균형감각은 조직을 대하는 태도에 영향을 미친다. 리더가 균형감각을 잃어버리면 구성원들은 동요한다. 또한 리더는 제대로 된 상황판단이나 의사결정을 할 수 없다.

• 리더는 어떻게 균형감각의 언어를 사용할 것인가?

그러면 리더는 어떻게 균형감각의 언어를 사용할 것인가? 첫째, 원칙에 입각해 일을 처리해야 한다. 원칙이란 리더가 일을 추진하기 위한 기본으로 지켜야 할 요소다. 리더의 비전이고 신념이 될 수 있다. 또한 조직에서 기본적으로 요구하는 사항이 될 수 있다. 업무 추진 시 리더가 명심해야 할 것은 '추진의 필요성', '일의 명확한 정의', '추진방안', '반대의견', '기대효과' 등을 고려하는 것이다. 그러면 균형감각을 찾을 수 있다.

둘째, 리더는 업무 회의를 할 때 가장 나중에 말해야 한다. 리더가 수많은 회의, 세미나 등을 할 것이다. 그리고 리더는 그때마다 하고 싶은 말이 많을 것이다. 일반적으로 보면 대부분의 말은 리더가 주도해서 하고 결론도 리더가 내린다. 이런 경우 자칫 리더가 균형감각을 잃어버릴 수 있다. 리더는 결론을 내리는 사람이다. 최대한 구성원들로 하여금 말을 많이 하게 하고, 구성원들의 생각을 가능한 한 많이 경청해야 한다. 존경받는 리더는 경청한 후에 마지막으로 말하는 사람이다.

셋째, 침묵의 언어를 사용한다. 말의 홍수 시대엔 때로는 리더의 침묵이 구성원들을 귀 기울이게 만드는 방법이다. 구성원의 잘못에 바로 다그치기보다 구성원 스스로 말할 때까지 기다리는 침묵은 강력한 균형감각을 유지할 수 있다. 긴급한 상황에서 흥분하지 않고 듣는 침묵은 최고의 카리스마다. 구성원의 큰 실수나 조직을 위태롭게 하는 일에 침묵할 수 있는 리더가 진짜 리더다. 침묵하는 리더가 덕장이고 구성원들이 따르게 하는 기술이다. 침묵의 언어가 리더 중의 리더를 만든다.

《소명으로서의 정치》의 저자 막스 베버는 정치지도자가 갖추어야 할 3가지 요소로 '열정', '책임', '균형감각'을 말했다. 리더의 균형감각이 중요한 덕목이라는 것이다. 2017년 5월에 대한민국 19대 대통령을 선출하기 위한 대통령 후보자 투표가 있었다. 각 당의 대통령 후보들이 나와서 정책 공약을 내걸고 TV 토론회도 여러 번 했다. 가장 핫 이슈가 되고 있는 사드THAAD 도입 문제에 대해 후보 간 열띤 토론이 벌어졌다. 찬성하는 사람, 반대하는 사람으로 나뉘어 각자의 해법을 제시했다. 찬성파로는 홍준표 후보, 안철수 후보, 유승민 후보가 있었고, 반대파는 심상정 후보가 있었다. 유력 주자였던 문재인 후보는 사드 문제는 다음 정권으로 넘기라고는 찬성인지 반대인지 의견을 정확히 말하지 않았다. 그는 중립의 입장을 보인 것이다. 사드 이슈는 미국의 입장, 중국의 입장, 북한, 한국 등 각자 이해가 다른 상황이었다. 한쪽 편을 들면 한쪽에서 문제를 제기하고 복잡한 이슈들에 휩싸여 해결점을 찾기 어려웠다. 이런 상황에서 문재인 후보는 균형감각으로 토론을 이끌어갔고 결국 대통령에 당선되었다.

리더에게 균형감각이 얼마나 중요한지 좋은 사례를 보여준 것이다. 리더가 조직을 성공적으로 이끌기 위해 필요한 요소가 여러 가지 있겠지만 각각의 요소가 유기적으로 결합돼 시너지가 발휘될 때 높은 성과가 나타난다. 그래서 '균형감각'은 성공적인 리더의 핵심 역량이라고 할 수 있다. 균형감각이란 단기와 장기적인 관점에서 부분과 전체의 균형을 잡아주는 것을 의미한다. 또 조직을 전체 차원에서 보고 어느 한쪽으로 지나치게 쏠리지 않도록 해준다. 바로 중용^{中庸}이다. 중용은 지나치거나 모자라지 않고 한쪽으로 치우치지도 않은 떳떳하며 변함이 없는 상태나 정도를 의미한다.

조직은 항상 분열될 수 있고 갈등은 상존한다. 리더십은 이런 갈등을 조정하고 균형감각으로 제대로 굴러가도록 시스템화하는 과정이다. 리더는 갈등 속에서 균형점을 찾아가는 것이다. 이것이 리더십의 핵심이다. 4차 산업혁명 시대에 리더십의 최고 가치는 균형감각으로 조직을 움직이는 것이다.

리더와 전문가의 차이는 균형감각에 있다. 전문가는 비판적인 성향이 강하지만 훌륭한 리더일수록 균형감각이 발달되어 있다. 구성원들로부터 존경을 받는 리더는 균형 잡힌 행동과 태도를 보인다. 또한 그들은 사회적, 지적 그리고 신체적으로 균형 잡힌 삶을 살아간다. 모든 인간에게는 개인생활에든 조직생활에든 자신의 이익에 따라 한쪽으로 쏠리기 쉬운 유혹들이 너무 많다. 존경받는 리더가 되기 위해 갖추어야 할 기본적인 생각과 행동방식은 바로 리더의 '균형감각'이다. 4차 산업혁명 시대에는 균형감각의 습관과 언어를 가진 사람이 존경받는 리더가 될 수 있다.

THE LANGUAGE OF THE
4TH INDUSTRIAL
REVOLUTION

리더는 언어가 쌓은 결과물이다

필자는 대우전자에서 회사 생활을 시작해서 삼성SDS까지 직장 생활 전반부를 IT 엔지니어로 일했다. 후반부는 컨설턴트, 프로젝트매니저 Project Manager, PMO Project Management Officer로서 대한민국 IT산업의 발전을 위해 일하고 있다. 또한 그간 쌓은 기술과 경험을 바탕으로 인재를 양성하기 위한 멘토링 Mentoring과 한국 산업 현장에 도움이 되는 분야의 연구 및 집필 활동을 하고 있다.

긴 시간 대우와 삼성을 비롯하여 공공·금융·기업·해외 등 다양한 분야에서 일하면서 의미 있는 성과를 얻기도 했고, 때론 많은 좌절을 겪기도 했다. 젊음을 온전히 바쳐 일 속에 빠져있을 때도 있었다. 조직 속에 있는 경쟁자들과 치열하게 싸워 이기려고 발버둥도 쳤다. 해외 시장을 개척하기 위해 위험을 무릅쓰고 열정적으로 도전하기도 했다. 지금도 수많은 선후배와 동료들은 필자와 마찬가지로, 성공적인 삶을 살고 조직에서 살아남기 위해서 치열하게 싸우고 있다.

우리 주위에는 열심히 일하는 것에 비해 성공의 길을 가는 사람이 많지 않다. 물론 일부는 성공의 길을 가고 신화를 만들지만, 열심히 한다고 모두 성공하는 것은 아니다. 왜 그럴까? 같이 일하는데도 누구는 성공의 길을 가고 누구는 성공의 길에서 멀어지는가? 이 질문이 필자가 이 책을 쓰게 된 동기였다.

필자는 대기업에서 조직 생활을 하면서, 성공의 길을 가는 사람들에게는 성공의 DNA가 있다는 것을 알았다. 그것이 바로 '리더십'이었다. 개인이 가지고 있는 '리더십 역량'이 성공의 크기를 결정한 것이다. 리더십 역량을 가지고 리더의 길을 가야 성공하는 삶을 살았던 것이다. 조직 생활 초년병 시절부터 이 DNA를 개발한 사람은 성공의 길을 가고, 그렇지 못한 사람은 중도 하차해야 하는 아픈 현실을 봐왔다.

　또한 필자는 리더로서 적게는 10여 명에서, 많게는 100여 명에 이르는 팀원을 이끌기도 했다. 직장 생활을 하면서 여러 분야의 리더들과 일을 했다. 정치계, 교육계 등에서 활동하는 리더들의 행태도 분석했다. 리더마다 특성과 색깔도 다르고 성과도 다르게 나타났다.

　4차 산업혁명 시대에는 누구나 리더가 될 수 있다고 생각한다. 직장 초년병 시절부터 리더십 마인드를 가지고 생활하는 것이 중요하다. 이 책은 필자가 지금까지 조직 생활을 하면서 느꼈던 성공의 DNA인 리더십과 리더십의 핵심인 '리더의 언어'가 무엇인지 정리한 것이다. 성공적인 삶을 살기 위해서는 리더의 위치에 올라서야 한다. 그러나 누구나 리더의 위치에 오르지 못하는 것이 현실이다. 이 책은 리더가 되고 싶은 사람에게 도움이 될 것이다

　사람들은 누구나 성공적인 삶을 살기를 원한다. 성공하기 위해서는

어떻게 해야 될까? 이에 대한 답변으로 필자의 첫 번째 책인《삼성 은부장의 프레젠테이션》초판 제목《1등 프레젠테이션 비법》에서 성공하기 위해서는 '프레젠테이션 역량'이 중요하다는 것을 이야기했다. 두 번째 책인《언어가 리더를 만든다》초판 제목《4차 산업혁명 시대의 언어 품격》에서는 리더십 역량이 중요함을 이야기했고, 그 핵심에 '언어'가 있다고 이야기했다. 세 번째 책인《이제 개인의 시대다》에서는 '노출'의 중요성을 이야기했다.

이제 필자는 또 다른 성공의 키워드를 위해 네 번째 여정을 떠날 예정이다. 책이 나오기까지 많은 분들의 도움이 있었다. 일일이 밝히지 못함을 죄송하게 생각한다. 무엇보다도 넥서스 임상진 대표님과 관계자들의 노고에 각별한 고마움의 인사를 전한다. 자기 분야에서 열심히 일하고 있는 사람들이 리더로 살아남게 하는 언어를 배워서 성공하길 바란다. 부족한 부분에 대해서는 독자 여러분들의 넓은 양해를 바라며, 이 책을 읽는 분들이 원하는 것을 성취할 수 있기를 소망한다. 성공의 길로 가는 리더의 열차에 탑승하려는 모든 사람에게 이 책을 바친다.